AF497683

Lehrbuch

der

allgemeinen Logik.

Für höhere Bildungsanstalten.

Mit Benützung der 7. Auflage des Lehrbuches der formalen Logik

von

Schulrath Dr. G. A. Lindner

verfasst von

Dr. G. A. Lindner und Dr. Ant. v. Leclair.

Zweite, im wesentlichen unveränderte Auflage.

Laut hohem Ministerial-Erlass vom 6. Mai 1898, Z. 10.401, zum Lehrgebrauche an Mittelschulen mit deutscher Unterrichtssprache allgemein zugelassen.

Preis geheftet 1 fl. 30 kr., gebunden 1 fl. 50 kr.

Wien.

Druck und Verlag von Carl Gerold's Sohn in Wien.

1898.

Inhalt.

Zweiter Abschnitt.

Lehre vom Urtheil.

A. Vom Urtheil im allgemeinen.

B. Systematische Übersicht der Urtheilsformen.

Dritter Abschnitt.

Lehre vom Schluss.

I. Einfache vollständige Schlüsse.

Wissenschaftslehre.

Einleitung.

Erster Abschnitt.

Lehre von der Erklärung (Definition).

Einleitung.

§. 1. Physische und psychische Thatsachen (Phänomene).

Das Fallen eines Steines, das Kreisen eines Raubvogels, das Wogen
und Schäumen des Meeres, die Röthe des Abendhimmels .... sind **physische
Thatsachen**, d. i. Erscheinungen*) oder Veränderungen an Dingen der uns
umgebenden Welt; diese Welt mit allem, was in ihr geschieht, ist ausge=
gespannt in **Raum und Zeit**, ihr schreiben wir jene stetige Wirklichkeit
zu, die wir den bunt wechselnden, oft unterbrochenen Erscheinungen unseres
Bewusstseins absprechen müssen, und stellen sie deshalb auch als die „Außen=
welt" der „Innenwelt" unseres Bewusstseins scharf gegenüber. Wir haben
Gründe zu der Annahme, dass wir die Dinge dieser „Außenwelt" in ihren
besonderen Eigenschaften nur insofern zu erkennen vermögen, als sie auf
unsere Sinnesorgane einwirken und dadurch in unserem Bewusstsein be=
sondere Zustände erwecken. Diese unsere „inneren" Zustände — also das
Innewerden einer Bewegung, eines Schalles, einer Lichterscheinung, aber
auch das Nachdenken darüber, die Freude oder Wehmuth, die sich daran
knüpft, u. ä. nennen wir **psychische Thatsachen** (Phänomene); diese verlaufen
nur **zeitlich** und zeigen uns die Zustände und Veränderungen unseres
Bewusstseins in ihrer unmittelbaren Wirklichkeit, denn sie bilden eben in
ihrer Gesammtheit unser Bewusstsein.

⊹ §. 2. Psychologie. — Classification der psychischen Thatsachen.

Die **Psychologie** hat die mannigfaltigen Zustände und Erscheinungen,
wie sie der thatsächliche Entwicklungsgang unseres Seelenlebens darbietet,

---

*) Die Ausdrücke „Thatsachen", „Erscheinungen", „Phänomene" werden
im folgenden unterschiedslos als gleichwertige Synonyma gebraucht; insbesondere soll der
Ausdruck „Erscheinungen" immer nur in demselben Sinne verstanden werden, wie wir
ganz geläufig und ohne jeden metaphysischen Nebengedanken von Naturerscheinungen,
von Erscheinungen des socialen oder politischen Lebens u. s. w. sprechen.

zu beschreiben und ihren gesetzmäßigen Zusammenhang zu erforschen. Indem sie nun die psychischen Thatsachen nach ihrer Qualität in besondere Gruppen zusammenfaßt und innerhalb jeder Gruppe die gemeinsamen Eigenthümlichkeiten feststellt, gelangt sie zur Aufstellung gewisser Grundclassen der psychischen Phänomene. Solche Grundclassen sind:

I. Die Erscheinungen des Vorstellens.

A. Die Empfindung.

Das Hören eines Donnerschlages, das Sehen der Abendröthe, das Riechen von Rosenduft, die Tastempfindung des Glatten an einer Billardkugel.... sind **Vorstellungen** der Seele, welche durch einen auf unsere Sinnesorgane ausgeübten Reiz hervorgerufen werden. Sie heißen **Empfindungen** und sind jene ursprünglichen Seelenzustände, welche die erste Stufe zur Erkenntnis der Außenwelt und zugleich ihre Grundlage bilden. Diese einfachen Empfindungen sind niemals vereinzelt (isoliert) in unserem Bewußtsein vorhanden; denn jede sinnliche Wahrnehmung eines physischen Körpers stellt sich als ein **Complex** von **Einzelempfindungen** dar, die als das letzte Ergebnis der Analyse zurückbleiben; so läßt sich z. B. die Wahrnehmung einer weißen Marmorkugel oder eines Steinsalzwürfels, den wir in der Hand halten und betasten, in eine Reihe von Empfindungen auflösen, die wir auf die einzelnen Eigenschaften dieser zwei Körper zurückführen.

B. Die Vorstellung im engeren Sinne.

Das Bild des verstorbenen Freundes oder ein längst verflossenes Ereignis stellt sich plötzlich vor unser geistiges Auge, mitten im Winter erinnern wir uns an die Frühlingspracht.... Dies beweist, daß von den wahrgenommenen Gegenständen und Erscheinungen der Außenwelt Erinnerungsbilder in unserem Bewußtsein zurückbleiben, auch wenn der äußere Reiz zu wirken aufgehört hat und somit die Wahrnehmung als solche erloschen ist.

Wir stellen uns andererseits auf Grund einer anschaulichen Beschreibung Gegenden vor, die wir niemals gesehen haben, desgleichen stellen wir uns nicht existierende Objecte, wie Riesen und Zwerge, Centauren u. a. vor. Derlei geistige Bilder nennt man im Gegensatze zu den Erinnerungsvorstellungen Phantasievorstellungen, weil sie vorwiegend auf Phantasiethätigkeit beruhen.

C. Das Denken.

In der meinem Bewusstsein vorschwebenden Gestalt erkenne ich meinen Freund N., in diesem bestimmten Baume eine Linde, ich behaupte, die glücklich verlebten Stunden, an die ich mich erinnere, wirklich erlebt zu haben, ich leugne die Existenz der Centauren.... In diesen Fällen ist mit dem Vorstellungsinhalte ein **Urtheil** verbunden; im Urtheile und in der auf demselben beruhenden Begriffsbildung vollzieht sich das mit dem Anspruche auf Wahrheit auftretende **Denken.***)

Wahrnehmungen, Vorstellungen im engeren Sinne und Denkacte bilden insofern eine einheitliche Hauptgruppe psychischer Erscheinungen — die Vorstellungen im weiteren Sinne —, als sie Zustände der Seele sind, die durch die Beziehung auf ein von ihr verschiedenes Object charakterisiert sind.

II. Die Erscheinungen des Fühlens.

Die Freude an einem Feuerwerk, das Wohlgefallen an einem Kunstwerke, die Trauer über den Verlust des Freundes, die Entrüstung über eine schlechte That, die geistige Anstrengung bei der Lösung einer Aufgabe.... sind Zustände der Lust oder Unlust, die uns als unsere subjectiven Zustände, in die wir durch besondere Vorstellungen versetzt werden, unmittelbar bewusst werden. Diese Zustände, in denen wir uns einer Förderung oder Hemmung in unserem Seelenleben bewusst werden, bilden die Grundclasse der **Gefühle.**

III. Die Erscheinungen des Begehrens.

Die sinnliche Begierde nach Brod und Wasser, Luft und Licht, das verständige Begehren (Streben) nach der Lösung eines Problems, nach der Ausführung bestimmter Handlungen durch geeignete Körperbewegungen, der mildherzige Vorsatz, einem Unglücklichen beizustehen.... alles dies weist auf eine dritte Grundclasse psychischer Thatsachen hin, auf das **Begehren** als einen Seelenzustand, welcher dahin zielt, einen anderen, nicht vorhandenen Seelenzustand (sei es eine Wahrnehmung oder eine Vorstellung im engeren Sinne oder ein Gefühl) herbeizuführen Während wir Freude und Schmerz mehr passiv hinnehmen, suchen wir hier den gegenwärtigen Zustand des Bewusstseins zu durchbrechen, um es nach eigener Wahl und aus eigener Kraft in einen anderen Zustand überzuführen. Hier zeigt sich die active Seite unseres Seelenlebens, insofern etwas durch uns

---

*) Häufig wird das Wort „Denken" in einem weiteren Sinne gebraucht, so dass es auch die Vorstellungen im engeren Sinne umfasst.

geschieht, sei es, dass wir auf den Ablauf der Vorstellungen oder auf die Außenwelt bestimmend einwirken.

Die genannten Classen psychischer Erscheinungen treten jedoch niemals getrennt in unserem Bewusstsein auf, sondern stehen in inniger, lebendiger Wechselwirkung zu einander. Sowie alles Denken auf Vorstellungen beruht, so ist andererseits in jeder Erkenntnis auch das Gefühl und der Wille wirksam. Der Wille wird zunächst durch das Gefühl bestimmt, welches selbst wieder untrennbar ist von den Vorstellungen, die dasselbe hervor= rufen. Die Empfindung das Glatten kann verbunden sein 1. mit dem Ur= theile, dass sie von der Berührung mit einer Schlange herrührt, 2. mit dem Unlustgefühle des Entsetzens und 3. mit dem triebartigen Streben, der drohenden Gefahr zu entrinnen.

Je nachdem im Seelenleben das Denken, das Gefühl oder der Wille vorwalten, spricht man von Verstandesmenschen, Gefühlsmenschen und Männern der That.

┼ §. 3. Vorstellungs-Act und Vorstellungs-Inhalt.

Die einfachste (elementarste) psychische Erscheinung, z. B. die Empfin= dung der rothen Farbe, läst ein Doppeltes unterscheiden: den qualitativ bestimmten Gegenstand des Vorstellens (die rothe Farbe) und den Act des Vorstellens, so dass jedem Vorstellungs=Inhalt ein Vor= stellungs=Act entspricht. Beides aber kann durch dasselbe Wort „Vor= stellung" bezeichnet werden, eine Zweideutigkeit (Amphibolie*), bezw. Homo= nymie), die auch den Wörtern „Empfindung", „Wahrnehmung", „Erschei= nung", „Erinnerung", „Anschauung", „Erfahrung" u. v. a. anhaftet und eine ergiebige Quelle von Unklarheiten und Misverständnissen, ja auch Fehl= schlüssen ist. Im folgenden wird „Vorstellung" immer nur im Sinne von „Vorgestelltes" oder „Vorstellungsinhalt" gebraucht.

┼ §. 4. Reproduction und Association der Vorstellungen.

Die Thatsache, dass Vorstellungen, welche zeitweilig durch andere Vorstellungen aus unserem Bewusstsein verdrängt worden sind, unter ge= wissen Bedingungen wieder erneuert, d. h. zur vollen Klarheit des Vor= stellens gebracht werden können, bezeichnet man als **Reproduction****) **der Vorstellungen.**

Die Vorstellung einer Stadt erinnert an ihre merkwürdigen historischen Schicksale, ein Brandgeruch erinnert uns an eine Feuersbrunst, die wir einst

---

*) Griech. ἀμφιβολία: ὁμωνυμία Gleichnamigkeit.
**) Wiedererzeugung.

miterlebt haben, der Ton des Sterbeglöckleins erinnert uns nicht bloß an
die Vergänglichkeit des Irdischen überhaupt, sondern oft auch an theuere
Verstorbene aus unserem engeren Kreise. Das Anfangswort eines memo-
rierten Gedichtes ruft in unserer Erinnerung den ganzen Vers, oft auch
mehrere Verse wach.

Alle gleichzeitig (simultan) oder reihenweise (successiv) in das
Bewusstsein tretenden Vorstellungen verbinden (associieren) sich zu einem
einheitlichen Gesammtzustande und reproducieren einander als Theile einer
Gesammtvorstellung. Dieses Reproductionsgesetz der Coexistenz und
Succession beruht nur auf dem äußeren, mitunter ganz zufälligen
Zusammensein oder Zusammentreffen der Vorstellungen in der Zeit und
macht sich umso stärker geltend, jemehr das logische Denken zurücktritt,
das auf willkürlicher Aufmerksamkeit beruht.

Dagegen beruht eine andere Verbindung der Vorstellungen auf dem
inneren, logischen Zusammenhange derselben. Einen solchen logischen
Zusammenhang zeigen die Beziehungen zwischen Ding und Eigenschaft,
zwischen Individuum, Art und Gattung, zwischen Ursache und Wirkung,
Zweck und Mittel, sowie die Beziehungen der Gleichheit und Ähnlichkeit
u. a. m. Ein Wolkenbruch erinnert an die verheerenden Wirkungen einer
Überschwemmung, das wohlgetroffene Porträt an das Urbild, eine Melodie
an eine früher gehörte ähnliche Melodie, der Löwe an seine Raubthier=
natur ....

→ §. 5. **Apperception und Aufmerksamkeit.**

Apperception*) ist die **Aufnahme** und **Aneignung** einer neu
eintretenden Vorstellung durch eine schon vorhandene Vorstellung oder Vor-
stellungsgruppe. Diese Aneignung geschieht zumeist in der Weise, dass die
älteren Vorstellungen, welche durch die neu eintretende Vorstellung repro-
duciert werden, die mit ihnen übereinstimmenden Theile derselben auf-
nehmen, d. h. nach Art eines Resonanzbodens verstärken, alles Fremd-
artige und Entgegengesetzte dagegen abstoßen, d. h. abzuschwächen und zu
verdunkeln suchen. Die älteren Vorstellungen heißen die appercipierenden,
die neue Vorstellung die appercipierte. Dieser Vorgang ist eine Art von
Assimilation der neuen Vorstellung an die älteren. Wie die Aufnahme der
Speisen zur Verdauung derselben, so verhält sich die einfache Perception
(die bloße Empfindung oder Wahrnehmung) zur Apperception.

Alles Denken beruht auf Apperception; denn die neu eintretenden
Vorstellungen erhalten erst dadurch eine bestimmte, klare Gestalt und werden

---

*) Entstanden aus ad und perceptio Auffassung, Wahrnehmung.

dauernd unser geistiges Eigenthum, dass ihnen der richtige Platz in unserer Vorstellungswelt angewiesen wird.

So ist jedes Erkennen, Bestimmen und Benennen von Gegenständen ein Act der Apperception. Wenn der Schüler eine ihm vorgelegte Pflanze untersucht und mittels des Urtheiles „Diese Pflanze ist Schierling" bestimmt, so wird die neue Vorstellung dieses besonderen Pflanzenindividuums durch die ältere, ihm schon bekannte Vorstellung der Pflanzenspecies appercipiert, d. h. näher bestimmt und dem Bewusstsein gleichsam auf=gehellt; und zwar ist es das Merkmal „gefächerter Wurzelstock", das dem Schüler die Erkenntnis erschließen muss, dass diese Pflanze nicht etwa Petersilie, sondern Schierling ist.

Mit der Apperception steht die **Aufmerksamkeit** im innigsten Zusammen=hange. Es ist eine bekannte Thatsache, dass sich unsere Aufmerksamkeit häufig einzelnen Vorstellungen oder einem engen Kreise bestimmter Vor=stellungsinhalte zuwendet und von allen anderen abwendet, d. h. dass unsere Vorstellungsthätigkeit ausschließlich auf einen engen Kreis bestimmter Vorstellungen gerichtet sein kann und dieselben gegenüber allen anderen, in das Bewusstsein drängenden Vorstellungen auf einem möglichst hohen Klarheits=grade festzuhalten sucht. Der in seine geometrischen Zeichnungen vertiefte Archimedes merkte nicht, dass die Römer in Syrakus eingedrungen waren.

Die Aufmerksamkeit wendet sich unwillkürlich plötzlichen, unerwarteten Eindrücken zu, wie einem plötzlichen, starken Geräusche oder einer grellen Lichterscheinung. Sie kann aber auch durch den Willen und das Interesse gelenkt werden. Unser Interesse wird sich vor allem solchen Vorstellungen zuwenden, für welche sich in unseren schon bereitliegenden, also apperci=pierenden Vorstellungsmassen Anknüpfungspunkte finden. Wo solche An=knüpfungspunkte fehlen, kann von einem Interesse und einer Apperception nicht die Rede sein, wie wenn z. B. jemand sich vergebens bemüht, dem Gedankengange eines Vortrages zu folgen, dessen Gegenstand ihm fernliegt.

Je nach den im Bewusstsein vorherrschenden Vorstellungen kann ein und derselbe Vorstellungsinhalt von verschiedenen Personen verschieden apper=cipiert werden. Vgl. die bekannte Erzählung Christoph Schmids von dem klugen Knaben, der unter einer Eiche lag.

§ 6. **Das logische Denken im Gegensatze zum unlogischen.**

1. Die **Psychologie** hat es mit den Naturgesetzen des Denkens zu thun, d. h. mit der Gesetzlichkeit des Denkens, wie es thatsächlich vor sich geht; sie sucht alles zu beschreiben und zu erklären, was in der Seele

vorgeht, gleichgiltig, ob das behandelte Phänomen ein richtiger logischer Schluſs oder die Wahnvorstellung eines Irrsinnigen ist. Die **Logik***) dagegen beschäftigt sich mit den Normalgesetzen des Denkens, d. h. mit der Gesetzlichkeit des Denkens, wie es sich vollziehen soll, wenn es das höchste Ziel alles Denkens und alles Erkennens, die **Wahrheit**, erreichen will.

Die psychologischen Gesetze des Denkens haben somit vorwiegend empirischen**) Charakter und stehen insofern mit den Gesetzen der Physik, Chemie, Physiologie u. s. w. auf derselben Stufe; die logischen Gesetze des Denkens dagegen haben vorwiegend normativen Charakter, sie bilden den Kanon, die Richtschnur des richtigen Denkens. Allerdings muſs die Logik die Grundthatsachen des Denkens auch beschreiben, ferner kann sie ihren Normen den empirischen Charakter insofern nicht gänzlich abstreifen, als dieselben auch nur aus ganz bestimmten Einzelfällen des wirklichen, praktischen Denkens gewonnen sind, allerdings aus solchen Einzelfällen, die zu wahren und giltigen Erkenntnissen geführt haben. Wahr und giltig aber ist eine Erkenntnis, wenn sie entweder durch vielfältige äußere Erfahrung gegeben und erprobt oder in einer unabweislichen inneren Denknothwendigkeit begründet ist.***) Man vergleiche das Verhältnis der Grammatik einer Sprache zum wirklichen Sprechen der Volksgenossen.

2. Daſs aber die Verbindungen, welche die Vorstellungen thatsächlich in unserem Bewuſstsein eingehen, nicht immer der Wirklichkeit oder einer Denknothwendigkeit entsprechen, also nicht immer zu wahren Urtheilen führen, zeigt uns die Entwicklungsgeschichte des menschlichen Geistes mit ihren mannigfachen Irrwegen. Der Stoff, an dem wir unsere Denkthätigkeit ausüben, ist eine Fülle von wechselnden Vorstellungen, wie sie zunächst von außen her durch Sinneseindrücke erweckt werden. Unter diesen mannigfachen, durch unsere tägliche und stündliche Erfahrung bereicherten Bewuſstseinserscheinungen muſs das **logische Denken** die inhaltlich zusammengehörigen von solchen unterscheiden, die in gar keiner oder

---

*) Das Wort „Logik" ($\lambda o\gamma\iota\varkappa\acute{\eta}$ sc. $\tau\epsilon\chi\nu\eta$ s. $\dot{\epsilon}\pi\iota\sigma\tau\acute{\eta}\mu\eta$) ist späteren Ursprungs. Aristoteles aus Stagira (384—322), der als Vater der Logik gilt, hat den größten Theil seiner unter dem Namen „Organon" bekannten logischen Schriften als „Analytik" bezeichnet (Auflösung des Denkens in seine Bestandtheile).

**) Von $\dot{\epsilon}\mu\pi\epsilon\iota\rho\iota\alpha$ (Empirie) die Erfahrung.

***) Von den höchsten oder letzten Kriterien (Erkennungszeichen) der Wahrheit unserer Erkenntnisse handelt die „Erkenntnislehre" („Erkenntnistheorie", auch „Erkenntniskritik"). Übrigens knüpfen sich im Gebiete mancher Fachwissenschaft an deren besondere Stoffe und Methoden auch noch besondere Wahrheitskriterien. Davon handelt die sog. „angewandte" Logik, durch die somit einerseits die Erkenntnislehre, andererseits die „allgemeine" oder „reine" Logik ergänzt wird.

einer nur zufälligen, rein äußerlichen Beziehung zu einander stehen; es muss also der Association und Apperception der Vorstellungen eine Richtung geben, welche der Wirklichkeit entspricht, von der uns die Vorstellungen Kunde geben.

3. Der Trieb nach Erkenntnis der Wahrheit ist es, der unsere Denkkraft zur Thätigkeit antreibt. Die **Wahrheit** aber ist eine Eigenschaft, die ausschließlich dem **Urtheile** zukommt; eben deshalb aber bildet das Urtheil als Grundfunction alles Denkens den eigentlichen Mittelpunkt der Logik. Von der „Wahrheit" oder „Giltigkeit" des Urtheils haben wir sehr häufig schon ein unmittelbares Bewusstsein. Es gibt nämlich Urtheile, deren Giltigkeit sich uns, sobald sie einmal vollzogen sind, unmittelbar und mit so unwiderstehlicher Kraft aufdrängt, dass es keineswegs von unserem Belieben oder Wunsche abhängt, ob wir sie anerkennen oder verwerfen; vielmehr fühlen wir uns schlechthin genöthigt, ihre Giltigkeit anzuerkennen und die Billigung solcher Urtheile auch bei allen anderen denkenden Menschen vorauszusetzen. Diese einleuchtende Kraft oder **Evidenz** kommt z. B. Sätzen zu wie: „Das Ganze ist größer als der Theil" — „Jede Veränderung hat eine Ursache" — „Parallele Linien, beliebig weit verlängert, schneiden sich nicht" — „Der Dukaten ist von Gold" — „Der Dukaten ist nicht von Silber" — „Diese Münze ist entweder echt oder unecht". Solche Urtheile leuchten uns als giltig, als denknothwendig ein, sobald wir überhaupt den Sinn der einzelnen Wörter und ihrer Verbindung zum Satze erfasst haben.

An andere Urtheile wieder heftet sich der Charakter der Evidenz nicht unmittelbar, sondern erst dann, wenn wir ihren logischen Zusammenhang mit einem oder mehreren anderen evidenten Urtheilen begriffen haben. Darauf beruht alles „Beweisen", bezw. „Ableiten". Wir unterscheiden daher unmittelbar und mittelbar evidente Urtheile.

4. Andererseits aber werden gar nicht selten Urtheile gefällt, an die sich keineswegs bei allen Denkgenossen des Urtheilenden die Überzeugung von ihrer Giltigkeit knüpft und denen auch auf keine Weise der Charakter der Evidenz verschafft werden kann; in solchen Fällen sprechen wir von **unlogischem Denken.** Dieses unlogische Denken entspringt aus der Mangelhaftigkeit der Vorstellungen (Beobachtungen), die dem Urtheile zugrunde liegen, oder auch aus psychologischen Zuthaten, welche die Auffassung der Nothwendigkeit und Allgemeingiltigkeit logischer Begriffsverhältnisse erschweren. Gefühl und Neigung (Wunsch) stehen der Wahrheit oft feindlich gegenüber, sie erschweren, ja verhindern nicht selten ihre Ermittlung und müssen daher nach Möglichkeit ferngehalten werden.

5. Terminologisch*) werden wir somit Folgendes streng festhalten müssen: „richtig" oder „unrichtig" ist eine formale Eigenschaft des Denkens als eines Thuns, also der Denkoperationen, die im einzelnen Falle den allgemeinen Normen der Logik entsprechen oder auch nicht entsprechen; „evident", „wahr", „giltig" oder „nicht evident", „falsch", „ungiltig" sind materiale Eigenschaften des Denkergebnisses oder Denkproductes, wobei freilich nicht zu übersehen ist, daß zwischen subjectivem Fürwahrhalten oder Fürfalschhalten und objectivem Wahrsein oder Falschsein unterschieden werden muß. Oft genug dünkt dem Menschen ein objectiv falscher Satz ganz evident oder ein objectiv wahrer Satz ganz unannehmbar. Wäre es nicht so, so würde das so gewöhnliche starre Festhalten an Irrthümern unbegreiflich bleiben.**)

§. 7. Aufgabe der Logik; ihr Verhältnis zu den übrigen Wissenschaften.

Die Logik hat sich als Lehre vom richtigen Denken mit den allgemeinsten Denkformen zu beschäftigen, welche bei der Erforschung der Wahrheit, sei es in der Wissenschaft, sei es im öffentlichen oder im privaten Leben, wirksam sind. Sie hebt demnach aus dem großen Gebiete der möglichen Denkoperationen jene allgemeinsten Gedankenformen hervor — Begriffe, Urtheile, Schlüsse —, deren Gesetzlichkeit für die Entwicklung unseres Denkens und Wissens ohne Unterschied des Gebietes einen normativen Charakter hat, so daß wir berechtigt sind, mit diesen Normen an das wirkliche Denken, wie es Gegenstand der Psychologie ist, heranzutreten, um es auf seine Richtigkeit zu prüfen.

Da somit die logischen Gesetze nur aus Specialfällen des psychologischen Denkens abgeleitet sind, steht die nahe Beziehung der logischen Untersuchungen zu den psychologischen fest. — Die Gedanken, mit denen sich die Logik beschäftigt, enthalten ferner eine Hinweisung auf etwas Reales, das durch sie gedacht und zur Erkenntnis des denkenden Wesens gebracht wird, und insofern hat sie auch gewisse Beziehungspunkte mit der Metaphysik als der Wissenschaft von der Welt des wahrhaft Seienden gemein. — Die Gedanken müssen sich ferner bei der innigen Verkettung des Denkens und Sprechens sprachlich verkörpern und können nur so nach außen treten. Die Logik wird demnach auch auf den sprachlichen Ausdruck der logischen Beziehungen Rücksicht zu nehmen haben. — Schließlich wird die Logik auch

---

*) Terminologie = der Inbegriff sämmtlicher Kunstausdrücke (termini technici) einer Wissenschaft.

**) Vgl. die Ausführungen im Eingange des §. 85.

gewisse Begriffe und Ergebnisse der Erkenntnistheorie für ihre Zwecke verwerten. Sie wird derselben Begriffe wie Wirklichkeit und Wahrheit, Möglichkeit und Nothwendigkeit, Gewißheit und Wahrscheinlichkeit, Ding und Eigenschaft.... entlehnen und für ihre Zwecke verwerten.

Das Verhältnis der Logik zu allen anderen Wissenschaften geht daraus hervor, daß sie selbst aus dem Denkverfahren, wie es in den einzelnen Wissenschaften thatsächlich geübt wird und sich tausendfach bewährt hat, ihre Normen ableitet, die dann umgekehrt für die weitere Forschungs= arbeit auf jedem besonderen Gebiete verbindlich sind.

§. 8. Wert und Nutzen der Logik.

Die Kenntnis der Formen des richtigen Denkens ist sowohl an und für sich, als auch für die einzelnen Wissenschaften höchst wertvoll. Indem die Logik das richtige Denken von dem unrichtigen unterscheiden lehrt, erweist sie als Gesetzbuch des Denkens sowohl dem gemeinen als dem wissenschaftlichen Denken die wichtigsten Dienste. Geht man von material giltigen Urtheilen aus, so kann man auch sicher sein, daß alle daran geknüpften logisch richtigen Denkoperationen giltige Ergebnisse, also wahre Urtheile liefern. Gelangt man unter derselben Voraussetzung der Giltigkeit des Stoffes zu offenbar ungiltigen Denkergebnissen, so kann man überzeugt sein, daß man irgendwie in formaler Beziehung gefehlt hat. Andererseits muß das Ergebnis auch dann falsch sein, wenn eine formal richtige Denkoperation an ein material falsches Urtheil anknüpft. Klares Verständnis aber sowohl für die Kriterien der Wahrheit, als für die Quellen des Irrthums ist nur durch die Kenntnis der logischen Normen verbürgt.

Anm. Die Logik ist wichtig für den Gedankenausdruck in Rede und Schrift, also für den Lehrer, für den Redner, für den Schriftsteller. Soll der Redner verstanden werden, so muß er die Masse von Vorstellungen, die sich in sein Bewußtsein drängen, in jene Ordnung bringen, in welcher sie dem Verständnis am leichtesten zugänglich sind; diese Ordnung ist aber die logische. Je umfassender die Gedankenreihen werden, die man zum Ausdrucke bringen will, desto deutlicher muß sich der Faden des logischen Zusammenhanges durch dieselben hindurchziehen und die logische Disposition auch im kleinsten erkennbar sein. Unentbehrlich aber ist die Logik insbesondere dort, wo es gilt, im logi= schen Streite Lanzen zu brechen und hiebei den Irrthum des Gegners zu enthüllen oder die Sophistik*) trügerischer Denkgebilde in ihrer Nichtigkeit hin= zustellen.

Gleichwohl ist die Kenntnis der logischen Regeln allein nicht hinreichend, um einen Fortschritt in den Wissenschaften zu bewirken, da hiezu ein unmittel=

---

*) Spitzfindigkeit ($\sigma o \varphi \iota \sigma \tau \iota \varkappa \acute{\eta}$ sc. $\tau \acute{\varepsilon} \chi \nu \eta$).

bares Eingehen auf den besonderen Inhalt der zu bearbeitenden Begriffe nothwendig ist.

§. 9. Eintheilung der Logik.

Da der Zweck des Erkennens sich in Urtheilen verwirklicht, denen das Prädicat der „Wahrheit" zukommt, so bildet das **Urtheil** den eigentlichen Gegenstand der Logik. Doch wird die Logik auch die Bestandtheile des Urtheiles, die Begriffe, zum Gegenstande der Untersuchung machen und hiebei nicht bloß ihre große Mannigfaltigkeit, sondern auch ihre Entstehung in den Kreis ihrer Betrachtung ziehen. Sie wird ferner in der Lehre vom Schlusse die Ableitung neuer Urtheile aus einem oder mehreren gegebenen Urtheilen unternehmen. Von diesen elementaren Denkformen, welche schon im alltäglichen Verkehr, in den Denkoperationen des schlichten, ungeschulten Menschenverstandes zur Anwendung kommen, schreitet sie fort zu den systematischen Denkformen, welche in jenen einheitlich und planmäßig geordneten Massen von Erkenntnissen, die man Wissenschaften nennt, ihre Verwirklichung finden. Die Wissenschaftslehre handelt von der Erklärung (Definition), der Eintheilung, dem Beweise und von der Methode, weil von den angeführten Stücken die Bestimmtheit, Vollständigkeit, Gründlichkeit und systematische Ordnung der Erkenntnisse abhängt.

Es ergibt sich demnach für das Lehrgebäude der Logik folgende Gliederung:

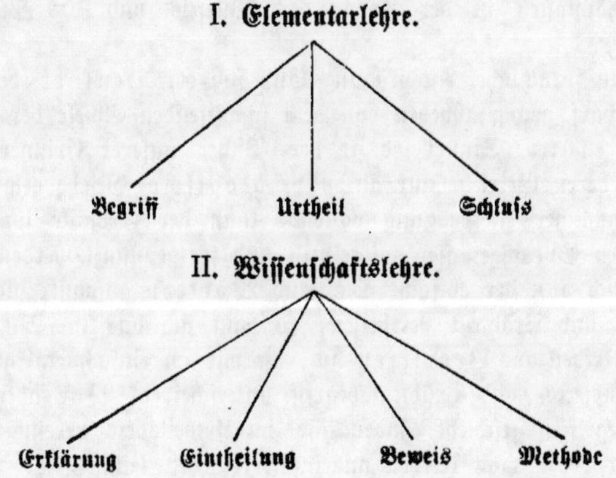

Elementarlehre.

Erster Abschnitt.
Lehre vom Begriff.

A. **Vom Begriff im allgemeinen; die Arten der Begriffe.**

§. 10. **Denken und Sprechen; Bedeutung der Wörter.**

1. Die allgemeine Form des Denkens ist das **Urtheil**, das Urtheil aber vollzieht sich, gleichviel, ob als „stiller" Gedanke (1) oder als unwillkürlicher Ausruf (2) oder als beabsichtigte Mittheilung an andere (3), in der sprachlichen Form des **Satzes**; ein und derselbe Vorgang erscheint innerlich als Urtheil (Gedanke), äußerlich als Satz. (1. Da hinüberzukommen wird viel Schweiß kosten! — Überstanden! — Welch ein Sturm! — 2. Feuer! — Zu Hilfe! — Das Meer!*) — 3. Der Suez-Canal kürzt die Fahrt nach Ostindien um mehrere Wochen ab. — Schwefelkies krystallisirt am häufigsten in der Form des Würfels und des Pentagonaldodekaeders.)

Nur in sprachlicher Ausprägung kann sich der Denkact (der „stille" Gedanke) scharf genug abheben von dem schweifenden Spiele der „Vorstellungen im engeren Sinne", d. i. der Bilder unserer Erinnerung und Phantasie, deren Getriebe nur an psychologische Gesetze gebunden ist; nur in sprachlicher Ausprägung vollends kann der Gedanke im Verkehre der denkenden Sprachgenossen mitgetheilt und fortgepflanzt werden.

Wie sich nun der einfache Satz aus Wörtern aufbaut, die sich auf das Subject und Prädicat vertheilen, so baut sich das im Satze lautlich verkörperte Urtheil aus Begriffen auf, die wir im einfachsten Falle gleichfalls als Subjects- und Prädicatsbegriff unterscheiden. Was aber an und mit den Begriffen geschieht, indem sie im Urtheilsacte vereinigt werden, wird in der Lehre vom Urtheil auseinanderzusetzen sein. Jetzt haben wir es mit den Begriffen für sich als den Elementen des Urtheils zu thun.

---

*) Bezüglich der elliptischen Sätze ist §. 35 zu vergleichen.

2. Jedes einzelne Wort in der Sprache bedeutet einen Begriff, ist der Name eines Begriffes. Überdies aber bezieht sich die große Mehrheit der Wörter auf etwas, dessen Existenz als von dem Denkact unabhängig gedacht wird. Die Wörter „Veränderung", „Ähnlichkeit", „Unterschied" z. B. bedeuten Begriffe, die eben nur im Bereiche des Denkens (des sogenannten „beziehenden" Denkens) eine Rolle spielen, die Wörter „Löwe, Eiche, Fluss, Dolomitberg" u. ä. bedeuten dagegen nicht nur die entsprechenden Begriffe, sondern bezeichnen auch — und zwar hauptsächlich — alle die entsprechenden Einzelgegenstände (Individuen) der Außenwelt, die wir als Löwen, Eichen, Flüsse, Dolomitberge zu benennen übereingekommen sind. Der wesentliche Unterschied dieser beiden Wort- und Begriffsclassen mag noch etwas genauer betrachtet werden.

Die Begriffe „ähnlich" und „verschieden" z. B. lassen zwar Grade oder Abstufungen gewissermaßen als ihre Species zu, es gibt aber außerhalb des Denkens nichts, was das Merkmal „ähnlich" in demselben Sinne trüge, wie wir dem geschliffenen Diamant — und zwar jedem einzelnen — feurigen Glanz zusprechen; und selbst wenn wir berücksichtigen, dass es in der Außenwelt immerhin ähnliche Dinge, ähnliche Eigenschaften, ähnliche Zustände u. dgl. gibt, so ist doch klar, dass dieses „Ähnlichsein" nichts ist, was zwei Dingen in dem Sinne gemeinsam wäre, wie wir etwa von zwei Stieren sprechen, die einem und demselben Pfluge vorgespannt sind, oder von zwei weißen Rosen, von zwei meridionalen Gebirgsketten u. dgl., dass vielmehr das Prädicat „ähnlich" nur einem Befunde jenes beziehenden Denkens entspringt, das zwei Dinge in einem bestimmten Stücke vergleicht.

Andererseits ist es wohl ebenso klar, dass das Wort (der Name) „Löwe" auf ein Doppeltes geht: für die gemeine Auffassung zunächst auf eine Gruppe der Thierwelt, sodann auf dasjenige, was allen Individuen dieser bestimmten Gruppe gemeinsam ist und um dessentwillen wir jedes beliebige dieser Individuen als „Löwe" bezeichnen, ohne Rücksicht auf das Besondere, wodurch es sich von anderen Individuen der Gruppe unterscheidet. Dieser bei jedem Individuum wiederkehrende Charakter (Typus), der uns eben veranlasst hat, diese Gruppe der Thierwelt gegen andere Gruppen fest abzugrenzen, ist der Begriff „Löwe", über den die Zoologie genaueren Bescheid weiß; und diese Bedeutung des Wortes stellt sich auch dem logisch geschulteren Denken als die unmittelbare, die andere — wir wollen sie der **logischen** Bedeutung als die **ontologische***) gegenüberstellen — als die

---

*) τὸ ὄν (ὄντος) das Seiende; hiebei ist an die Wirklichkeit zu denken, die neben und außerhalb des Denkens besteht; somit Ontologie = Lehre vom (wahrhaft) Seienden.

mittelbare dar. Somit bezeichnet das Wort (der Name) die Dinge nicht unmittelbar, sondern **durch den Begriff**. Nur das einzelne Ding, dem wir irgend ein besonderes Interesse entgegenbringen, bezeichnen wir unmittelbar durch einen Eigennamen.

3. Das Verhältnis der Sprache zum Denken berühren noch folgende drei Erwägungen, die für manche spätere Betrachtung den richtigen Standpunkt verschaffen.

a) Wie schon das einzelne (gesprochene) Wort als Lautreihe eine zeitliche Ausdehnung hat, d. h. eine gewisse Zeitstrecke erfüllt, so ist dies umsomehr beim Satze der Fall, wo sich Subject und Prädicat in eine Zeitreihe auseinanderlegen müssen. Gewöhnlich geht das Subjectswort dem Prädicatsworte voraus („der Hund bellt"); jenes ist ein Früheres, dieses ein Späteres. Man muss sich nun vor der Annahme hüten, dass es sich beim innerlichen Vorgange des Denkens ebenso verhalte. Dem Denkact als solchem fehlt diese zeitliche Auseinanderzerrung. Wenn ich, am Fenster stehend, den Satz ausspreche: „Der Hund des Nachbars bellt", so knüpft sich der Denkact an meine Wahrnehmung, und zwar an die Gesammtvorstellung des bellenden Hundes, diese erfasse ich mit dem Begriffe „Hund des Nachbars" und hebe daran — irgendwie dazu veranlasst — gerade nur die Theilvorstellung des Bellens ausdrücklich hervor als den Gegenstand der Aussage;*) bei einem anderen Anlass würde ich etwa das Merkmal „wohlgenährt" hervorheben. Wiewohl nun der Denkact als ein Thun beschrieben wird, somit eine zeitliche Dauer zu beanspruchen scheint, so ist dies doch nur eine Täuschung; für das Zustandekommen des Gedankens gibt es kein Zeitmaß, er ist nach der trivialen Redensart das Werk eines Augenblicks. Ebendasselbe, was sich sprachlich in eine gegliederte Lautreihe zerlegt, ist im Denken mit einem Schlage vollzogen.

b) Der **Singular** der nomina appellativa findet bekanntlich eine zweifache Anwendung: zunächst zur Bezeichnung eines bestimmten Individuums („der Hund des Nachbars ist überaus wachsam"), sodann zur Bezeichnung der ganzen Gattung („der Hund begleitet den Menschen in alle Klimate"). Für die Logik ist dieser Doppelgebrauch sehr belehrend. Unterscheiden wir ihn analog dem Obigen (P. 2) durch die Termini „ontologisch" und

---

*) In diesem Falle ruht der Nachdruck auf dem Prädicat, und es mag sich an das Urtheil der weitere Gedanke knüpfen, dass wohl ein Fremder den Hausflur des Nachbars betreten hat. Der eigentliche Gegenstand der Aussage kann jedoch auch das grammatische Subject „der Hund des Nachbars" sein, dann nämlich, wenn der Nachdruck auf dem Subjecte ruht, in welchem Falle das Urtheil ein Causalurtheil (§. 47) ist und den Sinn hat: Das Gebell, das wir schon einige Zeit hören, rührt, wie ich jetzt wahrnehme, vom Hunde des Nachbars her.

„logisch", so sehen wir den Singular im logischen Sinne auf den Typus der ganzen Gattung, also auf den Begriff abzielen; in der Singularform findet da die Einheit des Begriffs gegenüber der Vielheit der Individuen ihren angemessenen Ausdruck. Soll aber die Beziehung der Aussage auf die zugehörigen Individuen deutlicher hervortreten, so tritt an die Stelle des generellen Singulars der Plural: „Die Gemsen sind nicht leicht zu beschleichen". Der gemeine Mann gibt wohl auch bei generellen Aussagen dem Plural vor dem Singular den Vorzug. Mitunter betonen wir die Allgemeingiltigkeit noch besonders durch Voransetzung von „jeder" beim Singular oder von „alle" beim Plural. „Jede Veränderung hat ihre Ursache. — Alle Menschen sind sterblich".

c) Ähnlich dem Doppelsinn des Singulars beim Substantiv ist die verschiedene Geltung der Zeitform des **Präsens** beim Verbum. Zunächst bezeichnet das Präsens die Gegenwart des Urtheilenden (Sprechenden): „Der Strom ist hoch angeschwollen; es blitzt und donnert; mich schaudert; die Glocke schallt". Diesem eigentlichen, ontologischen Gebrauch des Präsens, der eine in die Zeit der Urtheilsfällung selbst fallende oder doch hereinragende, individuelle Thatsache betrifft, steht der generelle, logische Gebrauch gegenüber, den wir vom Präsens in allgemeingiltigen Erkenntnisurtheilen machen: „Auf der nördlichen Hemisphäre liegt die Schneelinie am Südabhang eines Gebirges höher als am Nordabhang; die Planetenbahnen sind Ellipsen; im Rhombus stehen die Diagonalen aufeinander senkrecht". Hier besagt die Präsensform des Verbums, dass sich der im Urtheil dargelegte Sachverhalt nicht etwa nur auf das Zeugnis der Sinne stützt, dass er vielmehr nothwendig und seine Geltung von keiner Zeit abhängig ist. Stützt sich das Urtheil auf Erfahrung (Beobachtung des Naturlaufes), so setzen wir allerdings voraus, dass sämmtliche für den Sachverhalt maßgebenden Nebenumstände ungeändert bleiben. Ohne alle Beschränkung aber gilt die Unabhängigkeit des Urtheils von der Zeit dann, wenn es nicht aus der sinnlichen Erfahrung, sondern aus der „reinen"*) Anschauung oder dem „reinen" Denken entspringt: vgl. den obigen Satz vom Rhombus; oder: „Schneiden sich zwei Gerade, so ist ihr Schnittpunkt der Scheitel zweier Paare von gleichen Winkeln; $3 \times 3 = 9$; der Theil ist kleiner als das zugehörige Ganze".

§. 11. Die Allgemeinheit als wesentlicher Charakter des Begriffes.

1. Werfen wir einen Blick auf den weitgedehnten Umkreis aller möglichen, in einer Wortform ausgeprägten Begriffe, so zeigt sich uns eine

---

*) Vgl. §. 47, P. 4, II. III.

überaus große Mannigfaltigkeit. Man betrachte, um von der durch die verschiedenen Redetheile angezeigten Verschiedenheit der Begriffe abzusehen, nur folgende Reihe substantivischer Begriffe: Gott, Welt, Fixstern, Berg, Löwe, Meer, Krater, Wasserfall, Planetenbahn, Ellipse, Scheitelwinkel, Zahl, Zehn, Größe, Wurzelgröße, Hälfte, Gleichung, Zukunft, Röthe, Gedanke, Gefühl, Mutterliebe, Zahnschmerz, Vergleich, Veränderung, Ursache, Melodie....... Diese Mannigfaltigkeiten hat die Logik in dem ganzen Umkreise von Begriffen nach gewissen Typen zu gruppieren, etwa wie es die Naturgeschichte bei den Mannigfaltigkeiten der Thier- und Pflanzenwelt thut, und innerhalb jeder Gruppe den Typus zu beschreiben. Hiebei wird sich allerdings herausstellen, dass ein gewisser Charakter allen Gruppen wieder gemeinsam ist. Es wird sich nämlich zeigen, dass ein Begriff niemals auf einen einzigen, ganz bestimmten (individuellen) Gegenstand mit bestimmtem „Wo" und „Wann" geht, sondern **stets auf ein Allgemeines.** Der individuelle „Gegenstand" (im weitesten Sinne des Wortes) kann von uns nur angeschaut, erfahren, erlebt werden; sobald wir von ihm sprechen, also über ihn denken, bringen wir an ihn Begriffe heran, die — jeder für sich genommen — auch vielen anderen Gegenständen gegenüber verwertet werden können.*) Hiemit ist aber eine Grundfunction des menschlichen Geistes aufgedeckt, der sich dem ewig wechselnden Nacheinander der sinnlichen Eindrücke und ihrer verwirrenden Mannigfaltigkeit gegenüber nur dadurch behauptet, dass er **aus dem Individuellen das Allgemeine (das Generische) herauszuheben, mit Hilfe des Wortes festzuhalten und an jedem verwandten Individuellen wiederzuerkennen vermag.** In den folgenden Paragraphen soll diese analytische Grundfunction des Denkens an den einfachsten Beispielen nachgewiesen werden.

2. Man erwäge, ob sich das, was allen den obigen und allen sonst noch erdenkbaren Begriffen gemeinsam ist, also das sogenannte „Wesen" oder der „Begriff" des Begriffes in demselben Sinne herausheben und — etwa in Gestalt einer regelrechten Definition**) — aussprechen läßt, wie wir zu sagen wissen, was eine Kegelschnittslinie, eine quadratische Gleichung, eine einfache Maschine, ein galvanisches Element, ein Verfassungsstaat u. dgl. mehr ist. Eine solche Forderung wäre jedoch unerfüllbar, da die Aufstellung der verlangten Definition die Überschreitung jenes Umkreises voraussetzt; es ist aber unmöglich, jenen Umkreis zu überschreiten, da jeder beliebige Begriff, den man zur ver-

---

*) Daher muss ein solcher Begriff, wenn er eine individuelle Beziehung erhalten soll, mit einem hinweisenden Fürworte verbunden werden, z. B. dieses Haus da, jener Berg dort. Inwiefern auch den eigentlichen Individualbegriffen, wie Wien, Donau, Goethe, römische Republik, der Charakter der Allgemeinheit zukommt, wird in der Fußnote zu §. 15, P. 3 erörtert.

**) Vgl. §. 71.

langten Definition heranziehen möchte, immer noch innerhalb desselben fallen muß.

3. Die Begriffe bewähren sich gewissermaßen als zweckmäßige Abbreviaturen für die zahllosen, immer wieder wechselnden Erscheinungen unserer sinnlichen Erfahrung. Nur durch den Begriff können wir die Vergangenheit für unsere eigene Gegenwart fruchtbar machen, nur durch den Begriff werden wir Herren der Zukunft, insofern wir die Ergebnisse unserer Erfahrung mit Hilfe der Annahme eines streng gleichförmigen Naturlaufes dazu benützen, das zukünftige Verhalten der Dinge vorherzusagen.

§. 12. Die empirischen Begriffe.

1. Nehmen wir an, vor uns liege auf der Papierfläche in der Entfernung des deutlichsten Sehens ein rothes Quadrat von 4 cm Seitenlänge. Hiemit ist uns eine individuell bestimmte Erscheinung der sinnlichen Erfahrung und zwar eine Gesichtswahrnehmung gegeben. Indem wir dieselbe als rothes Quadrat bezeichnen, haben wir schon an der ursprünglichen Einheit des Geschauten zweierlei Analysen vorgenommen. Erstlich haben wir die Farbe von der Fläche getrennt, sodann aber beide der individuellen Bestimmtheit entkleidet und so in die Sphäre des Allgemeinen erhoben.

Wenn wir nämlich die geschaute Farbe als „Röthe" bezeichnen, so wollen und können wir hiemit nur ihren allgemeinen Charakter bezeichnen, den sie gemein hat mit recht vielen anderen Farbeneindrücken (d. i. anderen Nuancen oder Schattierungen von „roth"), die von ihr mehr oder weniger abweichen. Wir suchen zwar dem Individuellen auch begrifflich näher zu kommen, indem wir etwa statt „roth" „rosenroth" oder „zinnoberroth" sagen; indessen sieht man sofort, daß hiemit der individuelle Eindruck noch immer nicht erreicht, sondern nur der Spielraum für die individuellen Varietäten verengert wird. Davon abgesehen hat „rosenroth" nicht minder den Charakter des Generischen als „roth". An das Individuelle kann nun einmal das Denken mit seinen besonderen Mitteln nicht heran, es ist und bleibt ein schlechthin Unnahbares, Unersetzliches — eine Thatsache, welche die Wichtigkeit des Anschauungsunterrichtes, der praktischen Kenntnis des Weltlaufs, des unmittelbaren Verkehrs mit den Dingen und Menschen in helles Licht setzt.

Ebenso wie mit der „Röthe" steht es mit dem zweiten Trennstück des ursprünglich Gegebenen, mit der quadratischen Flächenform von 4 cm Seitenlänge. Bezeichnen wir es als Quadrat schlechthin, so sehen wir dabei vollständig von seiner bestimmten Größe ab, die übrigens auch nur für diese bestimmte Entfernung ganz bestimmt, bei wechselnder Entfernung vom Auge dagegen schon variabel ist. Daher ist an der gegebenen Flächenfigur auch

nur das Größenverhältnis der vier Seiten und Winkel interessant und
wertvoll, und dieses kommt zum Ausdruck in dem Begriffe „Quadrat".

2. In der sprachlichen Bezeichnung „rothes Quadrat" offenbart
sich übrigens noch eine besondere Leistung des Denkens. Wir veranschaulichen
die bisher betrachteten Vorgänge durch folgendes Schema (Fig. 2):

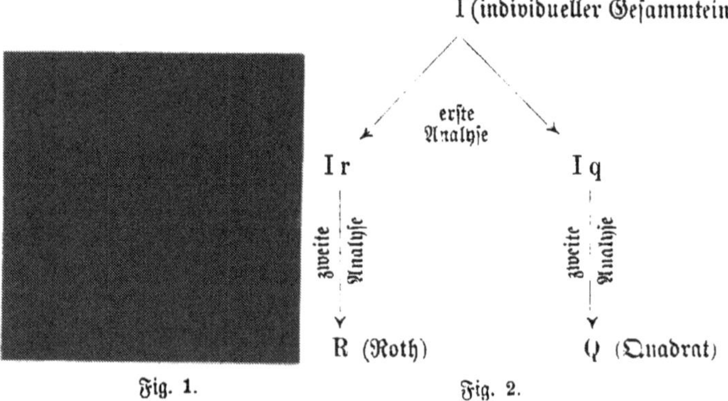

Fig. 1. Fig. 2.

(I r bezeichnet das individuelle Roth der gegebenen Anschauung ohne
Rücksicht auf die Flächenform, in der es sich ausbreitet und die sehr verschieden
sein kann; I q bezeichnet die individuelle Flächenfigur der gegebenen Anschauung
ohne Rücksicht auf die Farbe, die sehr verschieden sein kann.)

In der begrifflichen Wiedervereinigung erscheinen nun R und Q neben
einander nicht als gleichwertige Elemente, vielmehr fassen wir ihr Verhältnis
nach dem Schema vom „Ding mit seinen Eigenschaften" so auf, daß uns
Q als Hauptsache gilt, R aber nur als nähere Bestimmung zu Q.
(Q — Substantiv, R — attributives Adjectiv.) Wie geläufig und natürlich
uns diese Auffassung ist, erkennen wir bei dem Versuche, das Verhältnis
umzukehren: „quadratisches Roth" oder „quadratische Röthe" — eine Gedankenverbindung, die ans Alberne grenzt. Die natürliche Auffassung, daß
die Gestalt der Dinge gegenüber der Farbe und Größe den höheren Erkenntniswert besitzt, liegt dem im weitesten Umfang, selbst in der darstellenden
Kunst (Kupfer- und Stahlstich, Holzschnitt, Photographie) geübten Verfahren
zugrunde, Gegenstände der Anschauung ohne ihr natürliches Colorit und ohne
Rücksicht auf ihre natürliche Größe abzubilden.

3. Die obige Betrachtung läßt sich mit Benützung der Buchstaben-
zeichen des Schemas in folgendem zusammenfassen: 1. Die getrennte Auffassung von R und Q setzt eine doppelte Analyse voraus: die
erste Analyse zerlegt I in I r und I q, die zweite Analyse hebt

aus Ir und Iq die Gattungscharaktere R und Q heraus. Meist wird in logischen Betrachtungen nur die zweite Analyse berücksichtigt, jedoch setzt diese jederzeit die erste voraus. 2. R und Q bezeichnen beide nur ein Allgemeines; soll ihre sprachliche Vereinigung (rothes Quadrat) nur auf das vorliegende individuelle Quadrat gehen, so muß man ein demonstratives Pronomen oder Adverb hinzufügen. 3. R und Q entstehen nach der herkömmlichen Terminologie aus Ir und Iq durch Generalisation (Verallgemeinerung), bezw. durch Abstraction*) (Absehen) vom individuellen Charakter, der eben Ir und Iq von R und Q unterscheidet.

§. 13. Fortsetzung. — Andere Gattungen von Begriffen.

1. Das gewonnene Ergebnis soll durch ein zweites Beispiel bestätigt werden. Angenommen, ich hätte eine weiße Marmorkugel in der Hand, so kann ich in der Einheit des auf meine Sinnesorgane einwirkenden Körpers eine Vielheit von Merkmalen unterscheiden, die den verschiedenartigen Sinneseindrücken entsprechen: die Kugelgestalt von ganz bestimmter Größe, die bestimmte weiße Farbe, eine bestimmte Oberflächenbeschaffenheit (Glätte), Temperatur, Härte und ein bestimmtes Gewicht. Hiezu werden noch alle besonderen Eigenschaften hinzugedacht, welche die Mineralogie dem Marmor zuschreibt. Erkläre ich nun, in meiner Hand ruhe eine weiße Marmorkugel, so setzt dies denselben Vorgang voraus, den wir bei dem Beispiel des rothen Quadrats beschrieben haben: jede einzelne der obigen Componenten wird zum Begriff erhoben, alle diese Theilbegriffe verschmelzen zur Einheit eines zusammengesetzten Dingbegriffes, der dem beschriebenen Complex von sinnlichen Merkmalen entspricht, der aber vermöge seiner Zusammensetzung aus lauter Allgemeinheiten ebenso gut hundert anderen Gegenständen (in unserem Beispiele: hundert anderen weißen Marmorkugeln, von abweichender Größe u. s. w.) entsprechen würde. Hiezu kommt, daß hier das Verhältnis zwischen Ding und Eigenschaft an dem

---

*) Vgl. §. 16 und 17. — Schon hier mag angemerkt werden, daß Abstraction, abstrahieren, abstract Ausdrücke sind, deren Gebrauch an Eindeutigkeit und Consequenz recht viel zu wünschen übrig läßt. Schon rein sprachlich besteht der Mißbrauch, daß man zu sagen pflegt: von etwas abstrahieren statt etwas abstrahieren, wie es die Participialform abstract voraussetzt. Indes wollen wir im folgenden an der eingebürgerten Fügung, auf welche die deutsche Construction von „absehen" eingewirkt zu haben scheint, festhalten und das Abstrahieren als complementäre Function zum Generalisieren auffassen, während „abstract" geradezu als Synonymon zu „nicht-anschaulich" gebraucht werden soll. Abstract ist somit in diesem Sinne jeder Begriff, und zwar ist die Abstractheit das nothwendige Complement der Allgemeinheit. Nähere Aufklärung bringt §. 16.

2*

Reichthum von Merkmalen eine festere Stütze erhält. Alle die Merkmale bilden in ihrer Einheit und gegenseitigen Durchdringung, wie sie eben nur in der Anschauung erlebt werden kann, das Ding; an dem Dinge als dem beharrlichen „Kern“ oder „Träger“ der Merkmale kann sich wohl ein oder das andere Merkmal verändern, dies spielt sich aber vor dem festen, unveränderten Hintergrund ab, den alle übrigen Merkmale bilden, und niemals darf sich die Mehrzahl der Merkmale — etwa bis auf eines oder das andere — verändern, wenn anders das Ding dasselbe Ding bleiben soll. (Wasser — Eis — Schnee — Wasserdampf.)

Nach diesem logischen Schema fassen wir zunächst die Dinge der raum- und zeiterfüllenden Außenwelt auf, ebendasselbe Schema aber zwängt unser Denken den verschiedenartigsten anderen Objecten auf, wie später in §. 23, der von der „kategorialen Verschiebung“ handelt, gezeigt werden wird.

2. Aus den erörterten zwei Beispielen ergibt sich, daß der wesentlichste Charakter der Begriffe, die den Gegenständen der sinnlichen Erfahrung entsprechen, die unbestimmte Allgemeinheit ist; und aus dieser folgt unmittelbar die Abstractheit, d. h. Unanschaulichkeit. Der Begriff kann eben nur gedacht werden. Den generischen Charakter im Begriff festzuhalten und auf das gegebene Besondere wieder anzuwenden, ist die wesentlichste Leistung des Denkens, sie gelingt aber nur durch die innige Wechselwirkung zwischen Denken und Sprechen.

3. Dem gewaltigen Heere der empirischen Begriffe stehen jene Begriffe gegenüber, die nur die Denkthätigkeit selbst in ihren verschiedenen Besonderungen zum Inhalt haben, die Begriffe des bereits erwähnten „beziehenden“ Denkens: Gleichheit, Verschiedenheit, Ähnlichkeit, Kraft, Ursache — Wirkung, Wechselwirkung, Einheit — Vielheit, Ganzes — Theil, alle die räumlichen und zeitlichen Beziehungen u. a. m.

Die Function dieser Begriffe ist dem denkenden Geiste eingeboren und bethätigt sich an jedem beliebigen Erfahrungsstoffe; diese Begriffe werden vom gemeinen Manne bei jedem beliebigen Denkacte täglich und stündlich tausendfältig und zwar unbewußt angewendet; wir umspinnen gewissermaßen mit denselben jeden Gegenstand unserer Erfahrung und machen ihn dadurch erst zum Eintritt in das System und Getriebe unserer Begriffe geeignet — vergleichbar der fleischfressenden Pflanze mit ihren Fangapparaten und Digestionszellen.*) Zu unserem klar bewußten Besitz werden sie aber auf demselben Wege wie die empirischen Begriffe; und insofern stammen auch sie aus der Erfahrung; nur sind sie kein zufälliger Erwerb, wie etwa die empirischen Begriffe einer Palme, eines Kolibri, eines Leuchtthurms, einer Feuersbrunst u. dgl., sondern ein nothwendiger und (im bezeichneten Sinne) ursprünglicher

---

*) Vgl. die zu §. 21, P. 2 citierte Stelle aus Max Müllers „Denken im Lichte der Sprache“.

Besitz, ein unentbehrliches Rüstzeug unseres denkenden Geistes. (Vgl. §. 21 und 22, die logischen Kategorien.) So kommen wir z. B. erst spät zum selbständigen Bewusstsein und zu freithätiger Anwendung der Begriffe „Ursache — Wirkung", nachdem wir schon längst die mannigfaltigsten Erscheinungen unter diesem Schema aufgefasst und auch unser ganzes Thun und Lassen darnach eingerichtet haben.

4. Hiezu kommen nun noch die grammatischen, die logischen und psychologischen, die mathematischen, endlich die zahllosen, auf dem Boden der besonderen Wissenschaften und Kunstlehren erstandenen Begriffe, die theils einer freien Bethätigung des menschlichen Geistes, theils dem praktischen Bedürfnis entsprungen sind, die Dinge und Vorgänge der empirischen Welt den Zwecken und Interessen des Menschen dienstbar zu machen.

Beispiele: Lautverschiebung, Volksetymologie, präpositionales Object; Ode, Epos, Drama; Strophe, Vers, Cäsur, Trochäus, Alliteration; Reproduction, Phantasie, Apperception; Division, Logarithmus, arithmetische Progression; Volksheer, Angriffskrieg, Torpedoboot; Tyrannis, Republik, constitutionelle Monarchie; Tauschhandel, Mercantilsystem, Staatsschulden; Molltonart, Oper, Symphonie ...

5. Fanden wir bei den empirischen Begriffen, die ihrer Entstehung nach den individuellen Erscheinungen der Außenwelt am nächsten stehen, durchaus den Charakter der Allgemeinheit, so werden wir diesen um so leichter den unter 3. und 4. angeführten Begriffen zuerkennen, die theils dem „reinen" Denken allein angehören, theils Elemente aus beiden Gebieten in sich vereinigen und somit den empirischen Begriffen verwandt sind.

6. Eine ganz besondere Art der Allgemeinheit haftet den Zahlbegriffen an. Die Zahl 3 z. B. existiert nur im menschlichen Geiste; in der empirischen Welt gibt es immer nur drei bestimmte Gegenstände, die wegen irgend einer qualitativen Übereinstimmung, zu der oft noch räumliche oder zeitliche Nachbarschaft hinzutritt, vom Denken in eine ganz eigenartige Einheit zusammengefasst werden: 3 Fixsterne, 3 Kanonenschüsse, 3 Sessel, 3 Winkel, 3 Kleidungsstücke, 3 deutsche Dramatiker, 3 Universitäten u. s. w. Sehen wir nun von jedem besonderen Gegenstande ab (und das Zahlzeichen ermöglicht uns dies), so verliert zwar der nunmehr abstracte Zahlbegriff 3 nichts von seiner Klarheit und Bestimmtheit, wie es etwa oben bei dem Begriffe R (roth) gegenüber I r der Fall gewesen, trotzdem aber hat er den Charakter der Allgemeinheit, insofern er mit seinen besonderen Merkmalen und seiner gesetzmäßigen Veränderlichkeit auf alle nur möglichen zählbaren Gegenstände angewendet werden kann. Man beachte, wie die Algebra der bestimmten Zahl durch Anwendung allgemeiner Zahlzeichen den letzten Rest empirischen Charakters abstreift und so die Gesetze der Beziehungen und Veränderungen der Zahlen überhaupt ermittelt.

§. 14. Einfache und zusammengesetzte Begriffe. — Inhalt des Begriffes.

1. Bei der Unterscheidung der Begriffe in einfache und zusammengesetzte kommt es darauf an, ob ein gegebener Begriff durch Zerlegung in zwei oder mehrere andere Begriffe verdeutlicht werden kann oder nicht. Läßt der Begriff diese Zerlegung zu, so nennen wir ihn **zusammengesetzt,** widersteht er aber jeder Zerlegung, so nennen wir ihn **einfach.** Der Begriff „Schimmel" z. B. ist zusammengesetzt, denn wir verdeutlichen ihn durch die Begriffsverbindung „weißes Pferd", zerlegen ihn also zu dem Zwecke in die Begriffe „Pferd" und „weiß". „Weiß" dagegen läßt sich nicht weiter zerlegen oder verdeutlichen und gilt daher als einfacher Begriff. Die Mehrzahl der empirischen Begriffe ist in diesem Sinne zusammengesetzt, ihre fortgesetzte Zerlegung führt aber schließlich stets zu einfachen Begriffen, ähnlich wie die chemische Analyse physischer Substanzen schließlich zu Grundstoffen (Elementen) führt und daselbst stehen bleiben muß. So sind z. B. grün, sauer, hart, warm.... oder: Ding, Eigenschaft, Ausdehnung, Veränderung, Bewegung, Causalität.... einfache Begriffe. (Vgl. §. 72, P. 3.)

2. Wenn man dem Begriffe — meist im Gegensatze zu seinem Umfang (§. 15) — einen Inhalt zuschreibt, so geschieht dies nur dann mit voller Berechtigung, wenn er zusammengesetzt ist; in diesem Falle nämlich kann man über seinen „Inhalt" durch die oben erwähnte Zerlegung Rechenschaft geben, bei jedem einfachen Begriff dagegen fällt Begriff und Begriffsinhalt unterschiedslos zusammen. Und selbst bei zusammengesetzten Begriffen unterscheidet sich Begriff und Begriffsinhalt nur insofern, als ebendasselbe von jenem („Schimmel") implicite, von diesem („weißes Pferd") explicite dargeboten wird. Es wäre eben deshalb ein Mißverständnis, zu glauben, die erwähnte Zerlegung führe zu isolierten, logisch gleichwertigen Bestandtheilen. Der Inhalt von „Schimmel" ist nicht „Weiß + Pferd", sondern „weißes Pferd", d. h. „weiß" ordnet sich als Eigenschaft dem Dinge „Pferd" unter*) und deshalb kann man nur von Zerlegung eines Begriffes zum Zwecke seiner Ersetzung durch eine Begriffsverbindung sprechen. (Vgl. §. 12, P. 3.)

3. Bei der Zusammenfassung der Merkmale in die Einheit des Begriffs kommt es also nicht bloß auf die Bestandtheile an, sondern auch auf die Art und Weise ihrer Zusammenfassung (logischen Be-

---

*) Obige Betrachtung findet ihre nothwendige Ergänzung in §. 21 (die logischen Kategorien) und in der Lehre von der Definition.

ziehung). Bilden jene den Stoff, so macht diese die Form des Begriffes aus.

Stoff und Form zusammengenommen bilden den Inhalt des Begriffes. Nur die einfachen Begriffe sind formlos. Der **Inhalt** eines zusammengesetzten Begriffes ist nicht die Summe seiner Merkmale, sondern die eigenthümliche Zusammenfassung derselben in die Einheit des Begriffes.

4. Dieselben Merkmale geben inhaltlich verschiedene Begriffe, wenn sie in der Form abweichen, d. h. wenn dieselben Begriffselemente in verschiedene Beziehungen zu einander treten. Z. B. Schlosswald — Waldschloss; Gitterbrücke — Brückengitter; blau gestreiftes Roth — roth gestreiftes Blau; Hausgarten — Gartenhaus; rothe Rose — Rosenroth.

Hiebei muss mit allem Nachdruck vor der Verwechselung der sprachlichen Form und der logischen Beziehung gewarnt werden. Die Sprache verfügt verhältnismäßig nur über wenig Mittel, die Begriffe zu einander in Beziehung zu setzen, und so ist jedes derselben vieldeutig; man denke z. B. an die mannigfaltige Function des attributiven Genitivs im Lateinischen und Griechischen. Besonders täuschend wirkt die gerade im Deutschen so vielfältige Wortzusammensetzung. Wenn man etwa sagt, „Schlosswald" und „Waldschloss" unterschieden sich nur durch die „Form", so kann unter „Form" nicht nur der schon sprachlich angezeigte Rollentausch (im Schema „Ding — Eigenschaft") gemeint sein, vielmehr ist die begriffliche Function des Bestimmungswortes in den zwei Fällen ganz verschieden: „Schlosswald" ist ein Wald, der zum Schlosse gehört, „Waldschloss" ist ein Schloss, das mitten im Walde steht. Diese verschiedene Function des Attributes wird zwar jedesmal nur stillschweigend mitgedacht, gehört aber ebenso wesentlich zum Begriffsinhalt, wie die sprachlich ausgedrückten Bestandtheile. Solche Begriffe unterscheiden sich also nicht nur in der Form, sondern auch im Stoff.

5. Die unter 4. beigebrachten Beispiele zeigen, dass die Merkmale, in die sich ein Begriff zerlegen lässt, nicht in jeder beliebigen Ordnung zusammengefasst werden können; vielmehr ist ein Merkmal oder eine Merkmalgruppe sozusagen als Kern oder Gerüst zu betrachten, an das sich die übrigen Merkmale als nähere Bestimmungen ansetzen. Dieser an und für sich gesetzte, von allen übrigen Merkmalen unabhängige Kern bildet den Hauptbestandtheil im Inhalte des Begriffes; seine Structur enthält schon das allgemeine Gesetz für die eigenthümliche Art der Zusammenfassung der Merkmale, die wir als Nebenbestandtheile auffassen; man denke etwa

daran, wie beim Wachsen eines Krystalles die Theilchen der krystallisierenden Substanz an den vorhandenen Krystallisationskern nach dem Gesetze anschießen, das schon im letzteren angelegt ist. Im Begriffe des Rhombus z. B. ist der Begriff „Viereck" Hauptbestandtheil, die denselben näher bestimmenden und von anderen Vierecken unterscheidenden Merkmale sind: „Parallelismus der zwei Seitenpaare, Gleichheit der vier Seiten, Übereinstimmung der vier Winkel darin, dass sie schiefe sind". Sprachlich zusammengefasst lautet der Inhalt des Begriffes „Rhombus": Viereck mit parallelen Seitenpaaren, gleichen Seiten und schiefen Winkeln.

Welcher ist der Hauptbestandtheil in den Begriffen: Mensch, Schwan, Feldhase, Pappel, Banane, Quecksilber, Adhäsion?

Anmerkung. Die Eigenthümlichkeit der Form eines zusammengesetzten Begriffes wird in der Sprache mannigfach angedeutet. Den Hauptbestandtheil bildet gewöhnlich ein Substantiv oder das „Grundwort" eines zusammengesetzten Substantivs, die Nebenbestandtheile erscheinen als „Bestimmungswort" oder in den verschiedenen Formen des Attributs: als Adjectiva, Participia, Pronomina, als Genitiv eines Substantivs, als Präpositionalausdruck (Ort, Zeit, Stoff, Zweck....), als Relativsatz u. s. w. Aber auch einzelne Wortformen drücken oft einen zusammengesetzten Vorstellungsinhalt aus; so enthält die Verbalform laudaveram die drei Vorstellungen des Lobens, der Vorvergangenheit, des Ich. Andererseits hat sich die Bedeutung mancher Wörter, bei deren Entstehung dem Bewusstsein nur ein einzelnes Vorstellungselement vorschwebte, im Laufe der Zeiten beträchtlich erweitert und vertieft, und so haben sich diese Wörter schließlich zur Bezeichnung von vielfach zusammengesetzten Begriffen erhoben, während ihre ursprüngliche Bedeutung dem Bewusstsein der Sprachgemeinschaft allmählich entschwand. So bezeichnete die im Entstehen begriffene Sprache den Menschen als den Erdgeborenen oder den Sterblichen oder den Denkenden, die Erde als das Gepflügte, den Mond als den Messer der Zeit u. ä. m.

§. 15. Umfang des Begriffes. — Individual- und Classenbegriff. — Generisches Moment und Species.

1. Die Gesammtheit jener Begriffe, in deren Inhalt ein gegebener Begriff Hauptbestandtheil ist, bildet den **Umfang** dieses Begriffes. So bilden in der Planimetrie den Umfang des Begriffes „Viereck" die Begriffe: Quadrat, Rechteck, Rhombus, Rhomboid, Trapez, Trapezoid.

Für manche Zwecke kann bei einem empirischen Begriffe der Umfang auch als die Gesammtheit der durch den Begriff umfassten Individuen aufgefasst werden. (Vgl. §. 32.) So bilden den Umfang des Begriffes „Dogge" einerseits die Begriffe „deutsche, dänische, englische .... Dogge", andererseits die Gesammtheit der existierenden Dogen-Individuen selbst. Aber auch bei geometrischen Begriffen wie „Rhombus" ließe sich

der Umfang nicht mehr anders bestimmen, als durch Hinweis auf die Ge=
sammtheit aller möglichen, irgendwo und irgendwann entworfenen Rhom=
busfiguren, die sich freilich nur in den zwei Stücken der Seitenlänge und
des Verhältnisses zwischen dem stumpfen und dem spitzigen Winkel unter=
scheiden können.

Es gibt endlich noch eine weitere Fassung des Begriffes „Umfang“:
darnach bildet den Umfang eines gegebenen Begriffes (z. B. das Weiße =
weißer Gegenstand) die Gesammtheit jener Begriffe, in deren Inhalt der
gegebene ein Nebenbestandtheil ist (also: Milch, Schnee, Alabaster, Alpen=
hase; oder: langer Krieg — lange Symphonie u. s. w.; einstündiger Regen —
einstündige Vorlesung u. s. w.). Darnach unterscheidet man echte und unechte
Gattungen. Zu „Schnee“ z. B. ist „weißer Gegenstand“ („kalter Gegenstand“)
eine unechte, „atmosphärischer Niederschlag“ die echte Gattung. Daß die un=
echten Gattungen logisch, d. h. für die Praxis des Denkens nur geringen Wert
haben, zeigen die obigen Beispiele wohl deutlich genug. Echte Gattung ist
„weiß“ für milchweiß, schneeweiß, alabasterweiß u. s. w.

2. Die Begriffe: Neger, Amerikaner, Gelehrter, Grieche, Kaufmann ....
werden durchaus durch den Begriff „Mensch“ als Hauptbestandtheil
gedacht, liegen also im Umfang dieses Begriffes. Seinem Umfange gegen=
über heißt ein Begriff übergeordnet; die Begriffe, die in seinem Um=
fange liegen, sind ihm untergeordnet. Der übergeordnete Begriff
heißt auch der höhere, allgemeinere oder **Gattungsbegriff**, der unter=
geordnete ist der niedrigere, speciellere oder **Artbegriff.**

3. Ist der Gegenstand, auf den sich der Begriffsinhalt bezieht, nur
einmal vorhanden oder vorhanden gewesen, so heißt der Begriff **Indi=
vidualbegriff** (Einzelbegriff), z. B. Sokrates, Wien, Wolga, Kap Hoorn,
Kohinur, der höchste Berg Asiens.*) (Man bestimme dazu die nächsten

---

*) Inwiefern kommt auch dem Individualbegriff im Sinne der §§. 10, 11, 12
der Charakter der Allgemeinheit zu? Die Beantwortung dieser Frage wird sich je
nach dem Typus des vorschwebenden Begriffes verschieden gestalten; man vergleiche z. B.
die Individualbegriffe: Stefansthurm, Donau, Großglockner, Wien, Julius Cäsar
Karl der Große, Goethe, Richard Wagner, römische Republik. Der Begriff „Stefans=
thurm“ z. B. geht für den Wiener aus einer Reihe concreter Anschauungen des Thurmes
hervor, zu denen ersatzweise auch die gesehenen bildlichen Darstellungen gezählt werden
können. Diese einzelnen Anschauungsbilder sind aber unter einander je nach dem Stand=
ort, der Entfernung, Beleuchtung u. s. w. recht verschieden, so daß aus denselben das
Gemeinsame (hier der individuelle architektonische Gesammteindruck) in ähnlicher
Weise herausgehoben und fixirt werden muß, wie es z. B. bei unseren Wahrnehmungs=
bildern verschiedener Pappeln oder Karpfen oder Pfirsiche der Fall ist. Daß in unserem
Falle alle die sinnlichen Anschauungen von dem Bewußtsein begleitet sind, daß ihnen
eben nur ein einziger Gegenstand in der Außenwelt entspricht, hat seine besonderen
Gründe. Anders steht es bei einer historischen Persönlichkeit, wie etwa Karl der Große
oder Napoleon I. Hier kommt es uns weit weniger auf den sinnlichen Eindruck des

Gattungsbegriffe!) — Andererseits erzeugte die unendliche Mannigfaltigkeit der im Raume und in der Zeit weit auseinanderliegenden Erscheinungen das Bedürfnis, Gegenstände, die eine gewisse Übereinstimmung aufwiesen, innerhalb des Denkens zu Gruppen oder Classen zu vereinigen, mit einem gemeinsamen Namen zu benennen und so durch einen einzigen Begriff (Typus) zu denken; ein solcher Begriff heißt **Classenbegriff.***)

So bildet den Classenbegriff „Fisch" der gemeinsame Charakter (Typus) einer großen Classe oder Gruppe in der Thierwelt; der Antrieb aber, diese Classe von Thieren gegen die anderen abzugrenzen, für sich ins Auge zu fassen und mit einem besonderen Namen zu benennen, lag in der auffälligen Ähnlichkeit dieser Thierindividuen, was Gestalt und Lebensweise anbelangt. Von der geschickten und glücklichen Zusammenfassung der Einzeldinge zu Classen und der dadurch bedingten Bildung der Classenbegriffe hängt ganz wesentlich der Fortschritt und die Klarheit unserer Erkenntnis ab.

4. Um das Verhältnis des Gattungsbegriffes, z. B. Haus= hund, zu seinen Artbegriffen (Dogge, Pudel, Windspiel, Spitz, Rattler u. s. w.) zu verstehen, müssen wir uns vorstellen, wie er entstanden sein mag.**) Die von Fall zu Fall in der Anschauung eines Individuums ge= gebenen Merkmale mußten verglichen und nach ihren gemeinsamen Zügen festgehalten werden. Der eine Hund war braun, schlank, groß.... — ein zweiter weiß, plump, mittelgroß.... — ein dritter schwarz, mager, klein.... Braun, weiß, schwarz....; schlank, plump, mager....; groß, mittelgroß, klein.... — wurden als Reihen gleichartiger Bestimmungen erkannt, die je einem gemeinschaftlichen Begriffe (Farbe, Gestalt, Größe....) unter= geordnet sind. Die gleichartigen Merkmale sind die **Species,** denen ein ge= meinsamer Charakter als **generisches Moment** zugrunde liegt. An den so herausgeschälten generischen Momenten gewinnt das Denken die Merkmale des Begriffes „Haushund" oder im vulgären Sinne „Hund" schlechtweg.

Sehen wir nun schärfer zu, so finden wir innerhalb der Indi= viduen, die wir insgesammt als Hunde bezeichnen, verschiedene noch weiter gehende Ähnlichkeiten, vermöge welcher wir sie gruppieren und bei jeder

---

physischen Menschen als auf das Gemeinsame an, das diese Person in den verschiedenen Stadien ihrer geschichtlichen Wirksamkeit darbietet und das wir aus ihrem Charakter ableiten. Ähnliches gilt von großen Künstlern oder Dichtern, aber auch im engsten Familienkreise von Vater, Mutter, Bruder u. s. w. (Was bedeuten dagegen Ausdrücke wie „ein Cato", „ein Cicero", „ein Nero", ein Krösus" u. ä.?)

*) Die Classenbegriffe sind theils Ding=, theils Eigenschaftsbegriffe; wie deren Entstehung Hand in Hand geht, war aus den §§. 12 und 13 zu ersehen.

**) Im streng naturwissenschaftlichen Sinne ist allerdings „Hund" eine Art (Species) und „Dogge, Pudel...." sind Spielarten (Varietäten).

Gruppe die gemeinsamen Charaktere herausheben. Hiebei wird — wie begreiflich — in jeder solchen Gruppe der Spielraum für Farbe, Größe, Gestalt, Behaarung, Kopfform u. s. w. beträchtlich enger sein als in der großen Gruppe sämmtlicher Hunde. So entstehen die Artbegriffe zu dem Gattungsbegriff „Hund". Der letztere umfaßt alle die Züge, in denen die Artbegriffe (Dogge, Pudel....) übereinstimmen, also auch die Charaktere, die den Hund zum Säugethier, zum Thier, zum organischen Wesen überhaupt machen. Die Artbegriffe hinwiederum umfassen alle die Bestimmungen, die den Inhalt ihres Gattungsbegriffes ausmachen, jedoch sind einzelne dieser generischen Momente durch eine Species ersetzt. (Vgl. reguläres Polygon — Quadrat; Polygon — reguläres Polygon; Monarchie — constitutionelle Monarchie.)

Anmerkung. Der Classenbegriff unterscheidet sich vom Collectivbegriff dadurch, daß jener auf jeden einzelnen unter einer Mehrheit von Gegenständen, dieser aber nur auf die ganze Mehrheit selbst anwendbar ist, wie: Wald (Baum), Parlament (Volksvertreter), Regiment (Soldat), Schafheerde (Schaf); andererseits aber können Collectivbegriffe hinsichtlich ihrer Collectivindividuen auch als Classenbegriffe auftreten, ferner als Gattungsbegriffe sich in eine Reihe von Artbegriffen entfalten (Wälder, Parlamente, Regimenter, Schafheerden; — Nadelwald, englisches Parlament, Cavallerieregiment), wobei freilich nicht so sehr der Collectivbegriff als solcher, als vielmehr der zugrunde liegende Dingbegriff Ausgangspunkt der Specification (Determination, vgl. §. 18) ist. (Baum, Volksvertreter, Soldat.)

§. 16. Abstraction. — Concrete und abstracte Begriffe.

1. Wie sich aus §. 12 bei der Betrachtung der Entstehung empirischer Begriffe ergeben hat, vermögen wir in der durch die Sinne gegebenen Gesammtvorstellung (Anschauung) eines Dinges mit seinen individuell bestimmten Merkmalen unsere Aufmerksamkeit einzelnen Componenten zu- und von allen anderen abzuwenden. So gewannen wir im citierten Paragraph durch die erste Analyse die Componenten Ir und Iq, die jedoch sofort durch die zweite Analyse verallgemeinert (generalisiert), also zu Begriffen (R und Q) erhoben wurden. Auch wurde darauf hingewiesen, daß die Zwischenstufen Ir und Iq, die allerdings logisch und sprachlich nicht unmittelbar verwertet werden können, häufig ganz übersehen und somit R und Q vermeintlich unmittelbar aus I abgeleitet werden.

Nennen wir nun jene Vorstellung **abstract**,[*] denen der individuelle Charakter, die Anschaulichkeit mangelt, dann ist Ir und Iq nicht minder abstract als R und Q. Es gibt in der An-

---

[*] Abgezogen, von abstrahere, abziehen.

schauung kein Roth ohne flächenhafte Ausdehnung und ebenso keine quadratische Fläche ohne Farbe. Wir nennen also „Roth" und „Quadrat" abstracte Vorstellungen und wollen damit sagen, dass sie nicht anschaulich sind, dass sie nur gedacht werden können. **Abstrahieren** aber nennen wir bei der ersten Analyse das Absehen von Iq zu Gunsten von Ir oder umgekehrt, ebenso bei der zweiten Analyse das Absehen vom individuellen Charakter in Ir und Iq zu Gunsten des generischen R und Q. Die Abstraction ist somit nur die complementäre Function zur Generalisation. (§. 17.)

2. **Concret*)** nennen wir einerseits die durch unsere Sinnesthätigkeit gelieferte, einheitliche Anschauung eines Dinges, andererseits aber auch den dieser Anschauung entsprechenden **Dingbegriff** (rothes Quadrat, weiße Marmorkugel), insofern er unmittelbar anschauliche Dinge unter sich befasst; und wird der Dingbegriff verallgemeinert (Quadrat, Marmorkugel), so nennen wir ihn mit Rücksicht auf die durch ihn repräsentierten Dinge noch immer concret. „Quadrat" ist also einerseits als nicht anschauliches Element des Anschauungsdinges abstract (gewissermaßen die „Quadratheit"), andererseits als Vertreter aller möglichen individuellen Quadrate concret. „Concret" und „abstract" sind somit relative Begriffe. (Vgl. §. 30, P. 2.)

3. Der concrete Begriff ist demnach das logische Gegenstück zum Einzelding oder zu einer Classe von Einzeldingen; darnach unterscheiden wir concrete Individual- und Classenbegriffe. („Napoleon I., Berlin, Drau, Mozarts Geburtshaus; — Beherrscher Frankreichs, Stadt, Fluss, Haus".) Die abstracten Begriffe entsprechen den Beschaffenheiten, Zuständen, Thätigkeiten der Dinge; sie sind insgesammt Classenbegriffe. (Vgl. §. 21. — Beispiele: „Rund, roth, Glanz, Farbe, Gesundheit, Schönheit, Wärme, Magnetismus, Scharffinn, Melancholie, Liegen, Schlafen, Laufen, Kämpfen".)

Concrete Begriffe werden gewöhnlich durch Hauptwörter, abstracte durch Eigenschafts- und Zeitwörter bezeichnet. Es kann jedoch auch der abstracte Begriff im Denken isoliert und so mit einer gewissen Selbständigkeit ausgestattet werden. So verleiht die Sprache vielen Begriffen, wie „hart, wohlwollend, finster", durch die substantivische Form, „Härte, Wohlwollen, Finsternis", eine künstliche Gegenständlichkeit. (Vgl. §. 23.)

----

*) Concretus (zu concrescere) verdichtet, verhärtet, starr.

§. 17. **Generalisation. — Constitutive und consecutive Merkmale.**

1. Schon in §. 12 fanden wir, dass Generalisieren und Abstrahieren von einander untrennbare Operationen sind. **Generalisiert** (verallgemeinert) wird ein Begriff dadurch, dass eines seiner Merkmale generalisiert wird; das generische Moment dieses Merkmales bleibt also Bestandtheil des gewonnenen Begriffes. (Weiße Rose — [farbige] Rose; zweistündige Vorlesung — Vorlesung.) Allerdings wird das generische Moment in den meisten Fällen nicht mehr sprachlich ausgedrückt, und dadurch entsteht der Schein, als fiele das Merkmal, von dem abstrahiert wird, gänzlich weg. Man hüte sich also vor diesem logischen Irrthum. Dass jede Marmorkugel farbig ist, jede Vorlesung eine Dauer hat, jedes Polygon eine Anzahl von Seiten, jedes Drama eine Anzahl von Acten hat u. s. w., ist selbstverständlich, wird daher nicht ausdrücklich gesagt, wohl aber mitgedacht.

Wenn soeben die Generalisation durch sich selbst erklärt werden musste, so liegt dies daran, dass wir hier an einer natürlichen Schranke des Erklärens stehen. Wie das denkende Subject es anstellt, aus I r den Begriff R, aus R wieder den Begriff „Farbe" (farbig) zu gewinnen, darüber gibt es keine Auskunft; es ist dies eben eine logische Urthatsache; wir nannten es oben (§. 11, Ende) die analytische Grundfunction des Denkens.

2. Generalisation eines Begriffes führt zu dessen nächstem Gattungsbegriff; wird auch dieser wieder generalisiert und so fort, so gelangt man zu einer geordneten Reihe immer höherer Gattungsbegriffe. Sieht man z. B. beim Begriffe „Quadrat" zunächst von der Gleichheit der Seiten, dann von der Gleichheit der Winkel, ferner von dem Parallelismus der Seitenpaare, sodann von der bestimmten Seitenzahl (von der „Vierheit" d. S.), endlich von der geradlinigen Begrenzung ab, so gelangt man stufenweise zu folgenden, immer allgemeineren Begriffen: gleichwinkliges Viereck, Parallelogramm, Viereck, Polygon, ebene Figur. (Vgl. §. 18, P. 5 „die logische Leiter".)

3. Es ist nicht gleichgiltig, welches Merkmal beim Generalisieren ausgeschieden wird, und bei fortgesetzter Generalisation, in welcher Reihenfolge der Merkmale sie erfolgt. Denn die Merkmale eines Begriffes sind keineswegs unter einander gleichwertig oder in ihrer Stellung zum Hauptbestandtheile beliebig vertauschbar. Bestimmen wir den Begriff Quadrat

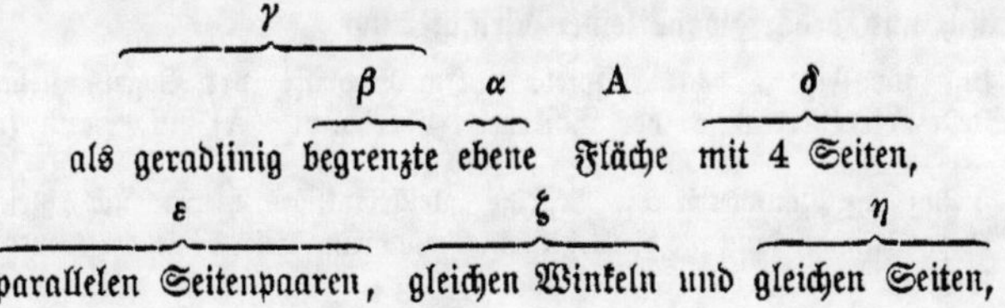

so sind die sieben Merkmale, welche die Fläche (A) näher bestimmen, nicht bloß äußerlich aneinandergereiht, wie etwa Summanden oder Factoren, sie stehen vielmehr in einem solchen inneren Zusammenhange, daß ihre Reihenfolge ganz bestimmt und (bis auf ζ und η, die auch ihren Platz tauschen könnten) unverrückbar ist. Sehen wir zuerst von ζ und dann erst von η ab, so erhalten wir die Reihenfolge: Quadrat, gleichseitiges Viereck,*) Parallelogramm u. s. w.

Versinnlichen wir den Aufbau eines Begriffes durch folgende zwei Schemata:

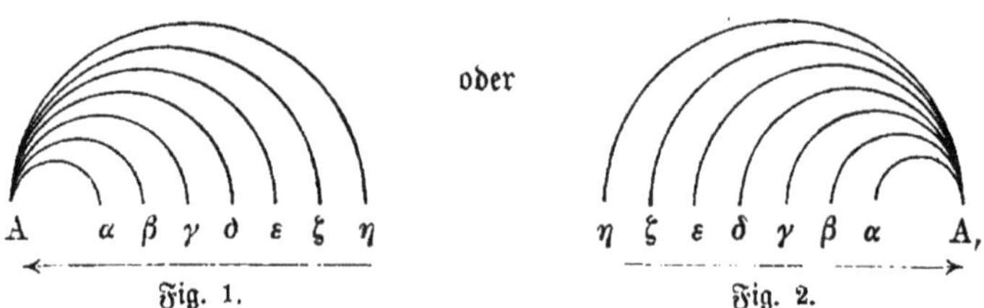

so finden wir zwar gerade das gewählte Beispiel sprachlich keinem von beiden genau entsprechend, jedoch veranschaulichen sie am besten die Regel, daß man beim Generalisieren mit jenem Merkmal, das alle anderen zur Voraussetzung hat, zu beginnen und in demselben Sinne fortzufahren hat. Nach dem Schema ist sonach mit η als dem von A am weitesten abstehenden Merkmale zu beginnen und in der Richtung des Pfeiles fortzufahren. Das obige Beispiel dagegen zeigt folgendes Schema:

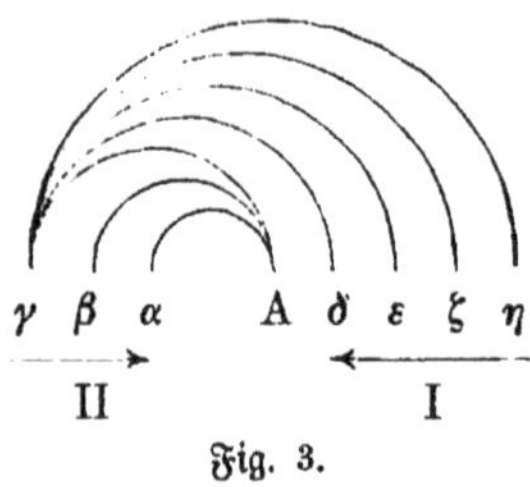

Der Unterschied dieses Symbols von den zwei obigen ist nur sprachlich-syntaktisch und bedarf wohl keiner Erläuterung.

Vgl. für Fig. 1 das Beispiel: „Im Begriffe des Vogels nehmen die erste Stelle die Merkmale der Thierheit überhaupt (A) ein, dann folgt die

---

*) Daß die Planimetrie die Begriffe „gleichwinkliges Viereck“ und „gleichseitiges Viereck“ vernachlässigt, kann für die Logik kein Grund sein, diese Stufe der Generalisation zu überspringen.

Warmblütigkeit (α), das Eierlegen (β), dass sie Zweifüßler und Zweiflügler sind (γ), einen hornigen Schnabel (δ) und befiederten Körper haben" (ε).*)

4. Die Merkmale, welche unmittelbar den Inhalt eines Begriffes ausmachen, nennt man constitutive zum Unterschied von den consecutiven**) Merkmalen, die sich aus jenen ableiten lassen. Von den Eigenschaften des Parallelogrammes z. B., dass je zwei gegenüberliegende Seiten parallel sind, dass die Diagonalen einander halbieren, und dass je zwei gegenüberliegende Seiten einander gleich sind, ist nur die erste, als Grund für die zweite und dritte, ein constitutives Merkmal. — Die Gestalt ist im Begriffe „Körper" ein consecutives Merkmal der Begrenztheit. (Vgl. §. 72, P. 1.)

Anmerkung 1. Der Unterschied zwischen constitutiven und consecutiven Merkmalen ist zwar von großer Bedeutung, seine erschöpfende Erörterung übersteigt jedoch die Grenzen der „allgemeinen" Logik, indem sie zur Untersuchung einerseits der jeweilig behandelten Dinge, andererseits der ihnen entsprechenden Namen führt. Der Name wurde nämlich einer bestimmten Classe von Dingen eben nur mit Rücksicht auf eine bestimmte Gruppe von Merkmalen beigelegt, so dass das Ding den Namen verliert, wenn in dem Bestande seiner constitutiven Merkmale eine Veränderung eintritt. Die Raupe heißt Schmetterling, sobald sie sich entpuppt hat. Das Eis verliert seinen Namen, wenn es geschmolzen ist.

Je eingehender unsere Kenntnis eines Objectes ist, desto schärfer erfassen wir seine constitutiven Merkmale. Ein Merkmal steht zum Wesen des Begriffes in um so näherer Beziehung, je größer die Zahl der Merkmale ist, die sich aus demselben ableiten lassen. So ist der Begriff der Kreislinie durch die Eigenschaften, dass alle ihre Punkte in derselben Ebene liegen und dabei von einem Punkte dieser Ebene (dem Mittelpunkte) gleich weit abstehen, vollständig charakterisiert; denn die ganze Theorie des Kreises beruht auf diesen zwei Merkmalen. (Vgl. §. 72.)

Anmerkung 2. Alle Merkmale, die den Inhalt eines Begriffes ausmachen, sind wesentlich, also nicht bloß der Gattungsbegriff, sondern auch die artbildenden Unterschiede, die den Begriff von anderen zur selben Gattung gehörigen unterscheiden. Von unwesentlichen Merkmalen im Gegensatze zu wesentlichen kann nur dann die Rede sein, wenn es sich darum handelt, ob und inwiefern ein gegebener Begriff auf ein Object Anwendung findet; und insofern lassen sich wohl am Object wesentliche und unwesentliche Merkmale unterscheiden, niemals aber am Begriff. Für ein Krystallmodell, z. B. den Würfel, an dem uns eben nur die Gestalt interessiert, ist es unwesentlich, ob er aus Glas, Thon, Holz, Papiermaché u. dgl. m. hergestellt ist, ferner ob er 2 oder 3 oder 4 *cm* Seitenlänge hat. — Ebenso wird der Richter nur jene Umstände der zu beurtheilenden That als wesentlich bezeichnen, auf die der Gesetzesparagraph Anwendung findet, alle übrigen dagegen als unwesentlich.

---

*) W. Drobisch, Neue Darst. d. Logik, 5. Aufl. 1887, S. 26 f.
**) Constituere, zusammensetzen; consequi, erfolgen, die unmittelbare Folge sein.

§. 18. **Determination.**

1. Die Determination (d. h. Begrenzung, Einschränkung) ist die inverse Operation zur Generalisation. **Determiniert** wird ein Begriff dadurch, dass in seinem Inhalt ein Merkmal als generisches Moment durch eine Species ersetzt wird, d. h. aber: dadurch, dass eines seiner Merkmale determiniert wird. Die Mangelhaftigkeit dieser Erklärungsweise ist schon im vorigen Paragraph bezüglich des Generalisierens beleuchtet worden: dass ich aus I r den Begriff R und aus R (roth) den Gattungsbegriff „farbig" gewinne, ist die logische Urthatsache, die einer „Erklärung", d. h. der Zurückführung auf Bekanntes und Ursprünglicheres, weder bedarf noch fähig ist. Dass ich nun im Besitze des höheren Begriffes jederzeit zu einem seiner Artbegriffe herabsteigen kann, bedarf ebensowenig einer Erklärung.

2. Ebenso wie die Generalisation kann auch die Determination fortgesetzt werden. Führt die erstere zu immer höheren, allgemeineren Gattungsbegriffen, so steigt letztere zu immer niedrigeren, specielleren Artbegriffen herab und erreicht ihren Ruhepunkt erst dann, bis sie bei Begriffen angelangt ist, die so allseitig bestimmt sind, dass sie einer noch näheren Bestimmung weder bedürftig noch fähig sind, — bei Individualbegriffen. Z. B. Menschliche Ansiedelung, Stadt, Hauptstadt, europäische Hauptstadt, westeuropäische Hauptstadt, Paris.

3. So wenig bei der Generalisation (Hauptstadt Frankreichs — Hauptstadt) ein Merkmal schlechthin abfällt, ebenso wenig wächst bei der Determination (Hauptstadt — Hauptstadt Frankreichs) ein Merkmal hinzu, mit dem der zu determinierende Begriff bisher gar nichts gemein gehabt hätte; vielmehr muss der Begriff das generische Moment des fraglichen Merkmals überhaupt schon enthalten, wenn er durch dieses Merkmal soll determiniert werden können: eine Hauptstadt ist eben immer die Hauptstadt eines politischen oder ethnischen Gebietes, und dass diese selbstverständliche Bestimmung nicht sprachlich ausgedrückt wird, erzeugt den Schein, als träte im Begriff „Hauptstadt Frankreichs" zu „Hauptstadt" ein völlig neues Merkmal hinzu. In der Begriffsverbindung „gleichseitiger Fixstern" fehlt dem Hauptbestandtheil allerdings das generische Moment des determinierenden Merkmals, dafür ist sie aber auch nur ein verrückter Gedanke.

Behält man den dargelegten Sachverhalt bezüglich des generischen Momentes, den eigentlichen Nerv in der Lehre vom Generalisieren und Determinieren, fest im Auge, dann wird man auch ohne Missverständnis jenes als analytischen, dieses als synthetischen Vorgang auffassen dürfen.

4. Bei fortgesetzter Determination ist die Reihenfolge der ins Spiel gesetzten Merkmale ebenso wenig von unserem Belieben abhängig, als es

bei der Generalisation der Fall ist. Die oben (§. 17, P. 3) angestellte Überlegung bezüglich der Unverrückbarkeit der Merkmale gilt auch hier, nur kommt es hier auf die generischen Momente an. Hat der Begriff, dem die Determination zustrebt, das Schema

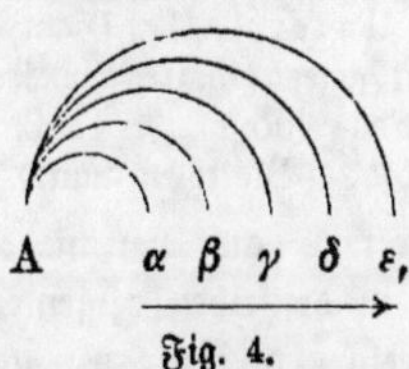

Fig. 4.

so muss die Determination mit α beginnen und in der Richtung des Pfeiles fortschreiten. Da von allen fünf Merkmalen das generische Moment in A schon enthalten sein muss, so ist klar, dass die richtige Determinationsfolge durch eine genaue Kenntnis der Structur von A bedingt ist; letztere aber hängt wieder nur von der Vertrautheit mit den Gegenständen des Begriffes A ab.

5. Durch fortgesetzte Determination gelangt man somit von A stufenweise zu $A\,\alpha$, $A\,\alpha\,\beta$, $A\,\alpha\,\beta\,\gamma$, $A\,\alpha\,\beta\,\gamma\,\delta$, $A\,\alpha\,\beta\,\gamma\,\delta\,\varepsilon$. Z. B. Zahl, reelle Zahl, rationale Zahl, ganze rationale Zahl, benannte ganze rationale Zahl, sieben Kilogramm (Zucker). — Welche Zwischenstufen führen von „stereometrischer Körper" zu „Würfel mit 1 m Seitenlänge", von „Instrument" zu „Aneroid-Barometer", von „Verkehrsmittel" zu „Schraubendampfer"?

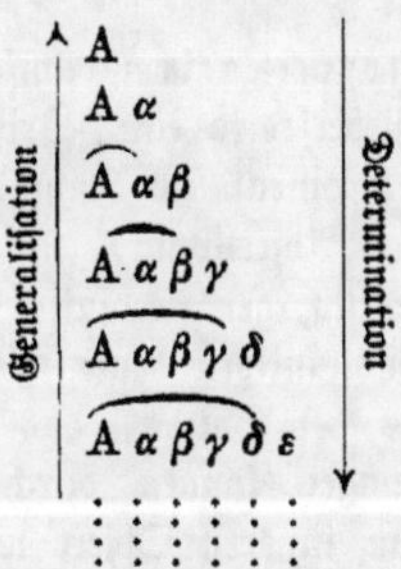

Eine Reihe von Begriffen, die, wie im obigen Schema, durch Generalisation oder Determination stufenweise von einander ableitbar sind, heißt logische Leiter. Die einzelnen Stufen der logischen Leiter werden z. B. in der beschreibenden Naturwissenschaft von oben herab durch folgende Namen bezeichnet; Reich, Stamm, Classe, Ordnung, Familie, Gattung, Art, Unterart, Spielart.

Beispiele. 1. Reich: Thierreich. Stamm: Vertebrata (Wirbelthiere). Classe: Mammalia (Säugethiere). Ordnung: Carnivora (Raubthiere). Familie: Canidae (hundeartige R.). Gattung: Canis (Hund). Art: Haushund. Varietät: Windhund. Subvarietät: kurzhaariger Windhund. — 2. Reich: Pflanzenreich. Unterreich: Phanerogamen (Blütenpflanzen). Classe: Angiospermen (Bedecktsamige). Unterclasse: Dicotyledonen (Zweisamenlappige). Ordnung: Dialypetalen (mit getrenntblättriger Krone). Familie: Rosaceae (Rosenblütler). Gattung: Rosa (Rose). Art: Canina (Hunds- oder Heckenrose). Varietät: Vulgaris Koch (Blättchen nackt). Spielart: weiß blühend.

Ein System von mehreren, auf verschiedenen Gruppen von Einzelbegriffen aufstehenden und in denselben allgemeinen Begriff auslaufenden logischen Leitern nennt man eine logische Pyramide. (Man entwerfe die logischen Pyramiden zu den Gipfelbegriffen: Thier, Instrument, griechisches Verbum, Dichtungsart.)

§. 19. Die Determinationsformen des Begriffes. — Innere und äußere Determination.*)

Liegt die Determinationsform, d. h. die zwischen dem determinierenden und determinierten Begriffe stattfindende Beziehung, schon im Inhalte der verbundenen Begriffe angedeutet, so dass sie keines besonderen Wortes zu ihrem Ausdrucke bedarf, so ist die Determination eine innere. Ist dagegen die Beziehung noch nicht mit den Begriffen, die auf einander bezogen werden, eindeutig bestimmt, so muss sie durch besondere Zeichen, vor allem durch Präpositionen, ausgedrückt werden — äußere Determination.

A. Die innere Determination umfasst zunächst die attributiven Bestimmungen; hiebei wird ein Begriff durch ein Merkmal determiniert, dessen generisches Moment im Inhalte des zu determinierenden Begriffes enthalten ist. Das Adjectivum, das adjectivisch gebrauchte Adverbium, der attributive Genitiv, der Accusativ des „inneren" Objects und die Zusammensetzung von Substantiven deuten diese Beziehungen an. Z. B. das hohe Haus, das Haus des Vaters, das Vaterhaus; tiefblau, edel denken .... Welche Beziehungen können durch den attributiven Genitiv angedeutet werden? — Im inneren Object wird der durch das Verbum bezeichnete Thätigkeits- oder Zustandsbegriff determiniert: ein gewagtes Spiel spielen, den letzten Gang gehen, miseram vitam vivere, multas pugnas pugnare u. ä. m.

Die objective Beziehung der Begriffe entspringt aus der Verbindung eines Thätigkeitsbegriffes mit einem Gegenstandsbegriffe. Das Object

---

*) Nach Wilh. Wundt (Logik, 1. Bd., 2. Aufl., 1893, S. 144 ff.).

bezeichnet den Gegenstand, auf den sich die Thätigkeit unmittelbar (Accusativ) oder mittelbar (Dativ) erstreckt. Der Gegenstandsbegriff verschmilzt hier — beim äußeren Object — nicht wie beim inneren Object mit dem Verbum zu einem Begriffe, sondern bewahrt seine selbständige Bedeutung. („Den Feind besiegen; den Nächsten lieben; der Postbote bringt dem Vater einen Brief".)

B. Ist die Beziehung des determinierenden Merkmals nicht durch gewisse im Inhalte des zu determinierenden Begriffes liegende Allgemein=heiten eindeutig bestimmt, so muß dieselbe äußerlich, und zwar in der Regel durch Präpositionen ausgedrückt werden. Z. B. das Haus auf dem Berge (es könnte auch am Fuße des Berges liegen); das Mädchen aus der Fremde; die Reise nach Italien (von Italien); der Gang mit dem Freunde (ohne den Freund); der Dank für die Mühe; das Opfer für den Freund; eine Bewegung mit gleichmäßiger Beschleunigung.... (Man bestimme in diesen Beispielen die Function der Präpositionen.)

§ 20. Beziehung zwischen Inhalt und Umfang.

Vergleichen wir zwei Begriffe A und B einer und derselben logischen Leiter bezüglich des Verhältnisses ihrer Inhalte und Umfänge, so ergeben sich folgende Sätze.

1. Liegt A im Inhalte von B, so liegt B im Umfange von A; liegt A im Umfange von B, so liegt B im Inhalte von A. (Man erprobe diese Sätze an den Begriffspaaren „Pferd — Rappe, Säuge=thier — Pottwal, Viereck — Trapez".)

2. Durch Determination eines Begriffes wird sein Inhalt in einem Stücke bestimmter, specieller*) und rückt so dem Niveau der vollen Anschaulichkeit um eine Stufe näher, sein Umfang aber wird verengert. — Durch Generalisation eines Begriffes wird sein Inhalt in einem Stücke unbestimmter, allgemeiner und entfernt sich so um eine Stufe vom Niveau der Anschaulichkeit, sein Umfang aber wird erweitert.

------

*) Die weit verbreitete Auffassung, daß der Begriffsinhalt durch Determination sich erweitere, bereichere, vergrößere oder daß er wachse, stammt aus derselben Quelle wie die bereits oben abgelehnte falsche Anschauung bezüglich der Generalisation und Determination überhaupt: aus einer Verwechslung des logischen Thatbestandes und der sprachlichen Ausdrucksmittel. Der Begriff „arabischer Schimmelhengst des Prinzen von Wales" zeigt allerdings einen reicheren Aufwand von sprachlichen Mitteln als sein Gattungsbegriff „Hengst", immerhin aber sind die generischen Momente aller jener attributivischen Bestimmungen schon im Begriffe „Hengst" enthalten. Der irreführende Einfluß der Sprache schaltet sich von selbst aus bei Beispielen wie: Pferd — Schimmel; Pferd — Hengst; Parallelogramm — Rhombus.

3. Je speciellere Merkmale ein Begriff in seinem Inhalte vereinigt, desto weniger Begriffe werden sich finden lassen, an denen er sich mit der Gesammtheit dieser seiner Merkmale als Hauptbestandtheil vorfindet, d. h. desto kleiner wird sein Umfang sein. Je mehr Merkmale dagegen aus dem Inhalt eines Begriffes bis auf ihr generisches Moment ausgeschieden werden, desto leichter werden sich Begriffe finden, die in seinem Umfange liegen, d. h. desto größer wird sein Umfang sein. Es gibt mehr Städte als europäische Städte, mehr europäische Städte als europäische Seestädte, mehr europäische Seestädte als französische Seestädte.

§. 21. Die logischen Kategorien: Ding, Eigenschaft, Relation.

Die höchsten Gattungsbegriffe, zu denen fortgesetzte Generalisation, bezw. Abstraction hinführt und denen sich alle Arten von Vorstellungen und Begriffen unterordnen lassen, heißen Kategorien ($\varkappa\alpha\tau\eta\gamma o\varrho\iota\alpha$ Aussageweise, von $\varkappa\alpha\tau\eta\gamma o\varrho\varepsilon\tilde{\iota}\nu$ (c. acc.) = praedicare aussagen, daher auch Prädicamente genannt).

1. Dasjenige, was an concreten empirischen Begriffen auf der obersten Stufe des Generalisierens zurückbleibt, ist der Begriff des Dinges überhaupt.

Die Dinge der Außenwelt mit ihrem beharrlichen Wesen und ihren wechselnden Schicksalen sind es, die das ursprünglichste und wichtigste Object unseres Vorstellens ausmachen, indem sie auf unsere Sinnesorgane einwirken und in uns Empfindungen, Gedanken, Gemüthsbewegungen und Willensthätigkeiten hervorrufen; und insofern unser Wille in rückläufiger Bewegung wieder den Nerven und Muskelapparat unseres Leibes, der schon mit zur räumlichzeitlichen Außenwelt gehört, lenkt und auf die Außendinge in mannigfaltigster Weise wirken läßt, sind die Dinge auch wieder der Zielpunkt unseres geistigen Lebens. Wir suchen auf sie einzuwirken im Dienste unserer materiellen Culturzwecke sowohl als unserer höchsten Ideen; wir bauen wohl Wasserleitungen, bohren Tunnels durch das Herz der Alpen und Corbilleren und durchstechen Landengen, aber dieselbe Technik läßt gothische Dome, Schulpaläste, Hospitäler, Waisenasyle erstehen.

Die Dinge bilden in ihrer Gesammtheit den Grundstock des erfahrbaren Seienden. Dieser centralen Stellung der Dingwelt entspricht die logische Bedeutung des Dingbegriffes.

2. „Diese Dinge" aber „stellen wir vor als Eigenschaften an sich tragend und Thätigkeiten aus sich entwickelnd und in Zustände*)

---

*) Die Eigenschaften werden zu Zuständen, wenn ihre zeitliche Dauer beschränkt ist. Die Schwere z. B. ist eine Eigenschaft der physischen Körper, das Glühen, das Rollen einer Metallkugel sind Zustandsbegriffe, das Laufen, Horchen, Kämpfen des Kriegers sind Thätigkeitsbegriffe.

gerathend". (Sigwart.) Es gelingt der abstrahierenden Aufmerksamkeit, in der Gesammtvorstellung eines Dinges die Vorstellung des Dinges selbst von der Vorstellung der diesem Dinge anhaftenden Eigenschaften und der sich an ihm abspielenden Vorgänge zu trennen. Andererseits sind wir wieder in unserem Denken genöthigt, diese Eigenschaften und Vorgänge auf das Ding, als ihren einheitlichen Träger (ihr beharrliches Substrat), zurückzubeziehen.

Hiebei verdient hervorgehoben zu werden, dass die Art und Weise des Zusammenseins der Eigenschaften in der Einheit des Dinges, die Art und Weise, wie sie sich gegenseitig durchdringen und bestimmen, schlechterdings unbeschreiblich ist; man kann sie eine logische (bezw. ontologische) Urthatsache nennen, der gegenüber es genügt und genügen muss, dass man sie aus der Anschauung und Erfahrung kennt. Wenn wir diese Complexe von anschaulichen Elementen (Sinnesdaten) als „Dinge“ auffassen, so geschieht es, um denselben im Denken gewissermaßen einen Halt, ein Gerüste, ein Skelett zu verleihen (vgl. §. 13, P. 1); die Dingheit ist nur der abstracte Ausdruck einerseits für die Beharrlichkeit jener Complexe, andererseits für deren gesetzmäßige Veränderlichkeit, sie ist also eine That des Denkens. *)

Der Umstand, dass die Dinge unserer äußeren Erfahrung in mannigfacher Bewegung und Veränderung begriffen sind, erleichtert wesentlich die

---

*) Vgl. Max Müller, Das Denken im Lichte der Sprache (aus d. Engl. — Leipzig 1888), S. 513: „Allerdings werden uns einige tapfere Widersacher entgegenhalten, dass sie sich nicht um Worte, sondern nur um Thatsachen kümmern. Wir erkennen Gold, Silber, Kupfer, Messing u. a., sagen sie, die wir sehen, berühren und auf dem Probierstein probieren können, ohne dass wir uns überhaupt eines Wortes bedienen. Ihre Namen sagen uns nichts, alles, was wir von ihnen erkennen, erkennen wir mit unseren Augen oder unseren Händen. Lasst uns unsere Dinge, wir lassen euch eure Worte.

Aber was sind Dinge? Dinge sind Gedachtes, und Gedachtes sind Worte. Wer erkannte je ein Ding, wenn man unter Ding etwas vom Denken Unabhängiges versteht? Und wer erkannte je einen Gedanken, wenn man unter Gedanken etwas versteht, was von der Sprache unabhängig ist? Wir sprechen von Gold, aber wie erkennen wir Gold? Gewiss nicht mit unseren Augen. Unsere Augen können den Reflex des Goldes wahrnehmen, aber dies ist ein subjectiver Eindruck, der kommt und verschwindet, ohne eben für uns zum Object zu werden. Erst müssen wir unsererseits bestimmte Eindrücke in eine Vorstellung verwandeln, unsere Erkenntnis muss subjectiv werden, ehe der Gegenstand unserer Erkenntnis für uns objectiv wird. Was wir später Gold nennen, ist zuerst ein sehr unbestimmtes Object, etwas, was man angreifen, festhalten, aber auch wegwerfen kann, sonst nichts. Es ist für uns noch nicht einmal ein Stein oder ein Metall, denn wie sollten wir etwas von Steinen oder Metallen, kostbar oder sonst etwas wissen, bevor wir dafür die Namen haben? Es gibt Sprachen ohne Namen für Gold, und noch viel mehr ohne Namen für Metall. Das Höchste, was wir als ersten Versuch, Gold zu erkennen, erwarten dürfen, würde etwas sein, was wir gerne halten oder behalten, etwas, was uns gefällt, etwas, das glitzert, nichts weiter“.

Bildung der Dingbegriffe. Im Wechsel der Erscheinungen halten wir ein Ding in allen den Veränderungen fest, die es nach seiner Stellung im Naturganzen durchzumachen hat. So wird eine Rose auch dann noch als dieses bestimmte Ding angesehen, wenn sie, losgetrennt vom Rosenstocke, allmählich ihre Gestalt verändert, ihre Farbe und ihren Geruch einbüßt. Diese Veränderlichkeit der Zustände an einem und demselben Dinge ist der Grund, warum wir dieselben vom „Dinge" loszulösen und als besondere Gedankenelemente festzuhalten vermögen, die auch in eine andere Gesammt= vorstellung eingehen und darin erkannt werden können. So wird eine be= stimmte Farbe, eine bestimmte Gestalt als Merkmal verschiedener Dinge aufgefasst.

3. Die Verschiedenheit, wie jene anschaulichen Elemente (die unmittelbaren Sinnes= und Erfahrungsdaten) in unserem Denken zum Kern des Dinges hinzutreten (als Eigenschaften, Thätigkeiten, Wir= kungen, Zustände, Vorgänge, Theile), ferner die Verschiedenheit der Be= ziehungen der Dinge unter einander und zu unserem auffassenden „Ich" führt endlich auf einen dritten Kategorialbegriff, die Kategorie „Verhältnis" oder „Relation".*)

4. Wir haben somit im ganzen nur drei Kategorien:

1. **Ding.**   2. **Eigenschaft.**

3. Relation.

Anmerkung. Aristoteles, der sich zuerst mit der Aufstellung von Kategorien beschäftigt hat, unterscheidet folgende 10 Kategorien (Arten der Aussage): 1. Substanz (οὐσία); 2. Qualität (ποιόν); 3. Quantität (ποσόν); 4. Beziehung (πρός τι); 5. Liegen (Lage, κεῖσθαι); 6. Haben (ἔχειν); 7. Thun (ποιεῖν); 8. Leiden (πάσχειν); 9. Ort (ποῦ); 10. Zeit (πότε). Darunter entspricht der Substanz grammatisch das Substantivum, der Qualität und Quantität das Adjectivum, das Numerale und die davon abgeleiteten Adverbien, der Lage, dem Haben, Thun und Leiden die Formen des Verbums. In dem πρός τι, ποῦ und πότε sind die verschiedenen Be= ziehungen angedeutet, welche die Sprache durch Präpositionen, Conjunctionen und Casussuffixe ausdrückt.

---

*) Daraus geht aber hervor, daß, wenn wir dem Dingbegriff als erster Kategorie die Eigenschaft als zweite zur Seite stellen, in diese Bezeichnung schon eine der Relationsarten hineinspielt, insofern wir nur jene anschaulichen Componenten des Dinges als „Eigenschaften" bezeichnen, die sich relativ durch Beharrlichkeit (Unveränder= lichkeit) hervorheben und die deshalb das Ding „hat" oder „besitzt". Der Name „Eigenschaft" gilt somit für die 2. Kategorie nur a potiori; denn er umfaßt auch die wechselnden Zustände und Thätigkeiten.

§. 22. Relationsbegriffe.

Die mannigfaltigen Beziehungen (Relationen), in welchen die Dinge der physischen Welt mit ihren Eigenschaften und Thätigkeiten zu einander stehen, sind theils räumliche und zeitliche, theils causale; ihr Verhältnis zu unserem „Ich“ aber ergibt logische, psychologische und ästhetisch-ethische Relationen.

1. Am frühesten und leichtesten werden die Relationen des **Ortes** (**Raumes**) und der **Zeit** aufgefasst. Unsere wechselnden psychischen Zustände können wir nicht anders vorstellen als in der Form der Zeit, die physischen Erscheinungen nicht anders als im Raume und in der Zeit sich entfaltend. Die Bewegungen der Hand und des Auges, die wir vornehmen, um von den einzelnen Dingen eine allseitige Anschauung zu gewinnen, bringen uns die Bedeutung der Beziehungswörter „rechts — links, oben — unten, vorn — hinten, hoch — niedrig“ u. ä. zum Bewusstsein. Durch eine sehr bedeutungsvolle Leistung unseres Erinnerungsvermögens werden uns die Zeitrelationen des „vorher — nachher, früher — später“ u. ä. bewusst.

Zunächst auf räumlichen Verhältnissen beruhen die Relation des **Ganzen** und der **Theile**, die **Maßbestimmungen** und die Vorstellung der **Größe** überhaupt. Der Ast erscheint uns als ein Theil des Baumes und daher kleiner als der ganze Baum. Bestimmen wir eine Baufläche als 200 m² groß, so bringen wir nur die unbekannte Flächengröße zu der bekannten (eines Quadratmeters) in die Beziehung, dass sie das 200fache der letzteren beträgt.

2. Die **causalen** Relationen*) beruhen auf der Vorstellung des „Wirkens“. Dieses Wirken geht — so meinen wir — von einem **Dinge**, einer **Ur-Sache**, aus und ist ein auf ein anderes Ding gerichtetes Thun, das eine Veränderung an diesem zweiten Dinge zur Folge hat — **Effect des Wirkens** (**Wirkung**). Wo wir an zwei Dingen in regelmäßiger Wiederkehr eine räumliche und zeitliche Nachbarschaft (Contiguität) gewisser Veränderungen beobachten, suchen wir den einheitlichen Grund für das beobachtete Neben- und Nacheinander in der Annahme, dass die Thätigkeit des einen Dinges auf das andere Ding hinübergreift und so eine Veränderung an demselben erzwingt.**)

---

*) Obwohl die hier gemeinte Causalität des räumlich-zeitlichen Naturlaufes nur eine besondere Bethätigung des allgemeinen Causalgesetzes ist, scheint es für die Zwecke dieser Darstellung doch förderlicher, ihr eine besondere Stelle neben Raum und Zeit anzuweisen. (Vgl. zum Causalgesetze noch §§. 47 und 93.)

**) Dass die causale Verknüpfung zweier räumlich und zeitlich contingenter Thatsachen A und B auf eine „Kategorie“ zurückzuführen ist, erkennen wir auch daran, dass

Wenn ich gegen einen ruhenden Körper einen Stoß führe und unmittelbar darauf eine Bewegung desselben wahrnehme, wenn ich weiterhin bemerke, daß dieser in Bewegung gerathene Körper auf andere ruhende Körper stößt und nun auch diese in Bewegung gerathen, so kann ich in diesem räumlichen und zeitlichen Zusammenhange von Veränderungen die eine nicht ohne die andere denken und suche den Grund für die Erscheinung in der Thätigkeit des ersten bewegten Körpers, die sich in einer Reihe anderer Körper gleichsam fortsetzt. Für die Bewegung des ersten gestoßenen Körpers ist der Stoß meiner Hand die „unmittelbare" Ursache, für die Bewegung der anderen Körper die „mittelbare". — Die eingehendere Behandlung aller Seiten und Schwierigkeiten des Causalproblems gehört übrigens in die Erkenntnislehre, bezw. Metaphysik.

In inniger Beziehung zu den causalen Relationen steht der Kraftbegriff, insofern wir die wechselnden Erscheinungen an einem empirischen Dinge auf ein beharrliches Substrat (eben das eigentliche Ding) zurückführen, als dessen „Wirkungen" wir dieselben auffassen. Sobald wir aber das Ding, das wir nun als Substanz, Stoff, Materie denken, als wirkungsfähig annehmen, gelangen wir zum (vulgären) Begriffe der „Kraft". Der Begriff der Ursache verdichtet sich gewissermaßen zum vertrauteren Begriffe der „Kraft". Kraft dünkt uns reeller als „Ursache" oder gar „Fähigkeit". So wird der „Stoff" (die Materie) mit „Kräften" ausgestattet. Die Kraft kann jedoch als Wirkungsfähigkeit nicht direct wahrgenommen, sondern nur nach ihren anschaulichen Wirkungen hinsichtlich ihres Angriffspunktes, ihrer Richtung und Größe erschlossen werden. So nehmen wir z. B. als Ursache des Fallens der Körper die Schwerkraft an. Ihr Angriffspunkt ist der Schwerpunkt des fallenden Körpers, ihre Richtung geht in gerader Linie dem Erdmittelpunkte zu und ihre Größe wird im Begriff des Gewichtes nach dem Drucke beurtheilt, den der Körper im Zustande der Ruhe auf eine horizontale Unterlage ausübt.

3. Das beziehende Denken, das sich schon bei der räumlich-zeitlichen und causalen Auffassung der Dingwelt wirksam zeigt, führt überdies als vergleichendes, unterscheidendes und über diese seine eigenste Thätigkeit reflectierendes (sich auf sich selbst als Object umbiegendes) Denken zu den logischen Relationsbegriffen: Gleichheit (Ähnlichkeit) und Ungleichheit (Verschiedenheit), Verträglichkeit und Unverträglichkeit, Möglichkeit und Un-

---

wir selbst bei der theoretischen Erörterung dieses Gegenstandes mit Begriffen arbeiten müssen, die causal gefärbt sind. Wir finden in der Sprache auf Schritt und Tritt einen Niederschlag von dem Walten dieser allumfassenden und allmächtigen Kategorie. Wir mußten früher in die Darstellung Ausdrücke verflechten wie „zur Folge haben", „Thätigkeit", „erzwingen" (= hervorrufen), ja unmittelbar zuvor sprachen wir vom „Walten der Kategorie"; jeder dieser Ausdrücke ist causal gefärbt und setzt schon jene Auffassung voraus, die erst entwickelt werden sollte.

möglichkeit, Wahrheit und Falschheit, Wahrscheinlichkeit, Gewißheit, Noth=
wendigkeit, Subject und Prädicat, Gattung und Art, Grund und Folge
u. a. m.

4. Die psychologischen Kategorien: Empfindung, Anschauung,
Wahrnehmung, Vorstellung, Erinnerung, Gedanke (Begriff, Urtheil, Schluß),
Gefühl u. s. w. drücken das Verhältnis des Empfundenen, Angeschauten,
Wahrgenommenen, Vorgestellten u. s. w. zu unserer subjectiven Thätig=
keit des Empfindens, Anschauens, Wahrnehmens, Vorstellens u. s. w. aus.

5. Die ästhetisch=ethischen Relationen umfassen alle Beziehungen,
in die wir die Dinge als Objecte unserer ästhetischen und ethischen Wert=
schätzung zu unserem eigenen „Ich" setzen. Nach diesen Beziehungen be=
zeichnen wir die Dinge als schön, erhaben, gut, rühmlich, nützlich, liebens=
wert, verabscheuungswürdig u. s. w. (Vgl. §. 30. Relative Begriffe.)

§. 23. **Grammatische und logische Kategorien. — Die kategoriale Verschiebung.**

1. Die logischen Kategorien (§. 21) stehen nicht immer im Ein=
klange mit den grammatischen Kategorien (Wortformen). „Dem Sub=
stantivum kommt es vor allem zu, die Einheit (das Ding) zu bezeichnen,
welche aber immer in ihre Elemente sich zu entfalten drängt; das Adjec=
tivum und Verbum stellen diese Elemente für sich heraus, aber so, wie sie
immer zur Einheit zurückstreben"*). Es wurde jedoch schon oben (§. 16,
zu Ende) darauf hingewiesen, daß der Drang nach Verselbständigung der Be=
griffe im Denken und in der Sprache so groß ist, daß man Eigenschafts=
begriffe, denen grammatisch die Form des Adjectivum entspricht, in
die Form des Substantivum kleidet und dadurch scheinbar zu Dingbegriffen
erhebt. Ebenso werden Zustands= und Thätigkeitsbegriffe, zu deren Bezeich=
nung zunächst das Verbum dient, auch durch Substantiva ausgedrückt. Mensch=
lichkeit, Sinnlichkeit, Geiz.... sind nicht minder Eigenschaftsbegriffe als
menschlich, sinnlich, geizig.... und Substantiva wie Gang, Traum,
Freude.... bezeichnen ebenso nur einen Zustand wie die Verba gehen,
träumen, sich freuen.... Diese Umwandlung der Begriffsform — man
nennt sie **kategoriale Verschiebung** — ist ein wichtiges Hilfsmittel für die
freie Bewegung des Denkens, namentlich für die Entwickelung des abstracten
Denkens. Dadurch nämlich, daß die Sprache abstracte Begriffe in die
substantivische Form kleidet, kann sie ihnen die Rolle des Subjectes im
Satze zuweisen und sie wie Dingbegriffe zu Adjectiven und Verben in Be=

---

*) Sigwart, Logik, I., 2. Aufl., S. 33.

ziehung setzen, das Resultat dieser Beziehung aber wieder zum Ausgangs-
punkte neuer Beziehungen machen. Z. B. der Ball bewegt sich — die Bewegung des Balles ist schnell — die Schnelligkeit des (sich bewegenden)
Balles wächst u. s. w.

2. Daß die Dinge unserer sinnlichen Erfahrung im Mittelpunkt
unserer geistigen Thätigkeit stehen (in welchem Sinne, vgl. §. 21, P. 1)
und den echten, ursprünglichen Stoff für die Formen des Denkens
ausmachen, erkennen wir an dieser Erscheinung der kategorialen Verschiebung
besonders deutlich. Wir übertragen nämlich das Schema des Denkens, das
im Bereiche der Dingwelt seine Heimat und nur da seinen vollen Sinn
entfaltet, auf jeden beliebigen Gegenstand der Beurtheilung; dabei gerathen
wir mit demselben auch auf entlegene, hoch abstracte Gebiete, wo seine Anwendung als eine erborgte und gewissermaßen nur gleichnisweise sogar zu
folgenschweren Irrthümern führen kann. Die Geschichte der erklärenden
Naturwissenschaft und der Philosophie selbst liefert hiefür nicht wenige
Beispiele. (Kraft, Schwerkraft, Lebenskraft, Magnetismus, Elektricität, Instinct . . . .; Sinnlichkeit, Verstand, Vernunft, Gedächtnis, Phantasie u. s. w.).

3. Die fast unbegrenzte Beweglichkeit des Denkens gestattet übrigens
auch eine rückläufige Fortsetzung der oben beschriebenen kategorialen Ver-
schiebung, indem der fingierte Dingbegriff wieder in die sprachliche Form des
Eigenschaftsbegriffes gebracht werden kann u. s. f. — Z. B. Wissen —
Wissenschaft — wissenschaftlich — Wissenschaftlichkeit; (tüchtig, tauglich) —
Tugend — tugendhaft — Tugendhaftigkeit.*)

---

*) Vgl. Wundt, Logik, I², S. 123 ff., ferner die schöne Stelle in B. Erdmanns
Logik, 1. Bd. (Halle 1892), S. 63: „Die grammatische Kategorie des Substantivs
bezeichnet nicht bloß das Ding mit Eigenschaften. Jede Eigenschaft, jeder Vorgang, jede
Beziehung, kurz jeder sprachlich fixierbare Gegenstand bis hinab zum Nichts kann substan-
tivisch ausgedrückt werden. Diese Erweiterung des Redetheiles über den Sinn der metaphysischen Kategorie des Dinges hinaus bewirken theils psychologische, theils grammatisch-
logische Ursachen. In ersterer Hinsicht entscheidet vielfach die Unkunde und das mit ihr
sich vermischende ästhetische und religiöse Gefühl der praktischen Weltanschauung, die es
unbedenklich machen, Inbegriffe von Vorgängen wie Wind und Wetter, Frühling und
Winter, Beziehungen wie Raum und Zeit, Zustände wie Ruhe und Tod, Schatten und
Helligkeit zu Dingen zu verdichten. Mehr noch hilft dazu, und zwar im Dienste be-
glückender Unwissenheit, die „ewig bewegliche, immer neue, seltsame Tochter Jovis"
Denn ohne Schranken vermag die Einbildungskraft aus dem Vorstellbaren Dinge
zu gestalten, wo immer wir von einem Gegenstande eine Mehrheit von Prädicaten
angeben können. Sie macht aus der Nacht und dem Staate, dem Himmel und der Bildung,
dem Wettlauf und der Farbe grammatische Dinge mit Eigenschaften. Mitten unter diesen
Ursachen wirkt das sprachlich-gedankliche Bedürfnis, zum Substantiv umzubilden, was
die Function hat, als Subject im Satze zu dienen."

B. Die Verhältnisse der Begriffe.

§. 24. Vergleichbarkeit der Begriffe.

1. Das Denken kann Begriffe wie „Gott — gerecht, Neger — schwarz, Tugend — belohnen" zu einander ohneweiters in Beziehungen setzen, die in Urtheilen ihren Ausdruck finden: „Gott ist gerecht".... Sollen aber selbständig (isoliert) gedachte Begriffe nach ihrem Umfangsverhältnisse beurtheilt werden, so müssen sie bei Verschiedenheit der Kategorie zunächst in Begriffe derselben Kategorie, und zwar in Dingbegriffe umgeformt werden. Um die Begriffe „Neger" und „schwarz" zu vergleichen, muß der letztere als „schwarzer Gegenstand" gefaßt werden, und da findet man nun im Umfange dieses Begriffes auch den Begriff „Neger". (Vgl. §§. 15 und 32.)

2. Dem Inhalte nach können zwei Begriffe vergleichbar oder unvergleichbar sein. Schlechthin unvergleichbar sind sie dann, wenn sie nicht derselben Kategorie angehören. Diese Verschiedenheit kann auch durch die (bloß sprachliche) kategoriale Verschiebung nicht aufgehoben werden. „Soldat" und „tapfer" oder „Tapferkeit" sind inhaltlich völlig unvergleichbar. Vergleichbar (irgendwie ähnlich) sind somit nur Begriffe derselben Kategorie; überdies wird das natürliche Denken sich nicht leicht veranlaßt fühlen, zwei Begriffe derselben logischen Leiter hinsichtlich ihrer Ähnlichkeit zu vergleichen. Wir vergleichen wohl „Rappe" und „Kohle" und finden beide „schwarz"; wir vergleichen auch „Rappe" und „Schimmel" oder „Kohle" und „Holz" und finden, daß jenes Begriffspaar der Gattung „Pferd", dieses der Gattung „Brennstoff" angehört. Dagegen verfällt ungezwungenes Denken nicht leicht darauf, die Begriffspaare „Thier" und „Wirbelthier", „Hauptstadt" und „europäische Hauptstadt" zu vergleichen.

3. Die Ähnlichkeit hat zahlreiche Abstufungen. Die verglichenen Begriffe haben nämlich entweder den Hauptbestandtheil oder einen Nebenbestandtheil gemeinsam; im ersteren Falle nennen wir die Begriffe verwandt. Aber auch die Verwandtschaft zeigt sehr verschiedene Grade, da es bei Begriffen mit reicherem Inhalte von unserem Belieben abhängt, welche Merkmalgruppe wir als Hauptbestandtheil auffassen wollen, mit anderen Worten: auf welche Stufe der logischen Leiter wir den Hauptbestandtheil verlegen. Je höher nun aber die Stufe liegt, auf der die logischen Leitern der verglichenen Begriffe zusammentreffen, um so geringer ist deren Ähnlichkeit; je niedriger dagegen jene Stufe, desto größer die Ähnlichkeit. Fassen wir einen Bösendorfer'schen Concertflügel als Saiteninstrument auf, so sind mit ihm Anakreons Leier, die Mandoline und die Baßgeige „ver-

wandt"; als Musikinstrument hat er sogar die Flöte und die Trommel zu Verwandten. Viel natürlicher wird jener Concertflügel mit Concertflügeln anderer Weltfirmen (Erard, Steinway u. a.) oder andererseits mit Bösendorfer'schen Salonflügeln, Pianinos u. s. w. verglichen. Inhaltliche Verwandtschaft ist somit ein ganz relativer, dehnbarer Begriff.

4. Als ein besonderer Fall der Ähnlichkeit ist die **Äquipollenz***) der Begriffe zu erwähnen. Begriffe, die bei theilweise verschiedenem Inhalt einen und denselben Umfang haben, nennt man äquipollent. Schema: $A\,\alpha\,\beta$ — $A\,\mu\,\nu$. In den verhältnismäßig weniger häufigen Beispielen dieses Inhaltsverhältnisses ist die sachliche Wechselbeziehung zwischen $\alpha\,\beta$ und $\mu\,\nu$ so einleuchtend, daß sich hieraus die Identität des Umfanges von selbst ergibt: Jupitermond — Nebenplanet des größten Planeten; gleichseitiges Dreieck — gleichwinkeliges Dreieck; Kreis — reguläres Polygon mit unendlich vielen Seiten — Ellipse mit der Excentricität $= 0$. — Ein ähnliches Verhältnis zeigt sich auch bei Individualbegriffen: der größte Strom Afrikas — der größte Strom, der sich in das mittelländische Meer ergießt; der zweithöchste Punkt der nördlichen Kalkalpen — der höchste Punkt Deutschlands.

§. 25. Andere Begriffsverhältnisse.

Abgesehen von der im vorigen Paragraph besprochenen Vergleichbarkeit der Begriffe haben für die Logik noch folgende Inhaltsbeziehungen grundlegende Bedeutung.

Zwei Begriffe können zu einander in folgenden, schematisch dargestellten Verhältnissen stehen:

I. A — $A\,\beta$.**) Über- und Unterordnung:

Schiff — Kriegsschiff; Park — Schlosspark.

II. Nebenordnung.

1. $A\,b$ — $A\,\beta$. Disparates Verhältnis: Dampfschiff — Kriegsschiff; Gemüsegarten — Schlossgarten.

2. $A\,\alpha$ — $A\,\beta$. Conträrer Gegensatz: Kauffahrer — Kriegsschiff; Stadtpark — Schlosspark.

3. $A\,\alpha$ — A non-α. Contradictorischer Gegensatz: Regelmäßiges Polygon — unregelmäßiges Polygon; österreichischer Slave — nicht-österreichischer Slave.

4. $A\,\alpha \longleftrightarrow \beta\,A$. Correlativer Gegensatz: Lehrer — Schüler; rechtes Ufer — linkes Ufer.

*) Aequipollens (aequum pollens) gleichvielgeltend.

**) Die in den gewählten allgemeinen Buchstabenbildern liegende Symbolik findet in den folgenden Ausführungen ihre Deutung.

5. A $\alpha\beta\gamma\delta$ — A m n o p. Discrepanter Gegensatz: Panzerschiff — Flöte; Dattelpalme — Elektroskop.

Die fünf Fälle der Nebenordnung erhalten ·ihr Gepräge durch das Verhältnis der Begriffspaare, durch die A als gemeinsamer Hauptbestandtheil determiniert wird:

In Fall 1 sind b und β disparate Begriffe.
„ „ 2 „ α „ β conträre „
„ „ 3 „ α „ non-α contradictorische Begriffe.
„ „ 4 „ α „ β correlative Begriffe.
„ „ 5 „ $\alpha\beta\gamma\delta$ und m n o p discrepante Merkmalgruppen-

Anmerkung. Bezüglich der Fälle inhaltlicher Abhängigkeit, die sich nicht mit dem correlativen Gegensatz decken, vgl. §. 47, P. 1.

§. 26. Über- und Unterordnung.

A — A β: Schiff — Kriegsschiff; Park — Schlosspark. (Vgl. §§. 15, 17, 18.)

Wir erkennen in diesem Verhältnisse sofort die bereits erörterte Beziehung zwischen **Gattungs-** und **Artbegriff**. In diesem Verhältnisse stehen zwei beliebige Begriffe derselben logischen Leiter; ob sie auf derselben unmittelbar benachbarte oder weiter auseinanderliegende Stufen einnehmen, ist in logischer Hinsicht gleichgiltig. (Schimmel — arabischer Schimmel; Hufthier — arabischer Schimmel.)

Aus dem Verhältnisse von A zu A β ergeben sich folgende Sätze:

1. A liegt im Inhalte von A β, A β aber liegt im Umfange von A.

2. Was A β ist, muss auch A sein; was nicht A ist, kann auch nicht A β sein. — Was A ist, kann wohl, muss aber nicht A β sein; was nicht A β ist, kann wohl, muss aber nicht A sein.

Diese Beziehungen (unter 2.) lassen sich mittels der Ausdrücke Setzung und Aufhebung*) auch so ausdrücken:

Aus der Setzung der Art folgt die Setzung der Gattung; aus der Aufhebung der Gattung folgt die Aufhebung der Art. — Aus der Setzung der Gattung folgt keineswegs schon die Setzung der (bestimmten) Art; aus der Aufhebung der Art folgt keineswegs schon die Aufhebung der Gattung.

Man wende alle diese Sätze auf eine Reihe von Beispielen an.

---

*) Setzung eines Begriffes bedeutet die Annahme seiner Giltigkeit, bezw. Anwendbarkeit in einem speciellen Falle, Aufhebung das Gegentheil. Wenn ich sage: „Dieses Buch ist ein Seeroman" oder: „Der Vogel, der da oben singt, ist eine Amsel", so setze ich die Begriffe „Seeroman" und „Amsel". Erkläre ich dagegen, der soeben singende Vogel sei keine Amsel, so hebe ich den Begriff „Amsel" auf. In ähnlichem Sinne gelten diese termini auch für Urtheile.

Das Verhältnis der Unter= und Überordnung kann nur zwischen Be=
griffen derselben Kategorie bestehen (vgl. §. 24), also zwischen zwei Ding=,
aber auch zwischen zwei Eigenschaftsbegriffen. Die Begriffspaare „roth —
rosenroth, beschleunigt — gleichförmig beschleunigt" entsprechen genau den
Anforderungen des Schema A — Aβ. Allerdings wenden wir dabei gern
die kategoriale Verschiebung an: „Beschleunigung — gleichförmige Beschleu=
nigung". — Obige Lehrsätze gelten somit auch für das Verhältnis der (in
§. 15 erwähnten) „generischen Momente" und ihrer Species.

§ 27. Disparates Verhältnis.

Im Verhältnisse der Nebenordnung (Coordination) stehen Be=
griffe, die durch Determination eines und desselben Gattungsbegriffes ent=
standen sind. Von nebengeordneten Begriffen läßt sich im allgemeinen nur
so viel behaupten, daß sie in den Umfang ihres gemeinsamen Gattungs=
begriffes fallen. Das Verhältnis der Nebenordnung kann fünferlei Gestalten
annehmen. Wir beginnen mit dem Verhältnis der disparaten Begriffe.
A b — Aβ: Dampfschiff — Kriegsschiff; gelbe Frucht — süße Frucht.

Dieses Begriffsverhältnis der Nebenordnung beruht darauf, daß ein
Begriff A (Frucht), dessen Inhalt eine Reihe von generischen Momenten
γ, γ^1, γ^2, γ^3 .... (Farbe, Geschmack, Geruch, Gestalt ....) umfaßt,
durch Determination zweier (also verschiedener) generischer Momente
näher bestimmt wird: A b$_\gamma$ — Aβγ^1 (wo b und β bestimmte Species
der generischen Momente γ und γ^1 bezeichnen, also z. B. gelb und süß).
Da schon γ und γ^1 im Inhalte von A liegen, so sind b und β mit=
einander verträglich, d. h. sie können in die Einheit desselben Begriffes
zusammengefaßt werden, ohne daß die Erfahrung oder die Gesetze des
Denkens dagegen Einsprache erheben. **Disparat** (Gegensatz: comparat, von
comparare vergleichen) aber nennt die Logik solche Begriffe, weil sie bei
der Verschiedenheit ihrer Gattung mit einander unvergleichbar sind. Die Art
und Weise der Fortbewegung des Schiffes (Dampfschiff) hat nichts zu thun
mit seiner Zweckbestimmung (Kriegsschiff) oder mit seiner localen Verwen=
dung (Seeschiff) oder mit seiner Flagge (englisches Schiff) u. s. f. Die
meisten empirischen Begriffe, zumal aber solche, deren Gegenstände dem von
Zwecken geleiteten Thun des Menschen ihr Dasein, d. h. ihre Form und
Function verdanken, vereinigen in sich eine Fülle von generischen Momenten,
deren jedes in seine Species sich zu entfalten strebt. Der Begriff „Haus"
z. B. umfaßt die generischen Momente der Zweckbestimmung, der Con=
struction und des Baumaterials, der Höhe und Anzahl der Stockwerke, der
Bedachung, des Eigenthümers, der Position (Stadthaus, Alpenhaus), des
Alters u. s. w.

Man nennt nicht nur b und β, sondern ganz sachgemäß auch A b und A β disparat; und weil sich die Umfänge solcher Begriffe (Dampfschiff — Kriegsschiff) kreuzen, also theilweise decken (Kriegsdampfer; vgl. §. 32), kann man sie in dieser Hinsicht auch interferierende Begriffe nennen. (Vgl. die „Interferenz" bei der Wellenbewegung.)

§. 28. Conträrer Gegensatz.

A α — A β: Kauffahrer — Kriegsschiff;
         rothe Rose — weiße Rose;
         Mittelalter — Neuzeit;
         4 maliges Echo — 5 maliges Echo;
         Epos — Drama;
         [rechte Hand — linke Hand;
         [Mann — Frau.

In den **conträren***) Gegensatz treten zwei Begriffe dann, wenn sie als Arten desselben Gattungsbegriffes (A) durch Determination desselben generischen Momentes in A entstanden sind: A α_y — A β_y (rothe Rose — weiße Rose); — α und β sind aber als Species desselben generischen Momentes schlechthin unverträglich. Was α (roth) ist, kann nicht gleichzeitig β (weiß) sein und umgekehrt. α und β schließen sich gegenseitig aus, und zwar in der Weise, daß aus der Setzung von α (oder β) die Aufhebung von β (oder α) folgt; dagegen folgt aus der Aufhebung von α (β) gar nichts bezüglich der Setzung oder Aufhebung von β (α). Was nicht roth ist, braucht deshalb nicht weiß zu sein, kann es aber sein.

Nicht nur α und β sind conträre Begriffe zu nennen, sondern auch A α und A β, die letzteren natürlich nur wegen des conträren Gegensatzes ihrer Nebenbestandtheile α und β. Daß sich aber α und β als Species desselben generischen Momentes schlechthin ausschließen, ist auch wieder eine logische (bezw. ontologische) Urthatsache, die sich jeder Erklärung entzieht, einer solchen aber auch gar nicht bedarf.

Wenn wir nur die einfachsten Fälle berücksichtigen, so finden wir den conträren Gegensatz bei den Qualitäten eines und desselben Sinnes, also in der Reihe der Farben, Töne, Geräusche, Geruchs-, Geschmacks-, Temperatur-, Tast-, Druck- und Gewichtsempfindungen, bei den auseinanderliegenden Theilen eines räumlichen oder zeitlichen Continuums, ferner überall dort, wo die Eigenschaften oder Zustände eines Dinges eine Größenbestimmung, eine Messung, u. ä., also die Anwendung der natürlichen Zahlenreihe zulassen, also z. B. bei Helligkeits-, Gewichts-, Härte-, Temperatur-,

---

*) Contrarius entgegengesetzt, zuwiderlaufend.

Luftdruckunterschieden, Tonhöhen, überhaupt bei allen der Messung zugänglichen Wirkungen physikalischer Kräfte. Ist eine solche Speciesreihe abgegrenzt und geordnet, so zeigen die beiden Endglieder innerhalb der gegebenen Gattung den schärfsten Gegensatz; man kann ihn den **diametralen***) Gegensatz nennen. Dagegen zeigen zwei unmittelbar benachbarte Glieder einer solchen Reihe den relativ **geringsten** Unterschied; man nennt sie **contingente****) Begriffe. Was aber den logischen Widerstreit anbelangt, besteht zwischen contingenten und diametralen Begriffen kein Unterschied.

Weil sich Begriffe, die zu einander im conträren Gegensatze stehen, gegenseitig **ausschließen**, nennt man sie auch **disjunct*****) und die vollständige Reihe der Species eines und desselben Genus **Disjunctionsreihe** (kürzer: **Disjunction**).

Von höchster Wichtigkeit für vieles Spätere ist der schon oben angedeutete Satz:

Stehen die Begriffe α und β (A α und A β) im conträren Gegensatze, so folgt aus der Setzung des einen die Aufhebung des anderen, keineswegs aber aus der Aufhebung des einen die Setzung des anderen.

Dieser Satz verliert allerdings in seinem negativen Theile seine Geltung, wenn die Gegensatzreihe nur zweigliedrig ist. Hiemit aber betreten wir schon das Gebiet des contradictorischen Gegensatzes.

§. 29. Contradictorischer Gegensatz.

1. A α — A β: rechte Hand — linke Hand.
2. A α — A non-α: Regelmäßiges Polygon — unregelmäßiges Polygon.
3. A α — $\dfrac{\text{A non-}\alpha}{\beta, \gamma, \delta, \varepsilon \ldots \ldots}$: weißes Kaninchen — nicht-weißes Kaninchen.

1. Ist der conträre Gegensatz zweigliedrig, so ist er zugleich **contradictorisch**.†) In **contradictorischem** Gegensatze stehen nämlich zwei Begriffe α und β dann, wenn nicht nur aus der Setzung des einen die Aufhebung des anderen (vgl. den conträren Gegensatz), **sondern auch aus der Aufhebung des einen die Setzung des anderen** folgt. Dies trifft aber schon beim conträren Gegensatze zu, wenn er zweigliedrig ist. Drücken wir nämlich diesen Doppelsatz ganz kurz durch die Formel des „entweder — oder" aus, so ist es für jedermann gewiß, daß z. B. die

---

*) Man denke an die zwei Endpunkte des Durchmessers (Diameters).

**) Contingere berühren.

***) Disiungere trennen, auseinanderhalten.

†) Vgl. contradicere, contradictio widersprechen, Widerspruch.

den Kegeln zurollende Kugel vom Spieler entweder mit der rechten oder mit der linken Hand geworfen worden ist, ebenso dass dieser Spieler entweder männlichen oder weiblichen Geschlechtes ist; oder dass ein gegebener Winkel entweder ein rechter oder ein schiefer ist; oder dass ein elektrische Körper entweder positiv oder negativ elektrisch ist u. s. w. In diesen Fällen sind beide Gegensatzglieder positiv bestimmt und logisch gleichwertig.

2. Nach dem verbreitetsten Sprachgebrauche aber nimmt man contradictorischen Gegensatz nur dann an, wenn der eine Begriff einen positiv bestimmten, selbständigen Inhalt hat, der andere dagegen nur diesen positiven Inhalt negiert, also den Mangel desselben zum Inhalte hat: $\alpha - \beta$ geht dann über in α — non-α. Beispiele: Rationale — irrationale Zahl; reelle — imaginäre Zahl; regelmäßiges — unregelmäßiges Polygon; bindevocalische — bindevocallose Conjugation; reale — irreale hypothetische Periode; organischer — unorganischer Körper; schneebedeckter — schneeloser Berg *).

3. Es gibt aber noch eine dritte Art von Fällen: solche nämlich, wo non-α nicht nur α negiert, sondern ebenhiedurch irgend einen, aber unbestimmt welchen, der conträren Gegensätze von α setzt: weiß — nichtweiß; Christ — Nichtchrist; Beamter — Nicht-Beamter; stabiles — nicht stabiles Gleichgewicht. Wenn ein gegebenes Blatt Papier nicht-weiß ist, so ist es nur deshalb nicht-weiß, weil es etwa gelb ist; und wenn eine bestimmte Person ein Nicht-Christ ist, so ist sie es deshalb, weil sie etwa der Religion des Islam angehört. Nenne ich dagegen ein bestimmtes Polygon unregelmäßig, so sage ich damit nur aus, dass ihm die Gleichheit der Seiten und Winkel, d. i. eben die Regelmäßigkeit, fehlt; an andere bestimmte Fälle des Größenverhältnisses der Seiten und Winkel zu denken, ist kein Anlass, denn es fehlt an conträren Gegensätzen zur Gleichheit. Dasselbe gilt von den anderen Beispielen dieser Art, wie rational — irrational u. s. w.

---

*) Diese 2. Species des contradictorischen Gegensatzes ist nicht zu verwechseln mit der noch immer weit verbreiteten Auffassung, dass non-M (als Verneinung von M schlechthin) alle denkbaren Begriffe umfasse und dem Begriffe M gegenüberstelle, so dass die Formel M + non-M die ganze Begriffswelt umfassen müsste. Gegen diese Ausdehnung des Umfanges von non-M erhebt die natürliche, ungezwungene Denkpraxis Einsprache, da sie sich nicht einreden lässt, dass unter „Nicht-Deutscher“ auch ein Haifisch, ein Farrenkraut oder ein Rubin verstanden werden könne. Der Grundfehler dieser Auffassung liegt darin, dass man dabei über die Tragweite der Negation in non-M gänzlich im Unklaren bleibt. Nicht einmal darüber gibt sie Aufklärung, ob non-M sich wenigstens innerhalb der Kategorie von M hält; ja sogar über das Verhältnis zwischen „Nicht-Deutscher“ und „Europäer“ oder „Indogermane“ oder „Katholik“ bleibt man im Ungewissen. (Vgl. Sigwart, Logik, 1. B., 2. A., S. 359 fg. und 365, ferner Wundt, Logik, 1. B., 2. A., S. 137 fg.)

Daraus ist aber zu ersehen, daß der contradictorische Gegensatz im dritten Falle auf eine drei- oder mehrgliedrige Reihe conträrer Gegensätze zurückgeht. Hat α als Species des generischen Momentes g die conträren Gegensätze β, γ, δ, ε, dann bezeichnet non-α die Gesammtheit dieser Gegensätze von α, allerdings nur allgemein und unbestimmt, etwa wie ein Gattungsbegriff von β, γ, δ, ε; mit anderen Worten: non-α ist der allgemeine, unbestimmte Ausdruck für die Gesammtheit der conträren Gegensätze von α. In der That stimmen gelb, grün, roth, blau .... darin überein, daß sie nicht weiß sind; und wenn ich eine Person als Nichtchrist bezeichne, so will ich damit sagen, daß sie irgend einem Religionsbekenntnisse angehört, jedenfalls aber nicht dem christlichen.

Das allgemeine Schema für den contradictorischen Gegensatz ist: A α — A non-α. Schmiegt sich der sprachliche Ausdruck diesem Schema an, so ist jedes Mißverständnis bezüglich der Tragweite der Negation ausgeschlossen; gibt es aber, wie im zuletzt gebrauchten Beispiele, für A α ein einheitliches Wort M (Christ), dann erhält der contradictorische Gegensatz die Form von non-M (Nichtchrist), und an solche Fälle knüpft sich leicht die falsche Auffassung, daß non den ganzen Inhalt von M negiere und daß somit non-M alle möglichen Begriffe außer M bezeichne. Dieser Auffassung gegenüber halte man daran fest: Die Negation negiert an M (M$=$A α) nur das Merkmal α und auch dieses nur als besondere Species von g; g selbst bleibt Bestandtheil von A. (Man erprobe diesen Satz an Beispielen!)

4. Wir unterscheiden somit drei Arten des contradictorischen Gegensatzes;

1. A α — A β: conträrer Gegensatz mit nur zwei Gliedern.

2. A α — A non-α, wo non-α nur den Mangel von α feststellt.

3. A α — A $\overbrace{\text{non-}\alpha}$
β, γ, δ, ε . . . ., wo dem α eine Reihe conträrer Gegensätze gegenübertritt.

Anmerkung. Mag der sprachliche Ausdruck wie immer beschaffen sein, so haben die zweite und dritte Art das eine gemein, daß das Vorstellen niemals über das Geltungsbereich von A hinausgeht. — Eine Art von Vermittlung zwischen der ersten und dritten Art schaffen Beispiele wie „rechter" — „schiefer Winkel", wo das zweite Glied auch als gemeinsamer Gattungsbegriff für den spitzen und stumpfen Winkel gefaßt werden kann.

Einem Mißverständnisse sind die mit der Vorsilbe **un-** zusammengesetzten Abjectiva ausgesetzt: unzufrieden, unglücklich, unschön, unmännlich, unsittlich u. ä. Man könnte nämlich geneigt sein, darin contradictorische Gegensätze zu den Begriffen „zufrieden, glücklich" u. s. w. zu erblicken, und zwar im Sinne der zweiten Art. Indessen ergibt sich bei genauerer Betrachtung leicht, daß die fraglichen Begriffe nur scheinbar negativ sind, in Wahrheit aber einen positiven, scharf begrenzten Inhalt haben. Wer z. B. darüber klagt, daß ihn eine innere „Unruhe" quäle, ist weit davon entfernt, dem Mangel an Ruhe die

Thätigkeit des Quälens zuzuschreiben. Da sich überdies fast zu jedem der betreffenden Begriffspaare (schön — unschön; sittlich — unsittlich u. s. f.) mindestens noch eine Species desselben Genus ergibt, so haben wir es hier mit einem conträren Gegensatze zu thun; in manchen Fällen ist er allerdings nur zweigliedrig.

§. 30. Correlativer Gegensatz. — Relative Begriffe.

$$A\,\alpha \longleftrightarrow \beta\,A$$

1. Lehrer — Schüler.	2. Anode — Kathode.
Gläubiger — Schuldner.	Sonnenauf- — Sonnenuntergang.
Patron — Klient.	Norden — Süden.
Gönner — Günstling.	Rechtes — linkes Ufer.
	Tag — Nacht.

1. Zwei nebengeordnete Begriffe A α und A β stehen dann in **correlativem** Gegensatze, wenn der eine nicht ohne den andern gedacht werden kann, indem dem Merkmal α (β) die Beziehung auf β (α) so wesentlich ist, dass sie Bestandtheil seines Inhaltes ist. Das Unterrichten (Lehrer) setzt eine Person als Object voraus, also jemand, der unterrichtet wird oder sich unterrichten lässt (Schüler), und in entsprechendem Sinne umgekehrt. In Begriffen dieser Art (vgl. oben die Beispiele unter 1.) beruht also die Wechselbeziehung auf einem Thätigkeitsbegriffe, der eines Objectes bedarf, um denkbar zu sein. Daraus geht aber hervor, dass die Beziehung von A α zu A β nicht dieselbe ist, wie die Beziehung von A β zu A α (was allerdings im allgemeinen Schema nicht zur Anschauung kommt). Deshalb ist noch der besondere Fall hervorzuheben, wo die Beziehung $\alpha \longrightarrow \beta$ genau dieselbe ist wie $\beta \longrightarrow \alpha$: z. B. Bruder — Bruder (Schwester); Mitschüler, Amtscollege, Reisegefährte.

In der zweiten Reihe von Beispielen (an der Spitze des Paragraphs) entspringt die Wechselbeziehung der Eigenthümlichkeit des zweigliedrigen conträren Gegensatzes.

Für die erste Art des correlativen Gegensatzes ist es charakteristisch, dass ein und dasselbe Individuum gleichzeitig unter beide Begriffe fallen kann, natürlich in Beziehung auf zwei andere Individuen. Ist die Person A Lehrer des B, so kann sie selbst wieder Schüler des C sein. Solche Begriffe sind somit — in dem bezeichneten Sinne — verträglich.

Von besonderer Wichtigkeit sind sowohl für das praktische Leben als für die Wissenschaft Correlatbegriffe wie Grund — Folge, Ursache — Wirkung, Ganzes — Theil, Einheit — Vielheit, Ähnlichkeit — Verschiedenheit u. a. (Vgl. §. 22.) Auch hier trifft das besondere Kennzeichen der ersten Art des correlativen Gegensatzes zu: gilt uns z. B. die Thatsache M als Ursache der Thatsache N, so kann sie selbst die Wirkung der dritten Thatsache L sein; ein Ganzes ordnet sich einem höheren Ganzen als Theil unter.

Beispiele. 1. Der durch den Kohlenfaden einer Glühlampe gehende elektrische Strom verursacht das Glühen der Kohle. Der elektrische Strom wird durch Aufwendung von Arbeit in einer Dynamomaschine hervorgerufen. — 2. Die Abkühlung der dem Boden anliegenden Luftschichten bewirkt den Niederschlag des Thaues. Die Abkühlung dieser Luftschichten erfolgt durch die Abkühlung des Bodens infolge nächtlicher Ausstrahlung. — 3. Das Königreich Böhmen ist ein Theil der österreichisch-ungarischen Monarchie, diese ein Theil Mitteleuropas u. s. f. — 4. Die Erde ist als Planet ein Theil unseres Sonnensystems.

2. Nahe verwandt mit den correlativen Begriffen sind Begriffe wie groß (klein), hoch (niedrig), lang (kurz), breit (schmal), dick (mager), weit (nahe), viel (wenig), stark (schwach), oft (selten), schnell (langsam), kalt (warm), schwer (leicht), jung (alt), reich (arm) u. a. ä. Alle diese Begriffe enthalten eine mannigfaltiger Abstufungen fähige Größenbestimmung, die sich theils auf räumliche oder zeitliche Ausdehnung, theils auf Intensitäten bezieht, und sie haben das Charakteristische, daß ihre Aussage an und für sich ganz unbestimmt ist und immer nur im besonderen Falle durch die subjective Auffassung, durch den subjectiven Maßstab des Urtheilenden bestimmt wird. Da nun aber in der Mehrzahl der Fälle über den angelegten Maßstab keine Aufklärung gegeben wird, so ist die Aussage für jeden Zweiten unbestimmt; und kennt auch dieser Zweite den beurtheilten Gegenstand, so wird er gemäß seinem subjectiven Maßstabe vielleicht das entgegengesetzte Urtheil fällen. Hören wir einen Thüringer und einen Tiroler von einem „hohen“ Berge sprechen, so vermuthen wir, daß die zwei Berge von recht verschiedener Höhe sein mögen, so daß dem Tiroler der „hohe“ Berg des Thüringers vielleicht recht „niedrig“ vorkommen würde.

Solche Begriffe werden **relative** Begriffe genannt, und zwar jeder einzelne für sich. Sie sind infolge ihrer Unbestimmtheit die Quelle zahlloser Mißverständnisse und Meinungsverschiedenheiten unter den Menschen. Auch ihnen kommt das Merkmal zu, daß ein und dasselbe Object, von zwei Personen beurtheilt, zugleich unter einen relativen Begriff und seinen polaren Gegensatz fallen kann.

Die Relativität macht sich oft auch im Gebiete der chemischen Sinne (Geruch und Geschmack) geltend: süß (bitter), herb (mild), wohlriechend (übelriechend); aber auch innerhalb der ästhetischen und mancher ethischen Wertbegriffe findet sie sich: schön (hässlich), anmuthig (abstoßend), rühmlich (schimpflich) u. ä. Die Culturgeschichte und Ethnographie geben über diesen Punkt merkwürdige Aufschlüsse. Es sei z. B. nur kurz hingewiesen auf das Naturgefühl der Römer (ästhetische Würdigung des Meeres und des Hochgebirges), auf die spartanische Ethik, auf die Behandlung der Kriegsgefangenen im Alterthum überhaupt, auf die Anwendung der Folter im gerichtlichen Verfahren, auf die Witwenverbrennung in Indien, auf die noch vor wenigen Decennien bei den sonst hochgebildeten Plantagenbesitzern Nordamerikas herrschenden Anschauungen bezüglich der Menschenrechte des Negers.

Anmerkung. Zur Unterscheidung: 1. Wirken, thun, leiden, Unterschied, Zwischenraum... sind jedes für sich: Relationsbegriffe. — 2. Eltern — Kind, Lehrer — Schüler, Herrscher — Unterthan.... sind paarweise: correlative Begriffe. — 3. Groß, klein, stark, schwach, leicht, schwer.... sind jedes für sich: relative Begriffe. Man kann also z. B. sagen: Dem Relationsbegriff „Causalität" entspringen die correlativen Begriffe „Ursache — Wirkung".

§. 31. Discrepanter Gegensatz.

$A \alpha \beta \gamma \delta$ ($= M$) — $A m n o p$ ($= N$): Panzerschiff — Flöte; Malachitbergwerk — Geigenvirtuose.

Der **discrepante***) Gegensatz charakterisiert sich dadurch, daß bei gleicher Kategorie der gemeinsame Bestandtheil A von M und N durch eine größere Reihe von Determinationsstufen getrennt ist, wobei M und N zwei sachlich weit auseinanderliegenden Gebieten angehören, so daß ihre logischen Leitern erst in beträchtlicher Höhe, also schon nahe an der Kategorie oder in der Kategorie selbst zusammentreffen. Die Folge davon ist, wie auch an den beigebrachten Beispielen zu erkennen ist, daß die Praxis des Denkens in Verkehr und Forschung nicht leicht Veranlassung findet, zwei solche Begriffe in einem Denkacte zu vereinigen. Für die Logik hat daher diese Art von Gegensatz wenig Bedeutung. Nur der Vollständigkeit zuliebe mußte ganz kurz auf ihn hingewiesen werden.

§. 32. Graphische Darstellung der Umfangsverhältnisse.

I. Äquipollenz (§. 24): $A \alpha \beta$ — $A \mu \nu$.

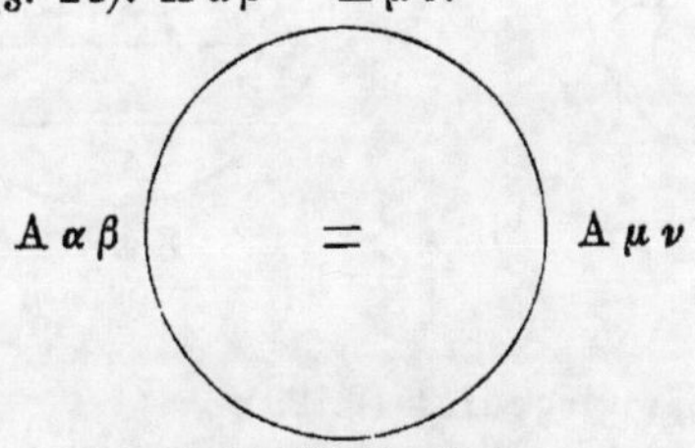

Fig. 1. (Vollständige Deckung.)

II. Über= und Unterordnung (§. 26): A — $A \beta$.

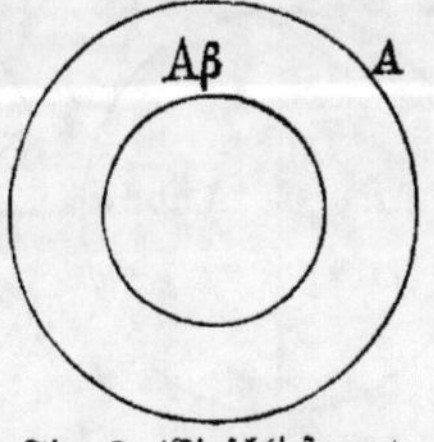

Fig. 2. (Einschließung.)

---

*) Von discrepare = verschieden sein.

III. Disparates Verhältnis (§. 27): A b — A β.

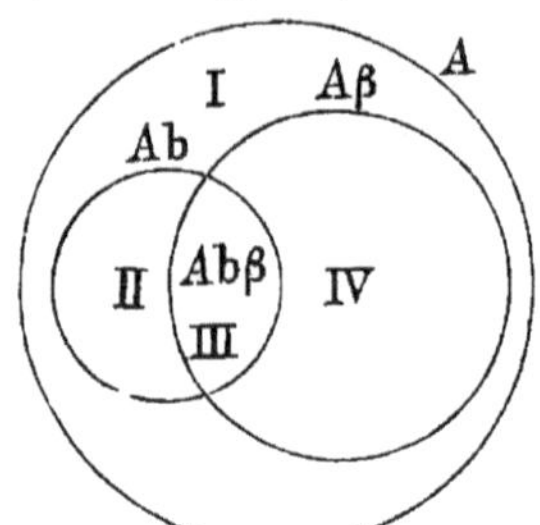

Fig. 3. (Theilweise Deckung, Kreuzung.)

IV. Conträrer Gegensatz (§. 28): A α — A β.

1)
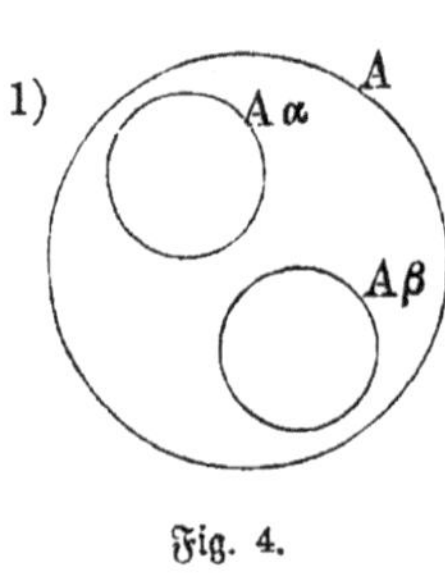

Fig. 4.

2)
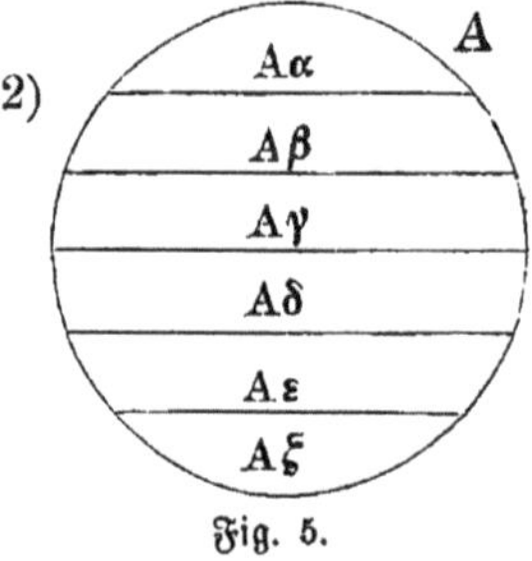

Fig. 5.

V. Contradictorischer Gegensatz (§. 29):

1)   2)   3)

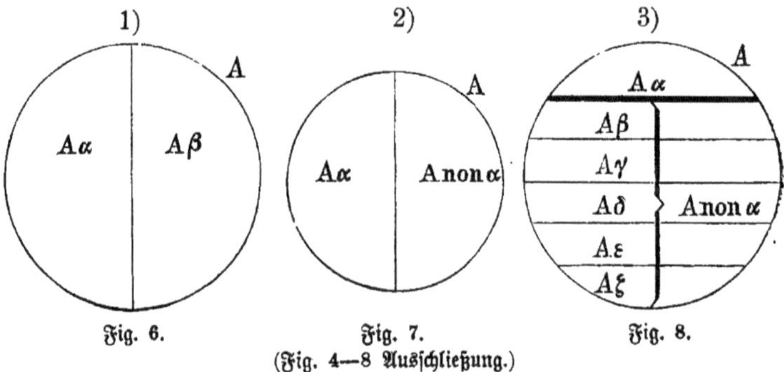

Fig. 6.   Fig. 7.   Fig. 8.

(Fig. 4—8 Ausschließung.)

Zur Erläuterung.

Wenn wir den Umfang eines Begriffes A durch eine begrenzte Fläche, z. B. eine Kreisfläche, symbolisch darstellen, so entspricht dieses Bild beiden möglichen Auffassungen des Begriffsumfanges. Ein abgegrenzter Theil dieser Fläche stellt nämlich den Umfang eines untergeordneten Begriffes A β dar; stellen wir ebenso alle conträren Gegensätze von A β dar, so erschöpfen diese Flächentheile die ganze Kreisfläche, wenn auch die Summe der conträren Gegensätze von A β mit diesem zusammengenommen den Umfang von A erschöpft. Die Kreisfläche kann aber auch als Symbol für die Gesammtheit aller unter A fallenden Individuen gelten, wenn uns jeder materielle Punkt innerhalb der Kreisfläche, also ein minimaler Flächentheil, ein concretes Individuum symbolisiert. Die Gesammtheit aller dieser Punkte ergibt die Kreisfläche, wie die Gesammtheit der Individuen den (empirischen) Umfang des Begriffes ausmacht.

Aus der letzteren Deutung des graphischen Symbols ergeben sich manche Vortheile für eine schärfere Auffassung der Begriffsverhältnisse und der sich anschließenden Lehrsätze. Die Interferenz der Begriffe beim disparaten Verhältnis, die gegenseitige Ausschließung beim conträren und contradictorischen Gegensatze tritt anschaulich hervor; insbesondere leuchtet an dem Bilde der Satz ein, daß beim conträren Gegensatz aus der Setzung des einen Gliedes die Aufhebung des andern, aber nicht aus der Aufhebung des einen Gliedes die Setzung des andern folgt. Soll ich einen gegebenen individuellen Gegenstand, der unter A fällt, in Fig. 4 als Punkt unterbringen, so ist klar, daß dieser Punkt entweder in die Sphäre A α hineinfallen wird oder nicht. Im ersten Falle ist A α gesetzt (bejaht) und A β aufgehoben (verneint), im zweiten Falle aber, wo A α aufgehoben ist, bleibt es unbestimmt, wohin der Punkt innerhalb der Sphäre A fallen soll; das ist aber eben die Unbestimmtheit bezüglich der Setzung oder Aufhebung von A β. Dagegen erweist sich die volle Reciprocität*) von Setzung und Aufhebung an Fig. 6 und 7, endlich die zusammenfassende Kraft von A non-α bei der dritten Art des contradictorischen Gegensatzes an Fig. 8.

Beim correlativen Gegensatze (§. 30) ist eine graphische Darstellung des Umfangsverhältnisses unmöglich.

Man übe sich in der Beurtheilung von Umfangsverhältnissen, indem man, von einfacheren zu schwierigeren Gruppen fortschreitend, 3—6 Begriffe mit vorwiegender Berücksichtigung der Interferenz in einem Tableau vereinigt. Combiniert man z. B. die fünf Begriffe „Österreicher, Wiener, Katholik, Berufssoldat, Kaufmann", so erhält man schon 17 verschiedene Räume (vgl. oben

---

*) Gegen=, Wechselseitigkeit.

in Fig. 3 die Zahlen I—IV), die begrifflich scharf zu bestimmen eine recht
nützliche Übung abgibt. Mit Benützung des Kreissymboles hat das Tableau
folgende Gestalt, wobei zu bemerken ist, daß das G r ö ß e n verhältnis der Kreise
und Kreistheile auf das quantitative Verhältnis der entsprechenden Begriffs=
umfänge keine Rücksicht nehmen kann.

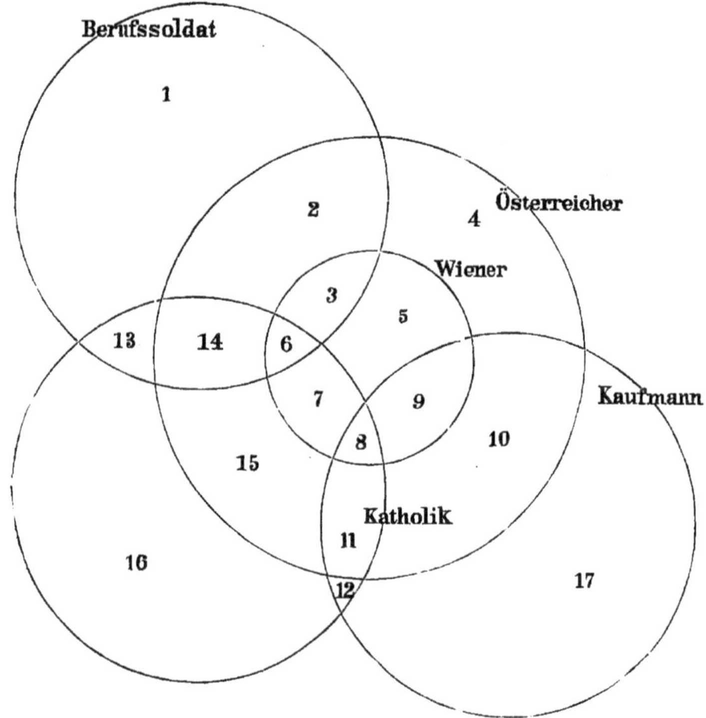

Raum 6 z. B. stellt den Umfang des Begriffes „katholischer Berufssoldat aus
    Wien" dar;
Raum 12: „ausländischer katholischer Kaufmann";
Raum 5: „nichtkatholischer Wiener, der weder Kaufmann noch Berufssoldat
    ist" u. s. w.

In welchen Raum fällt z. B. ein Bildhauer protestantischer Confession
aus Graz oder ein griechisch-nichtunierter Kaufmann aus Triest oder ein in
Wien gebürtiger General katholischer Confession?

Zweiter Abschnitt.

Lehre vom Urtheil.

A. Vom Urtheil im allgemeinen.

§. 33. Die Normalform des Urtheils.

1. Der Begriff verdient eine abgesonderte Erörterung nicht nur als Element des Urtheils, sondern auch als Schlussergebnis wissenschaftlicher Forschung, wenn diese darauf ausgeht, die bunten Mannigfaltigkeiten eines bestimmten Ausschnittes der Dingwelt in ein begriffliches System zu bringen. (Vgl. die Systematik in der Zoologie, Botanik, Mineralogie.)

Wird der Begriff als Element des Urtheils einer genaueren Untersuchung unterworfen, wie es im ersten Abschnitte geschehen ist, so sind die Wege für die Betrachtung des Urtheils selbst geebnet. Das Urtheilen stützt sich nämlich auf die Verhältnisse der Begriffe unter einander und zu ihren Gegenständen. Das Urtheil in seiner einfachsten Gestalt ist der lebendige Process, in dem ein Begriff zu einem zweiten oder zu seinem Gegenstande in die ihm zukommende Beziehung tritt: „Die Rose ist lieblich; diese Rose duftet". Die sozusagen flüssige Substanz des Urtheils erstarrt schließlich zu einem determinierten Begriffe (die liebliche Rose, die duftende Rose), um vielleicht sofort wieder in einen neuen Urtheilsprocess hineingezogen zu werden: „Die liebliche Rose erfreut den Beschauer; diese duftende Rose soll mich schmücken".

2. Wenn in §. 10 behauptet wurde, das Urtheil sei die allgemeine Form des Denkens, es vollziehe sich in der sprachlichen Form des Satzes, ein und derselbe Vorgang erscheine innerlich als Urtheil, äußerlich als Satz, so muss hier die Gattung der Urtheilsacte (Sätze), die für die Logik hauptsächlich in Betracht kommen, schärfer bestimmt werden. Die Grammatik unterscheidet: 1. behauptende oder erzählende Sätze, 2. Fragesätze,

3. Wunschsätze, 4. Befehlsätze. Nur die erste dieser vier Satzarten entspricht dem normalen Urtheil, das eine Erkenntnis oder einen Thatbestand mit dem Anspruche auf die Anerkennung der Denkgenossen ausdrückt. Der Fragesatz drückt unmittelbar die Ungewißheit über die Geltung einer Behauptung und das Verlangen nach der Entscheidung aus; der Wunschsatz setzt voraus, daß eine Gedankenverbindung eben nur Gedanke sei und noch der Verwirklichung harre; der Befehlsatz spricht die Erwartung des Urtheilenden aus, daß der Angesprochene den Willen des ersteren zu seinem eigenen machen und in die That überführen werde. Man kann übrigens die zweite, dritte und vierte Art leicht auf die Form der ersten bringen, wenn man sie einleitet: Ich weiß nicht, ob....; ich wünsche, es möge sich verwirklichen, daß....; ich erwarte von dir, daß du dies oder jenes thust.

Die Grundform des Urtheils ist somit der behauptende oder erzählende Satz; denn nur dieser enthält eine Aussage über einen Thatbestand, mag nun dieser ein ganz individueller mit bestimmtem Wo und Wann oder ein für jede Zeit giltiger sein. Diese Aussage aber tritt mit dem Anspruch auf objective Giltigkeit auf, also auch auf die Anerkennung der Denkgenossen. Dieser Anspruch ist bald controlierbar, bald nicht controlierbar, bald ist er begründet, bald unbegründet. In der Aussage selbst aber stellen wir, wenn wir den einfachsten Fall ins Auge fassen, entweder eine Wahrnehmung unter einen Begriff oder einen Begriff (S) unter einen zweiten Begriff (P). (Dies ist eine Brennessel. — Die Brennessel ist eine Urticacee. Vgl. §. 35.) Im letzeren Falle aber kommt in Betracht, daß die logische Bedeutung des Begriffes S gar nicht zu trennen ist von seiner ontologischen Geltung (vgl. §. 10, P. 2), und eben darauf stützt sich der Anspruch des Urtheilenden, daß seine Aussage eine Geltung haben soll, die über sein subjectives Belieben hinausragt.

3. Man täusche sich nicht darüber, daß mit alledem nur eine Charakteristik, keineswegs aber eine Wesenserklärung (Definition) des Urtheils gegeben ist. Urtheil, Aussage ($\varkappa\alpha\tau\eta\gamma\varrho\varrho\iota\alpha$), Behauptung sind eben nur Synonyma; und wenn oben gesagt wurde, daß wir im Urtheil eine Wahrnehmung oder einen Begriff (S) unter einen Begriff (P) stellen, so ist das nur ein Tropus, und dieser kann gewagt werden, weil man bei jedermann die genaueste Kenntnis des Gemeinten voraussetzen kann und muß. Unmöglich ist eine „Erklärung" des Urtheilsactes in dem Sinne, daß er auf Bekannteres, Vertrauteres zurückgeführt würde. Solange wir denken, können wir uns nicht außerhalb des Bereiches des Denkens, also des Urtheilens stellen, und doch müßte uns dies möglich sein, wenn wir die fragliche „Erklärung" liefern sollten.

Auch der Anspruch auf Giltigkeit ist nur ein Merkmal des Urtheilsactes, und zwar kann dieses Merkmal, wie der Frage= und Wunschsatz zeigt, auch abgestreift werden, ohne daß deshalb der Fragende oder Wünschende aufhört zu denken, also zu urtheilen. Die Frage „Ist S wohl P?" setzt den rein logischen Vollzug des Urtheils „S ist P" voraus, nur daß sich daran ein Zweifel knüpft bezüglich seiner objectiven Giltigkeit. Wer die obige Frage stellt, muß darüber im Reinen sein, was für ein logisches Thun sich sprachlich in der Form „S ist P" ausdrückt, mag er immerhin an der Zulässigkeit desselben zweifeln. Das normale Urtheil tritt also allerdings mit dem Anspruch auf Anerkennung auf, dieser Anspruch aber tritt im Urtheil nur hinzu zu einem logischen Geschehen, das jeder weiteren Erklärung oder Auflösung widersteht. Wenn wir gemäß unseren Betrachtungen in §. 12 das Urtheil „Dieses Quadrat ist roth" dahin erläutern, daß an I, welches durch Q bezeichnet wird, die Componente I r ins Auge gefaßt, zum Begriff erhoben und nun als Begriff von I „ausgesagt" wird („I hat den Charakter R" oder „I ist R"), so mögen dies die psychologischen und logischen Voraussetzungen des Urtheilsactes sein, der Urtheilsact als solcher bleibt von dieser Erläuterung unberührt und steckt schon als etwas Ur=Bekanntes in dem Verbum „aussagen" darin.

4. Wir sprechen aber nicht nur solche Urtheile aus, deren Giltigkeit wir selbst bezweifeln (Fragesätze), sondern auch solche, in deren Form die Leugnung ihrer Giltigkeit liegt: die negativen Urtheile, z. B. Der Wal ist kein Fisch; Onkel Karl besitzt kein Haus. Es ist mehr als wahrscheinlich, daß jedesmal der Fällung eines negativen Urtheils das entsprechende positive, zum mindesten versuchsweise, vorausgeht: Der Wal ist ein Fisch; Onkel Karl besitzt ein Haus. (Vgl. §. 36.) Diesen Urtheilsact bezeichnet das negative Urtheil als ungiltig, es lehnt ihn als einen Irrthum ab, setzt also das Verständnis dessen, was in dem Urtheil „Der Wal ist ein Fisch" logisch geschieht, schon voraus, nur daß dieses logische Geschehen der Wirklichkeit nicht entspricht, d. h. durch die Erfahrung widerlegt wird.

5. Wir haben also dreierlei Formen des Urtheils:

A) Das Urtheil kann verquickt sein mit dem Anspruch auf objective Giltigkeit (Normalform des Urtheils): Der Würfel hat 6 Flächen, 8 Ecken und 12 Kanten. — Der Wal ist ein Fisch. — Karl schreibt.

B) Das Urtheil kann verquickt sein mit dem Zweifel an seiner Giltigkeit (Frage, Problem): Ist der Wal ein Fisch? — Ist der Mars von lebenden Wesen bewohnt?

C) Das Urtheil kann verquickt sein mit der Leugnung seiner Giltigkeit (negatives Urtheil): Der Wal ist kein Fisch. —

Zu einem gegebenen Kreise läßt sich kein flächengleiches Quadrat construieren.

Inwiefern die Formen B und C nur im Dienste der Form A stehen, ist leicht einzusehen. Unser Erkennen geht überall, sowohl im praktischen Leben als in der Wissenschaft, darauf aus, positive Wahrheiten zu gewinnen, die Dinge und Vorgänge in Natur und Menschenleben zu erkennen, wie sie sind, nicht aber, wie sie nicht sind. Daß nun dies Streben nicht mitunter irre gehe, sucht das negative Urtheil zu verhüten; und daß es mit Vorsicht zuwerke gehen, daß es stets auf **Begründung** seiner Urtheile bedacht sein muß, spricht sich in der **Frage** aus.

6. **Zur Zusammenfassung:** Die Normalform des Urtheils ist der bejahende (affirmierende) Satz, der etwas behauptet, beschreibt, erzählt. Dieser zerlegt sich in Subject und Prädicat und ein verbales Element. Das Subject fällt im allgemeinen unter die Kategorie des **Dinges,** das Prädicat unter die Kategorie der **Eigenschaft** im weiteren Sinne (Thätigkeit, Zustand, Gattung u. s. w.). Das verbale Element des Satzes stellt die Beziehung (**Relation**) zwischen Subject und Prädicat her, so daß alle drei Kategorien an dem Urtheil Antheil haben.

Ist das Prädicat eine Eigenschaft im engeren (eigentlichen) Sinne oder eine Gattung, so übernimmt das Hilfszeitwort „sein" („ist", „sind") die Function des Verbum und heißt dann Copula; als Copula aber drückt es eben nur die logische Beziehung zwischen dem Ding und dessen Eigenschaften aus: Das Gold ist gelb = zum Gold-sein gehört das Gelb-sein. Mitunter tritt mit leichter Änderung der Relation an die Stelle von „sein" das Hilfszeitwort „haben". (Der Diamant hat den und den Härtegrad, das und das specifische Gewicht.) Alle anderen Verba vereinigen in ihren finiten Formen den Prädicatsbegriff und die Relation: „Der Hund im Hofe bellt" bedeutet: „Der Hund im Hofe ist thätig, seine Thätigkeit ist jene, die ein Gebell bewirkt". (Causalurtheil §. 47.) — Vgl. Der Knabe schlägt — der Knabe wird geschlagen.

§. 34. **Die obersten Grundsätze des Denkens.**

Es ist üblich, sei es der Lehre vom Urtheil oder der Syllogistik die sogenannten obersten Denkgesetze (Grundsätze, Principien des Denkens) als die allgemeinsten Normen für die formale Giltigkeit, also die Richtigkeit des Urtheils vorauszuschicken. Diese lauten:

I. Der Grundsatz der Identität (principium identitatis): A ist A oder A = A. — Jeder Begriff muß gedacht werden als das, was er ist.

II. Der Grundsatz des (zu vermeidenden) Widerspruches (principium contradictionis): A ist nicht non-A oder: Wenn S .... P ist, kann es nicht zugleich non-P sein.

III. Der Grundsatz des ausgeschlossenen Dritten (principium exclusi tertii): S ist entweder P oder es ist nicht P; eine dritte Möglichkeit gibt es nicht.

Der innige Zusammenhang zwischen diesen drei Grundsätzen ist leicht zu erkennen. Im Anschluss an die Lehre vom Begriff sind sie folgendermaßen aufzufassen:

I. Ist $A = M \alpha \beta$, so sind die Urtheile A ist M, A ist α, A ist β, A ist M α zweifellos giltig.

II. Ist A gleich M α, so leuchtet ein, dass es nicht gleichzeitig gleich sein kann M non-α, oder: Ist A .... α, so ist es nicht non-α. Dieser Satz beruht auf dem contradictorischen Gegensatze zwischen α und non-α. (Vgl. §§. 29, 32.) A enthält das generische Moment von α, dieses Moment aber kann sich immer nur in einer Species verwirklichen, so dass jede beliebige Species alle anderen schlechthin ausschließt. Somit muss A, **wenn es das generische Moment von α enthält**, entweder α oder non-α sein, jede dritte Möglichkeit ist ausgeschlossen. (III.)

Die Urtheile A ist α und A ist non-α können nicht zugleich **wahr** (II.), aber auch nicht zugleich **falsch** sein. (III.)

Wie die Anwendung des Grundsatzes der Identität die absolute Giltigkeit, die des Grundsatzes des Widerspruchs die absolute Ungiltigkeit eines Urtheils erkennen läst, so führt der Grundsatz vom ausgeschlossenen Dritten zur Erkenntnis derjenigen bedingten Giltigkeit, die auf der Ungiltigkeit des ihm der Qualität nach" (vgl. §. 48) „entgegengesetzten Urtheils beruht." (Drobisch.)

Was wollen Urtheile sagen wie „Krieg ist Krieg; Geld ist Geld; Kinder sind Kinder; Soldat ist Soldat"?

§. 35. Das Wahrnehmungs- und Begriffsurtheil.

1. Gegenstand der Aussage im Urtheil sind die — in der Lehre vom Begriff erörterten — Beziehungen der Begriffe unter einander und zu ihren Gegenständen. In der Normalform des Urtheils geht das Denken von einer einzigen Gesammtvorstellung, der Subjectsvorstellung, aus und hebt an derselben durch apperceptive Thätigkeit (vgl. Einleitung §. 5) eine Componente oder eine ganze Gruppe von Componenten heraus,*) wodurch die Prädicatsvorstellung gewonnen wird. „Das Gold ist gelb; das Gold ist ein Metall."

---

*) Vgl. im §. 33, P. 3 das über tropische Wendungen Gesagte.

Ist nun die Subjectsvorstellung eine Wahrnehmung, so nennen wir das Urtheil ein **Wahrnehmungsurtheil**. In den Ausrufen: „Ein Baum! — Feuer!*) — Es hagelt!" oder in den Sätzen: „Dies ist ein Baum — dies ist Hagel" sehen wir die einfachste Form des Wahrnehmungsurtheiles. Es bringt in dieser Form nur an Prädicatsstelle einen Begriff und stellt somit die einfachste Form des Urtheils überhaupt dar. Betrachten wir den Vorgang mit allen Nebenumständen noch etwas näher.

Eine Person A tritt ans Fenster und ruft aus: „Ein Pferd!" Offenbar machte A, ans Fenster tretend, die Wahrnehmung eines laufenden oder stehenden oder grasenden.... Pferdes. Diese Wahrnehmung erweckte das Interesse des A; die Gründe für dieses Interesse können sehr verschieden sein. Aber nicht nur Interesse erweckte die Wahrnehmung, sondern A erkannte den wahrgenommenen Gegenstand, und zwar hier nicht nach seiner individuellen Beschaffenheit, sondern nach seinem allgemeinen, gattungsmäßigen Charakter, den wir eben meinen, wenn wir einen Gegenstand als Pferd bezeichnen. Die Person A vollzog also im Wahrnehmungsacte zugleich jene Analysen, die aus dem Concreten das Allgemeine oder Gattungsmäßige hervortreten lassen.

Verfolgen wir nun das Beispiel „Dies ist ein Baum" durch weitere Stadien. Der Urtheilsact verdichtet sich zur Subjectsvorstellung „dieser Baum", und nun schreitet die Analyse fort und hebt weitere Componenten, die alle schon ursprünglich mit der Wahrnehmung gegeben waren, hervor, z. B. dieser Baum ist grün. (Verdichtet: dieser grüne Baum.) Indem nun die Species hervorgehoben wird, in welcher hier der Gattungsbegriff „Baum" erscheint, kann geurtheilt werden: dieser grüne Baum ist eine Linde. Fortgesetzte Auseinanderlegung des dem Urtheilenden in einem Acte gegenwärtigen Vorstellungscomplexes ergibt das Urtheil: dieser grüne Lindenbaum blüht u. s. w.

Zunächst sind es die wechselnden Zustände, die Veränderungen der Dinge, welche die Apperception anregen und uns zur Urtheilsfällung herausfordern. „Die Rose ist aufgeblüht" ruft das Kind, welches dieselbe Rose am Tage zuvor noch als Knospe gesehen hat. — Seiner Natur nach hat das Wahrnehmungsurtheil sein Verb im eigentlichen, ontologischen Präsens (vgl. §. 10, P. 3 c), das in der Erzählung einer historischen Zeit Platz macht. (Vgl. die impersonalen und singulären Urtheile §§. 40, 41 a.)

2. Auf einer höheren Stufe des Denkens wird der Begriff als solcher, d. h. ohne Rücksicht auf einen oder einzelne Gegenstände seines Umfanges, sondern in Bezug auf seinen ganzen Umfang zum Gegenstand

----

*) Man unterscheide „Feuer!" als Alarmruf und als Commandowort!

einer Prädication gemacht; solche Urtheile nennt man **Begriffsurtheile**. Sie gehören zu jenen Urtheilen, die eine allgemeingiltige Erkenntnis aussprechen; ihr Verbum hat die Tempusform des logischen Präsens; ihr Subjectswort steht meist im logischen Singular (vgl. §. 10, P. 3 b); sie geben Aufklärung über den Inhalt des Begriffes, erfüllen demnach ihren Zweck am vollkommensten in der Form des Definitionsurtheiles (vgl. Wissenschaftslehre, §. 71). Ist der Subjectsbegriff ein empirischer, so liegen dem Begriffsurtheil Wahrnehmungsurtheile zugrunde: Der Rabe ist glänzend schwarz; die Elster liebt glänzende Gegenstände; der Elephant erreicht ein hohes Alter; der Kalkspat krystallisiert in Rhomboedern und bricht das Licht doppelt u. ä.*)

Das fast unbegrenzte analytische Vermögen des menschlichen Denkens zeigt sich insbesondere in jenen Begriffsurtheilen, deren Subject ein abstracter Begriff ist (§. 16). Haben wir an einem solchen eine Modification m festgestellt, so erkennen wir sofort wieder an m eine Modification n u. s. w. Z. B. (Der Stein fällt); die Bewegung des fallenden Steines ist schnell; die Schnelligkeit wächst; das Wachsthum nimmt im geraden Verhältnisse mit dem zurückgelegten Wege zu. (§. 23, 1.)

§. 36. Das negative Urtheil.

Das negative Urtheil (§. 33, P. 5, c) läßt zwei Arten unterscheiden:

1. **Das negative Trennungsurtheil**: Roth ist nicht Grün; der Araber ist kein Türke; das Gymnasium ist keine Hochschule.

2. **Das negativ prädicierende Urtheil**:**) Dieser Stein ist nicht grün; die Araber sind keine Christen; das Gymnasium gewährt keine Fachbildung.

Die erste Art stützt sich auf den Widerstreit zwischen zwei conträren Begriffen. (Vgl. §. 32, Fig. 4, 5, 6.) Ein solches Urtheil drückt die gegenseitige Ausschließung von A α und A β aus und kann daher ohneweiters umgekehrt werden: Grün ist nicht Roth; der Türke ist kein Araber; die Hochschule ist kein Gymnasium. Dem natürlichen Denken liegen solche Urtheile ziemlich ferne und es bedarf dazu eines besonders kräftigen Anlasses, wie es etwa die naheliegende Gefahr einer Verwechslung ist: Ablaut ist nicht Umlaut; Elision eines Vocales ist nicht Synkope; ein motorischer Nerv ist kein sensorieller. Abgesehen von solchen Fällen, die am häufigsten im Bereiche der Schule vorkommen dürften, sind Wahrheiten, wie z. B. „eine Birne ist keine Pflaume" oder „ein Viereck ist kein Fünfeck" kein angemessener

---

*) Wie aus Wahrnehmungsurtheilen Begriffsurtheile gewonnen werden, darüber vgl. §. 89 A.

**) Beide Bezeichnungen rühren von Wilh. Wundt her. (Logik I², S. 217.)

Gegenstand actueller Urtheilsfällung, sie sind im Gedankenverkehr der Sprach=
genossen wohl die Grundlagen allen Verständnisses, aber eben des=
halb kein Gegenstand der Mittheilung. (Welchen ganz besonderen
Sinn haben Urtheile, wie „Eine Kirche ist kein Theater; ein Feldmanöver
ist kein Krieg; der Staat ist keine Versorgungsanstalt" u. ä.?)

Weit häufiger erscheint die zweite Art, das negativ prädicierende
Urtheil. Auch dieses stützt sich auf den conträren Gegensatz, jedoch mit dem
Unterschiede, dass nicht A α und A β zu einander in Beziehung gesetzt
werden, sondern dass einem Begriffe (oder einer Wahrnehmung) M (= A α)
das Merkmal β abgesprochen wird. Selbstverständlich ist eine Umkehrung,
wie sie beim negativen Trennungsurtheil zulässig ist, hier ganz unmöglich.
Das negative Urtheil „M ist nicht β" hat also den Sinn: Es wäre ein
Irrthum, zu glauben, dass M .... β ist. Eine solche Verneinung stützt sich
immer auf eine positive Erkenntnis: M ist nicht β, weil es eben α ist
und weil α und β sich schlechthin ausschließen. (Vgl. §. 34.) Insofern
dürfen also das positive (affirmative) und das negative Urtheil keineswegs
als logisch gleichwertig angesehen werden. (Man vgl. aber auch die Er=
wägung in §. 33, P. 4.) „Dieser Stein ist nicht grün und nicht rund"
urtheilt man auf Grund der Anschauung, welche lehrt, dass der Stein gelb
und eckig ist; und dass die Araber keine Christen sind, darf man behaupten,
wenn oder weil man weiß, dass sie Mohammedaner sind.

Wenn man im negativ prädicierenden Satze die Negation zum Prädicate
zieht (M ist nicht=β), so bringt man ihn zwar in bequemere Beziehung zur
Lehre vom conträren und contradictorischen Gegensatze, thut aber der natürlichen
Absicht des Urtheilenden einen Zwang an, indem dieser zunächst die Ab=
wesenheit oder Ablehnung des β im Auge hat, keineswegs aber die An=
wesenheit eines Merkmales α, das mit nicht=β identisch oder darunter sub=
sumierbar ist. Erst die Frage „warum nicht?" würde seine Aufmerksamkeit
auf α lenken. Dass man nämlich bei Fällung eines Urtheils nicht „ins Blaue
hinauslangt" nach irgend einem Prädicat, dass es vielmehr immer eines beson=
deren Anlasses bedarf, gerade P und nicht Q oder R zu S in Beziehung zu
setzen, ist beim negativen Urtheil besonders deutlich. Bald will man damit dem
möglichen Irrthum vorbeugen, bald den ausgesprochenen zurückweisen, bald nach
längerer Untersuchung oder Erwägung das Ergebnis aussprechen, dass die an=
fängliche Vermuthung, β sei von M zu prädicieren, falsch ist, weil sich an M
das Merkmal α vorgefunden hat u. s. w.

§. 37. Der Existentialsatz (das Setzungsurtheil).

Aus dem Urtheile „S ist P" läfst sich keineswegs folgern, dass es
außerhalb des menschlichen Denkens etwas gibt, das dem Begriffe S ent=
spricht; denn es wird darin nur über das logische Verhältnis der zwei
Begriffe, keineswegs über den ontologischen Rang von S etwas ausgesagt.

Das Urtheil „Poseidon ist ein Meergott" entscheidet nicht die Frage, ob es in Wirklichkeit einen Poseidon gibt oder gegeben hat, sondern es hat nur den Sinn: „Die Göttergestalt, von der die griechische Mythe unter dem Namen „Poseidon" spricht, hat man sich als einen Meergott zu denken." Wenn wir diese Göttergestalt der griechischen Volksphantasie entspringen lassen, so sind dies Nebengedanken, die das obige Urtheil begleiten können, aber nicht müssen. Man denke sich's etwa in einer altathenischen Schule ausgesprochen.

Dagegen haben Urtheile, wie „Gott ist" oder „Es gibt einen Gott", „Es gibt eine Vaterlandsliebe, die sich selbst aufopfert", „Es gibt Antipoden" u. ä. lediglich den Zweck, das Dasein oder die Existenz eines logischen Objectes zu behaupten. Solche Sätze heißen **Existentialsätze** oder **Setzungsurtheile**. Das Wörtchen „ist" ist hier nicht Copula, sondern Prädicat und bedeutet soviel als „existiert" (ἐστίν). Die Existentialsätze gehören zu den Erkenntnisurtheilen, haben somit ihr Verb im logischen Präsens. (Welche Anlässe lassen sich für die Fällung solcher Urtheile denken?)

§. 38. Das analytische und das synthetische Urtheil.

Ein Urtheil, in dem wir vom Subject etwas aussagen, was in ihm schon nothwendig mitgedacht wird, heißt **analytisch.***) „Jeder Körper ist ausgedehnt", „jeder Mensch ist ein Erdenwesen" sind Urtheile, bei denen das Prädicat als constitutives Merkmal im Inhalte des Subjectes liegt. Oft fühlen wir uns veranlaßt, uns über den Inhalt solcher Begriffe genauere Rechenschaft zu geben, die uns zwar längst bekannt und vertraut sind, deren Merkmale uns jedoch im Fluge der Denkpraxis keineswegs immer explicite vorschweben; so weisen wir mitunter auf einzelne Elemente eines allbekannten Begriffes hin, um eine bestimmte Gedankenreihe daran zu knüpfen. In solchen Fällen bedienen wir uns des analytischen Urtheils. Seine Formel ist: A α ist α. (Grundsatz der Identität, §. 34.)

Es gibt aber auch Urtheile, bei denen man im Prädicat über den bekannten Inhalt des Subjectsbegriffes hinausgeht und mit ihm ein Merkmal in Verbindung setzt, durch das er ursprünglich nicht gedacht wurde; solche Urtheile heißen **synthetisch**. Über den Subjectsbegriff kann man aber nur auf empirischem Wege hinausgehen, d. h. durch fortgesetzte, wenn auch nur zufällige Beobachtung seiner Objecte. Synthetisch sind somit auch alle „singulären" Urtheile (§. 41 a) wie: Unser Pferd hinkt; der Kastanienbaum auf der Höhe wurde vom Blitze gestreift; der Oheim schreibt in seinem Zimmer einen Brief.

---

*) Von ἀναλύειν auflösen; „synthetisch" von συντιθέναι zusammensetzen (σύνθεσις).

Wichtiger aber sind Erkenntnisurtheile, wie „Die Planeten bewegen sich in elliptischen Bahnen um die Sonne. — Der Mond dreht sich um seine Achse". Das erstere Urtheil war für die Zeit seiner Feststellung synthetisch, weil das von Keppler gefundene Merkmal kein solches war, durch das der Begriff „Planet" ursprünglich gedacht wurde. Für unsere Zeit ist dieses Urtheil allerdings nicht mehr synthetisch, sondern analytisch; es war aber auch für jeden unserer gebildeten Zeitgenossen synthetisch, solange er noch als Lernender mit dem Erwerb der richtigen Begriffe beschäftigt war. Ein und derselbe Satz ist beim Unterricht für den Lehrer analytisch, für den Schüler synthetisch. Trotzdem gibt es für jedermann noch immer genug synthetische Urtheile und wird es immer geben. Denn erstlich hört niemand auf zu lernen und wäre es auch nur in der Schule des Lebens, ferner ist es bekannt genug, dass unser gesammtes Wissen bei aller Ausbildung der einzelnen Fachwissenschaften doch nur Stückwerk ist und immer wieder der Ergänzung bedarf, bezw. der Erweiterung fähig ist. Jeder Fortschritt unserer Erkenntnis aber erfolgt in der Form synthetischer Urtheile.

Der Unterschied zwischen analytischen und synthetischen Urtheilen ist somit kein absoluter, sondern ein relativer. (Vgl. §. 30, P. 2.) Die Formel für das synthetische Urtheil wäre: A x_y ist α_y. (Vgl. §. 27.) Von der Gewinnung synthetischer Urtheile wird in der Wissenschaftslehre beim inductorischen und deductorischen Verfahren die Rede sein. (§§. 93 und 96.)

§. 39. Zusammensetzung von Urtheilen.

Die bisherigen Betrachtungen galten dem Urtheil in seiner einfachsten Form. Im einfachen Urtheil stehen zwei Begriffe zu einander im logischen Verhältnis von Subject und Prädicat. Werden zwei oder mehrere solche Urtheile in ein einziges zusammengefasst, so entstehen **zusammengesetzte** Urtheilsformen. Hiebei sind zwei Fälle zu unterscheiden:

I. Die einzelnen Urtheile sind logisch gleichwertig, also von einander unabhängig, und demgemäß werden sie im Satze nur **mechanisch** (durch äußerliche Aneinanderreihung, bezw. Zusammenziehung) verknüpft. Z. B. Romeo lebt und Tybald ist todt; Ob, Jenissei und Lena münden in das nördliche Eismeer; der Hund ist der treue Begleiter, Wächter und Gehilfe des Menschen. (Vgl. §. 41 b, Mehrheitsurtheile.)

II. Die Verknüpfung ist dagegen **organisch** oder innerlich, wenn sich im zusammengesetzten Urtheil die logische Beziehung der Componenten als Hauptgedanke darstellt. Als organische Verknüpfungen kommen für die Logik hauptsächlich das disjunctive und das hypothetische Urtheil in Betracht.

1. Im disjunctiven Urtheil knüpft sich an das Subject M (eine Art oder ein Individuum der Gattung A γ) die Disjunctionsreihe (§. 28) der Species (a, b, c, d, e) eines seiner Merkmale (γ), das wir als generisches Moment besonders ins Auge fassen — und zwar mit dem Anspruche, dass eine dieser Species dem Subjecte M zukommen müsse. Eines der zusammengezogenen Einzelurtheile muss wahr sein, aber auch nur eines. Z. B. Dieser Körper steht entweder im stabilen oder labilen oder indifferenten Gleichgewicht. — Ein gegebenes Dreieck ist entweder spitz- oder recht- oder stumpfwinklig.

2. Im hypothetischen Urtheil herrscht zwischen den zwei verknüpften Einzelurtheilen die logische Beziehung von Grund und Folge. Z. B. Wenn ein gegebenes Dreieck rechtwinklig ist, ist es weder spitz- noch stumpfwinklig. — Wenn vom Scheitel eines gleichschenkligen Dreieckes zur Basis die Normale gezogen wird, wird die Basis durch letztere halbiert. — Wenn im Hochgebirge Wolkenbrüche niedergehen, schwellen die unscheinbarsten Wasseradern zu verheerenden Wildbächen an.

Alles Nähere zum disjunctiven und hypothetischen Urtheil bringen die §§. 46, 47.

Anmerkung. Nur der unbekleidete einfache Satz entspricht dem einfachen Urtheil. Die bunte Mannigfaltigkeit der erweiterten Sätze, der Satzverbindungen und Satzgefüge, der Gebrauch der Relativpronomina und insbesondere der mannigfaltigen Conjunctionen zeugt von der großen Virtuosität der Sprache, mehrere Urtheile ihrer logischen Beziehung gemäß in den kürzesten sprachlichen Ausdruck zusammenzufassen. Im erweiterten einfachen Satze sehen wir in allen näheren Bestimmungen des Subjectes und Prädicates den Niederschlag vorausgegangener Urtheilsacte. Im Satzgefüge haben sich die einfachen Sätze in der Function von Subject-, Object-, Attributiv- und Adverbialsätzen als syntaktische Einheiten erhalten und treten so zu einander in mannigfaltige logische Beziehungen. Den Verschiedenheiten der Satzbildung entspricht aber keineswegs immer eine verschiedene logische Beziehung der verknüpften Glieder. So sind die Urtheile: „Wenn ein Körper sich bewegt, durchläuft er einen Raum" und „ein sich bewegender Körper durchläuft einen Raum" logisch gleichwertig. (Vgl. §. 47, Anm.)

Die §§. 33—39 haben das Wesen des Urtheils überhaupt zu beleuchten versucht. Hiebei mussten aus dem Umkreise der möglichen Formen des Urtheils einige Unterschiede von fundamentaler Wichtigkeit schon mitbesprochen und charakterisiert werden. Da jedoch die in den §§. 35—39 getroffene Auswahl hinter dem Reichthum verschiedener Urtheilsformen, den die Praxis des Denkens darbietet, weit zurückbleibt, so möge sich hier eine systematische Übersicht anschließen.*)

---

*) Wilh. Wundt, Logik, 1. Bd., 2. Aufl., 1893, S. 176 ff.

B. Systematische Uebersicht der Urtheilsformen.

§. 40. Die Formen des Urtheils.

Für die Eintheilung der Urtheilsformen sind folgende drei Gesichts=
punkte maßgebend: I. die Beschaffenheit des Subjectes; II. die
Beschaffenheit des Prädicates; III. die Relation zwischen Sub=
ject und Prädicat. Demgemäß unterscheiden wir beim Urtheil:

I. Subjectsformen,

II. Prädicatsformen,

III. Relationsformen.

Zu diesen drei Hauptclassen der Urtheile treten viertens noch Giltig=
keitsformen, insofern ein jedes Urtheil auch in verneinender Form auf=
treten oder bezüglich des Grades seiner Gewißheit näher bestimmt sein kann.
So ergeben sich einerseits die negativen Urtheile, über deren Sinn und
Zweck bereits in §. 33 und 36 Aufschluss ertheilt worden ist, andererseits
jene Unterschiede, die innerhalb der „herkömmlichen Eintheilung der Urtheile"
(§. 48) unter dem Titel der Modalität zusammengefasst werden. (Apo=
diktische, assertorische und problematische Urtheile.)

I. Die Subjectsformen des Urtheils.

Das Subject des Urtheils ist entweder **unbestimmt** oder
bestimmt.

A. Urtheile mit unbestimmtem Subject: impersonales Urtheil.

Es regnet, es blitzt, es ist kalt, pluit, ὕει.... sind **impersonale**
Urtheile (subjectlose Sätze). Die Unbestimmtheit des Subjectes wird im
Deutschen durch das Neutrum des Pronomens der dritten Person („es"),
im Lateinischen und Griechischen durch Leerlassen der Subjectstelle angedeutet,
während das Verb da und dort die Flexion der dritten Person des Singu=
lars annimmt. Im impersonalen Urtheil sprechen wir einen wahrgenom=
menen Thatbestand aus, ohne dass wir Anhaltspunkte dafür hätten, ihn
nach dem Schema von Subject und Prädicat (Ding — Eigenschaft, Zustand,
Thätigkeit) zu gliedern; da sich aber unser Denken gewohnheitsgemäß in
diesem Schema bewegt, so beziehen wir den Wahrnehmungsinhalt, für welchen
ein Träger in der Anschauung nicht gegeben ist, auf ein unbestimmtes
Etwas, an dem der wahrgenommene „Zustand" haftet oder von dem die
wahrgenommene „Thätigkeit" ausgeht, und benennen ihn (in der Regel)
durch einen Verbalbegriff. Es war nun Sache der Phantasie, die leere
Subjectstelle mit einem bestimmten Inhalt auszufüllen. So dachten wohl
die Griechen und Römer bei Impersonalien wie ὕει, pluit u. ä. an den
Götterkönig, der die Blitze schleudert und den Regen sendet.

Zwei Gruppen der impersonalen Urtheile verdienen besondere Hervorhebung. Die eine umfaßt alle meteorologischen und klimatischen Erscheinungen (vgl. die an die Spitze gestellten Beispiele), die andere dient uns zum Ausdruck verschiedener Thatbestände, die zu unserem subjectiven Befinden gehören, wie z. B. manche Sinnes- und Körperempfindungen und Gefühle; es juckt, es brennt, es reißt, es schneidet, es drückt, es schmerzt, es friert, es hungert mich; es reut, es jammert, es ekelt, es schaudert mich u. ä.

Als Wahrnehmungsurtheile haben die Impersonalien ihr Verb im ontologischen Präsens, das in der Erzählung in ein historisches Tempus (Imperfect, Perfect, Aorist) übergeht. — Wohl zu unterscheiden sind von den Impersonalien jene Ausdrucksweisen, wo das einleitende „es" nur auf das nachfolgende Subject (Subjectsatz) vorbereitet: „Es ritten drei Reiter zum Thore hinaus; es ist Johann, der geklingelt hat; es ist nützlich, größere Reisen zu unternehmen". — Die verbale Wendung „es gibt" (mit Accusativ) verleiht den Existentialsätzen, die zu den Erkenntnisurtheilen gehören, das Aussehen von subjectlosen Sätzen. (Vgl. §. 37.)

§. 41. B. Urtheile mit bestimmtem Subject.

a) **Singuläre***) Urtheile heißen jene, in denen ein Individualbegriff die Subjectstelle einnimmt. Das Individuum, dem die Aussage gilt, kann entweder noch existieren oder bereits untergegangen sein; die Existenz selbst aber kann objectiv gesichert oder auch nur eingebildet sein. Die singulären Urtheile geben theils einer allgemein giltigen Erkenntnis, theils einer individuellen Wahrnehmung (mit ganz bestimmtem Wo und Wann) Ausdruck; die Wahrnehmungen können eigene oder auch fremde sein, letztere wieder können uns unmittelbar durch mündlichen Verkehr oder mittelbar durch Schrift oder Tradition zukommen. Gilt das Urtheil von einer Person, also einem denkenden, fühlenden und wollenden Wesen, so kann das Prädicat die Deutung unserer unmittelbaren Wahrnehmung enthalten oder geradezu die Mittheilung jener Person wiedergeben. Zwei besonders wichtige Gruppen der singulären Urtheile bilden die historischen (einschließlich der culturhistorischen) und die geographischen (einschließlich der ethnographischen) Thatsachen.

Man prüfe, ob in den folgenden Beispielen alle die hervorgehobenen Seiten und Arten des singulären Urtheils belegt sind: 1. Der Baum vor unserem Landhaus ist eine Linde. — 2. Hannibal überschritt mit seinem Heere die Alpen. — 3. Sokrates trank den Giftbecher; 4. denn er wollte den Gesetzen seiner Vaterstadt treu bleiben. — 5. Herakles kam mit den Rindern des Geryon nach Italien. — 6. Der zu überquerende Gletscher war mit tiefem

---

*) Singularis zum Einzelnen gehörig, fürs Einzelne geltend.

Neuschnee bedeckt. — 7. Der Montblanc stürzt gegen den Combalsee in furcht=
baren Steilwänden ab. — 8. Der Nil bedeckt alljährlich sein Thal mit frucht=
barem Schlamme. — 9. Seit acht Tagen ist der Ätna etwas unruhig. —
10. Der Oheim wird abreisen [a) weil er einpackt, b) weil er mir's gesagt
hat]. — 11. Auf St. Helena hat Napoleon jeden Gedanken an Welteroberung
in Abrede gestellt.

b) Urtheile, in denen einer Mehrheit von Subjecten dasselbe Prädicat
gegenübersteht, heißen **Mehrheitsurtheile:** „Moose, Flechten und Algen sind
blattlose Kryptogamen". Man unterscheidet copulative und remotive
Mehrheitsurtheile, je nachdem das Prädicat der Reihe von Subjecten zu=
oder abgesprochen wird.*) Remotiv ist z. B. das Urtheil: Weder Reichthum
noch Macht begründet das wahre Glück des Menschen. Im copulativen
Urtheil werden dem Prädicatsbegriffe Theile seines Umfanges gegenüber=
gestellt; erschöpfen die aufgezählten Theile den Umfang des Prädicats, so
wird das Urtheil zu einem divisiven.**) (§. 46.)

Auch singuläre Urtheile können zu copulativen oder remotiven Formen
zusammengesetzt werden: Sowohl Alexander als Napoleon I. strebte nach
der Weltherrschaft. — Weder Alexander noch das kaiserliche Rom vermochte
eine dauernde Weltherrschaft zu begründen.

Formel: A, B, C, D, E.... sind (sind nicht) P.

Erkennt man im Mehrheitsurtheil die verschiedenen Subjecte (A, B,
C....) als Arten derselben Gattung M, so kann man sie durch die Be=
nennung „mehrere, viele, einige, manche M" zusammenfassen, wodurch das
plurale Urtheil entsteht: „Einige M sind P". Dieses läßt jedoch zwei
Möglichkeiten offen: es können auch alle übrigen M, somit alle M,
oder nur einige M.... P sein. (Vgl. in §. 48 und 49 das universale
und particuläre Urtheil.) Zu welcher Art gehört das Beispiel: „Einige
Metalle (Gold, Silber, Platin, Eisen, Blei....) sind schwerer als Wasser"?

§. 42. II. Die Prädicatsformen des Urtheils.

Während das Subject im Urtheil stets ein Dingbegriff ist, sei es ein
eigentlicher (ursprünglicher) oder ein uneigentlicher (durch kategoriale Ver=
schiebung entstandener), kann das Prädicat ein Zustandsbegriff
(erzählendes Urtheil), ein Eigenschaftsbegriff (beschreibendes
Urtheil), oder ein Dingbegriff sein (erklärendes Urtheil).

A. Das erzählende Urtheil.

Das **erzählende** Urtheil gibt Kunde von einer individuellen That=
sache, erscheint daher im ontologischen Präsens oder in einem historischen

---

*) Eine andere Art copulativer und remotiver Urtheile wird im nächsten Para=
graphen (B. das beschreibende Urtheil) erwähnt.

**) Copulare verbinden; removere beseitigen, entfernen; dividere theilen.

Tempus. Die erzählten Thatsachen sind vorübergehende Zustände oder Vorgänge oder Thätigkeiten. Zu den erzählenden Urtheilen gehören sämmtliche Impersonalien und jene singulären Urtheile, die keine allgemeingiltige Erkenntnis aussprechen. (Vgl. das 2., 3., 4., 5., 6., 9., 10., 11. Beispiel zum singulären Urtheil.) Überhaupt aber stellt sich das erzählende Urtheil zu den Erkenntnisurtheilen in scharfen Gegensatz, indem es der unerschöpflichen Fülle und Mannigfaltigkeit, sowie dem unaufhörlichen Wechsel des physischen und geistigen Geschehens gerecht zu werden sucht, während im Erkenntnisurtheil das Beharrliche, Gleichförmige, Gesetzmäßige innerhalb jenes Wechsels festgehalten werden soll. In demselben Maße, als die Vergangenheit mit ihren Jahrtausenden an Menge wissenswerter Ereignisse der flüchtigen Gegenwart überlegen ist, herrschen auch die historischen Tempusformen im erzählenden Urtheile vor.

B. Das beschreibende Urtheil.

Im eigentlichen Sinne können nur diejenigen Urtheile als **beschreibende** bezeichnet werden, in denen von einem einzelnen Gegenstande oder einer ganzen Classe Eigenschaften ausgesagt werden, die ihr in allgemeingiltiger Weise, also ohne zeitliche Beschränkung zukommen, somit Erkenntnisurtheile, wie: Prag liegt an beiden Ufern der Moldau im Herzen des Landes. — Reines Wasser ist farb-, geruch- und geschmacklos. — Eisen rostet leicht. — Der Walfisch athmet durch Lungen.

Wenn dem Subjectsbegriffe mehrere Bestandtheile seines Inhaltes als Prädicate gegenübergestellt werden, so ist das Urtheil der Form nach copulativ.*) (Vgl. §. 41 b.) Erschöpfen die aufgezählten Merkmale den Inhalt des Subjectsbegriffes, so wird das Urtheil zu einem beschreibenden Definitionsurtheil. (§§. 44 und 71.)

Wo dagegen die Beschreibung aus der Vergangenheit schöpft und sich auf einen individuellen Gegenstand oder Vorgang bezieht, ist das beschreibende Urtheil zugleich erzählend: Der Himmel war tiefblau, die Sonne leuchtete am Himmelszelt, tiefer Friede lag auf der Landschaft.

Andererseits nähert sich das beschreibende Urtheil dem erklärenden, wenn an abstracte Begriffe in allgemeingiltiger Weise adjectivische Prädicate geknüpft werden: Strafen sind nützlich; aller Anfang ist schwer; die Lüge ist schändlich.... In solchen Urtheilen denken wir nämlich oft zum Prädicat

---

*) Formel: A ist P, P_1, P_2, P_3.... oder: A ist P $\alpha \beta \gamma \delta \varepsilon$. Weniger häufig sind remotive Urtheilsformen dieser Art: A ist weder P, noch P_1, noch P_2.... Das copulative und remotive Urtheil umfaßt man zuweilen mit dem gemeinsamen Namen „conjunctives" Urtheil.

einen Dingbegriff hinzu: Strafen sind eine nützliche Einrichtung, aller An=
fang ist ein schweres Unternehmen.

C. Das erklärende Urtheil.

Im **erklärenden** Urtheil wird ein einzelnes Ding oder eine ganze
Classe einem bereits bekannten Dingbegriff als ihrer Gattung untergeordnet:
Dies (dieses Ding) ist eine Kugel; der Staat ist eine Gesellschaft; Klammen
sind tief eingeschnittene Gebirgsschluchten; Lysander war ein spartanischer
Feldherr; die Parabel ist eine Kegelschnittslinie; der Logarithmus ist ein
Potenzexponent.*) — In solchen Urtheilen ist das Prädicat der Haupt=
bestandtheil im Inhalt des Subjectsbegriffes. Treten nun zu diesem Haupt=
bestandtheile nähere Bestimmungen im Sinne des beschreibenden Urtheils,
so nähert sich auch das erklärende Urtheil der Definition und fällt mit
letzterer in dem oben (unter B) bezeichneten Falle zusammen. — Der
Kalkspath ist ein vorwiegend aus kohlensaurem Kalk bestehendes Mineral
(erklärend), ist farblos oder weiß und krystallisiert in Rhomboedern
(beschreibend).

Anmerkung. Aus Obigem ist leicht zu entnehmen, daß die Grenzen
zwischen dem erzählenden, beschreibenden und erklärenden Urtheil fließende
sind. Das erzählende Urtheil wird leicht zum beschreibenden, das beschreibende
nimmt oft den Charakter des erklärenden Urtheils an und letzteres wieder ist
umsomehr mit beschreibenden Elementen verquickt, je besser es seinen Zweck
erfüllt. Beharrliche Eigenschaft und vorübergehender Zustand sind eben
relative Begriffe (§. 30) und jeder Gattungsbegriff gliedert sich nach den
Kategorien Ding — Eigenschaft.

§. 43. III. Die Relationsformen des Urtheils.

Die Beziehung zwischen Subjects= und Prädicatsbegriff läßt sich nur
dann genau bestimmen, wenn beide Begriffe derselben Kategorie angehören.
Da das erklärende Urtheil diese Eigenschaft hat, so ist es insbesondere
dazu geeignet, die Relationsform erkennen zu lassen. Mit Rücksicht auf die
§§. 24 und 25 angeführten Begriffsverhältnisse unterscheiden wir folgende
Relationsformen des Urtheils:

1. Identitätsurtheile (Äquipollenz), 2. Subsumtionsurtheile
(Über= und Unterordnung) und 3. Coordinationsurtheile (Urtheile
der Nebenordnung). Dazu kommen noch 4. Abhängigkeitsurtheile,
indem an die Stelle zweier Begriffe mit inhaltlicher Abhängigkeit (§. 47,
P. 1) ganze Urtheile treten können.

---

*) Vgl. §. 76 Die Erörterung (locatio).

§. 44. 1. Das Identitätsurtheil.

Im **Identitätsurtheil** haben der Subjects- und Prädicatsbegriff einen und denselben Umfang, sie sind äquipollente Begriffe (§. 24, 4): „Jedes gleichseitige Dreieck ist ein gleichwinkliges Dreieck". (Solche Urtheile gestatten die reine Conversion: „Jedes gleichwinklige Dreieck ist ein gleichseitiges Dreieck". Vgl. §. 50, I.)

Eine besondere Bedeutung gewinnt das Identitäts- oder Gleichheitsurtheil in der Definition; denn jede Definition ist ein Urtheil, in welchem der zu definierende Begriff gleichgesetzt wird dem Complex von Begriffen, der seinen Inhalt ausmacht. (Vgl. §. 71.) Die häufigste Anwendung aber findet das Identitätsurtheil in der Mathematik, und zwar nimmt es hier die besondere Form der Gleichung (im weiteren Sinne des Wortes) an: $a \cdot b = b \cdot a$; $3a = 2a + a$; $m^2 - n^2 = (m + n)(m - n)$; $a^m \cdot a^n = a^{m+n}$ ...... Die Gleichung unterscheidet sich von anderen Identitätsurtheilen dadurch, dass in ihr die Gleichheit selbst Gegenstand der Aussage ist. Die Prädication besteht hier in der Gleichsetzung der beiden durch das Gleichheitszeichen verbundenen Glieder und die letzteren bilden das Subject für diese Prädication. Die gleichgesetzten Glieder stellen sich aber dar als verschiedene Entstehungs- oder Bildungsweisen einer und derselben Zahlengröße.

§. 45. 2. Das Subsumtionsurtheil.

Im **Subsumtionsurtheil,**[*] das im wesentlichen mit dem „erklärenden" Urtheil zusammenfällt (vgl. §. 42 C.), ist der Subjectsbegriff dem Prädicatsbegriff untergeordnet und somit der letztere dem ersteren übergeordnet; es entspringt dem Bedürfnisse, Dinge oder Dingbegriffe unter die zugehörige Gattung zu stellen: „Dies ist ein regelmäßiges Fünfeck; dieser Baum ist eine Edelkastanie; der Hund ist ein Hausthier; der Badeschwamm ist ein Thier; die Spongien sind Cölenteraten; die Sonne ist ein Fixstern." (Vgl. die locatio, §. 76.)

Dieses subsumierende Denkverfahren ist für die systematische Ordnung unserer Begriffe überhaupt, insbesondere aber für rasche Orientierung im einzelnen Falle von großer Wichtigkeit und wird auch auf uneigentliche, d. h. durch kategoriale Verschiebung entstandene Dingbegriffe angewendet. (Vgl. §. 26, Ende.) So subsumieren wir das Wohlwollen unter die Tugenden, den Flug und den Tanz unter die Bewegungen u. dgl. m.

Wollte man dagegen ein „beschreibendes" oder etwa gar ein „erzählendes" Urtheil auf ein Subsumtionsverhältnis zurückführen, indem man in das Prädicat einen Dingbegriff einschaltet, so wäre das Ergebnis mehr oder minder gekünstelt

---

[*] Subsumere (mittellateinisch) unterordnen, unter etwas befassen.

und nur für besondere logische Zwecke verwendbar. Denn der eigentliche und ursprüngliche Sinn beschreibender Urtheile liegt nicht in einer Subsumtion, sondern in der Erkenntnis der Einheit von Ding und Eigenschaft. So wird man das Urtheil „Die Neger sind schwarz" wohl kaum so auffassen, daß die Neger — etwa wie Kohle, Obsidian, Rabenfeder — den schwarzen Gegenständen zuzurechnen seien, es sei denn, daß es sich darum handelt, den Begriff „schwarzer Gegenstand" seinem Umfange nach zu überblicken. (Vgl. §§. 15, 1 und 24, 1.) Aus ähnlichen Gründen kommt auch dem „erzählenden" Urtheil neben dem Subsumtionsurtheil eine selbständige Geltung zu.

§. 46. 3. Coordinationsurtheile. — Das disjunctive und das divisive Urtheil.

1. Bei Urtheilen der Nebenordnung ist das Verhältnis zweier oder mehrerer nebengeordneter Begriffe Gegenstand der Beurtheilung. (§. 25.) Nehmen wir z. B. an, S stehe zu P im Verhältnisse des conträren Gegensatzes (gegenseitige Ausschließung der Umfänge) oder im Verhältnisse disparater Begriffe (Interferenz oder Kreuzung der Umfänge), so ergibt sich im ersten Falle ein negatives Trennungsurtheil (§. 36): Der Ton ist kein Geräusch, Blau ist nicht Grün...., im zweiten Falle ein Kreuzungsurtheil (particuläres Urtheil, vgl. §. 41, b zu Ende und §§. 48 und 49): Einige Säugethiere sind Wasserthiere; einige Wasserthiere sind Säugethiere.

2. Besondere Hervorhebung aber verdient hier das Coordinationsverhältnis in zwei zusammengesetzten Urtheilsformen, im divisiven und disjunctiven Urtheil. Beide Formen wurden bereits kurz erwähnt, ersteres bei den Mehrheitsurtheilen (§. 41, b), letzteres als Beispiel für organische Urtheilsverknüpfung. (§. 39.)

3. Gegenstand des **divisiven** Urtheils ist das Coordinationsverhältnis zweier oder mehrerer Begriffe, die zusammengenommen den Umfang des ihnen übergeordneten Begriffes erschöpfen. Das Mehrheitsurtheil wird hier zum Identitätsurtheil und so geht meist durch Platztausch der Glieder die ursprüngliche Form „Sowohl A, als B, als C ist P (oder: Sowohl die A, als die B, als die C sind P)" in die Form über: „Die S sind theils A, theils B, theils C", so daß der Subjectsbegriff als Gattung im Prädicate in seine conträr oder contradictorisch entgegengesetzten Arten auseinandergelegt erscheint. Z. B. Die Dreiecke sind theils spitzwinklig, theils rechtwinklig, theils stumpfwinklig. — Die Winkel sind theils rechte, theils schiefe. (Hiebei lassen wir das mathematische Artefact des „erhabenen" Winkels außer Betracht.) — Vorstellen, Fühlen und Streben sind die Grundclassen der psychischen Phänomene. (Welche Bedeutung würde dieses Urtheil ohne den bestimmten Artikel „die" haben?) —

Man suche andere Beispiele! — Die graphische Darstellung des Verhältnisses der Begriffsumfänge gibt §. 32, Fig. 5, 6, 7.

4. Im **disjunctiven** Urtheil (§. 39) tritt dem Subjecte M (als einer Art oder einem Individuum der Gattung $A\gamma$) die vollständige Reihe der Species (a, b, c, d, e) eines seiner Merkmale (γ) oder die vollständige Reihe der Species des Gattungsbegriffes ($A\gamma$) selbst gegenüber: M ist entweder a oder b oder c oder ...., weil es $A\gamma$ ist und weil γ in die Species a, b, c .... zerfällt; oder: M ist entweder Aa oder Ab oder Ac oder ...., weil es $A\gamma$ ist u. s. w. — In dem Urtheil „Dieser Stoff (physische Körper) ist entweder fest oder tropfbar flüssig oder gasförmig" ist M der gegebene (fragliche) Stoff, $A\gamma$ ist der Begriff „Stoff" („physischer Körper"), γ der Aggregationszustand, und die Species von γ: a, b, c heißen „fest, tropfbar flüssig, gasförmig". — In dem Beispiel „Jedes Wirbelthier ist entweder ein Fisch oder ein Amphibium oder ein Reptil oder ein Vogel oder ein Säugethier" ist das Subject nur der verdichtete Ausdruck für einen Bedingungssatz: „Ist ein gegebenes Thier ein Wirbelthier (soll es zu den Wirbelthieren gehören), so muss es entweder ein Fisch oder ein Amphibium oder .... sein". Übrigens wird man bemerken, dass hier die Speciesreihe Aa, Ab, Ac, Ad, Ae keineswegs durch Entfaltung eines einheitlichen generischen Momentes γ entstanden ist, sondern eine rein empirische, aus vorwissenschaftlichen Zeiten stammende Eintheilung darstellt.

Das disjunctive Urtheil steht somit in engster Beziehung zum divisiven; die Aufstellung eines disjunctiven Urtheils setzt voraus, dass ein divisives bereits feststeht oder allgemein bekannt ist, jenes divisive Urtheil nämlich, das den Gattungsbegriff $A\gamma$ (oder dessen Merkmal γ) in seine Species zerlegt. Aus dieser Voraussetzung aber ergeben sich auch die Bedingungen für die Giltigkeit eines disjunctiven Urtheils: Die Glieder der Disjunctionsreihe (§. 28) müssen sich erstens gegenseitig ausschließen, mit anderen Worten: sie müssen einander conträr (oder contradictorisch) entgegengesetzt sein, zweitens muss die Disjunction vollständig sein. Fehlt die erste Bedingung, d. h. stehen etwa zwei Glieder der Disjunction im disparaten Verhältnis, so können gleichzeitig zwei von den Einzelurtheilen, die im disjunctiven Urtheil zusammengefasst sind, wahr sein; fehlt die zweite Bedingung, so können sämmtliche Einzelurtheile falsch sein, dann nämlich, wenn gerade ein übersehenes Glied der Speciesreihe von $A\gamma$ das zutreffende Prädicat zu M ist. Beide Möglichkeiten aber sind mit dem Wesen des disjunctiven Urtheils unverträglich.

Das Urtheil „dieser Mann ist entweder Staatsbeamter oder Gelehrter oder Lehrer oder Soldat oder ...." ist nur dann richtig, wenn diese Prädicats-

begriffe den ausschließlichen Beruf bezeichnen und somit auch der Begriff „Ge=
lehrter“ im engsten Wortsinne zu verstehen ist, nämlich als ein Mann, dessen
einziger Beruf die Hingabe an gelehrte Studien oder Forschungen ist; anderer=
seits muß der Begriff „Staatsbeamter“ auf das Gebiet der Verwaltung und
Rechtsprechung eingeschränkt werden, und ähnliches gilt von „Lehrer“ und
„Soldat“. Ohne solche Einschränkungen müßten die Grenzen der Disjunctions=
glieder verschwimmen — ein Mangel, der den Nerv des disjunctiven Urtheils
trifft. Im obigen Beispiel ist der extreme Fall denkbar, daß dem gemeinten
Manne alle vier Prädicate zukommen; ein Gelehrter kann an einer staat=
lichen Hochschule als Professor angestellt sein und zugleich als Reserveofficier
dem Heeresverbande angehören. — Das Urtheil „die Meteorsteine stammen
entweder von der Erde oder von der Erdatmosphäre“ ist falsch, da hiebei eine
dritte (und zwar die hier ausschließlich zutreffende Möglichkeit) übersehen ist,
daß die Meteoriten aus dem Weltraume stammen und nur mitunter in die
Anziehungssphäre der Erde gerathen.

So werden die Bedingungen der Giltigkeit eines disjunctiven Urtheiles,
zumal im alltäglichen Gedankenverkehr, häufig außeracht gelassen, und daraus
ergeben sich auch jedesmal Irrthümer und Fehlgriffe, die unter Umständen ver=
hängnisvoll sein können. — Aus dem Alterthum ist die Art und Weise, wie
Sokrates von der Majorität der Athener in religiöser und politischer Hinsicht
beurtheilt wurde, ein denkwürdiges Beispiel. — Die Annahme, daß jeder
Infectionsstoff entweder pflanzlich oder mineralisch ist, ist falsch, da nicht
wenige Infectionsstoffe thierischen Ursprungs sind (Milzbrand, Hundswuth,
thierische Parasiten) und überdies die Möglichkeit mineralischen Ursprungs gar
nicht in Betracht kommt.

Der enge Zusammenhang zwischen dem disjunctiven und divisiven Urtheil
verschuldet es, daß der sprachliche Ausdruck die Grenze zwischen beiden nicht
selten verwischt, und zwar immer in der Weise, daß an die Stelle des „theils
— theils“ das „entweder — oder“ gesetzt wird. Z. B. Das nach Mitteleuropa
eingeführte Getreide kommt entweder aus Südrußland oder aus Amerika.
— Die Bewohner Wiens sind entweder Inländer oder Ausländer. — Die
Gleichungen sind entweder identische oder Bestimmungsgleichungen. — Wie
ist das Beispiel zu beurtheilen: „Die Erdoberfläche ist entweder Land oder
Wasser“?

5. Ist die Disjunctionsreihe zweigliedrig, so nennt man das Urtheil
auch alternativ: „Elektricität ist entweder Stoff oder Kraft. — Die
letzten Bestandtheile der Materie sind entweder einfach oder zusammengesetzt.
— Jedes Urtheil ist entweder wahr oder falsch“. (Elliptisch: „Entweder
Hammer oder Amboß! — Aut Caesar aut nihil! — Entweder siegen oder
fallen!“)

§. 47. 4. Abhängigkeitsurtheile. — Das hypothetische Urtheil.

1. Abgesehen von jenen Verhältnissen, die in der Lehre vom Begriff
bereits ausführlich besprochen worden sind (§§. 24—29), können Begriffe
zu einander auch im Verhältnis einer inhaltlichen Abhängigkeit

stehen. (Vgl. §. 30, Correlativer Gegensatz.) Diese Abhängigkeit ist bald eine einseitige, bald eine wechselseitige: das erstere, wenn der eine Begriff als der unabhängige und bestimmende, der andere als der abhängige und bestimmte erscheint, z. B. Raum ———→ Bewegung, Gesinnung ———→ Handlung, Verbrechen ———→ Strafe; dagegen sind Gesetz ←——→ Sitte, Arbeit ←——→ Lohn Beispiele für Wechselbestimmung.

2. In ähnliche Beziehung können nun auch Urtheile treten und solche Urtheile nennt man **Abhängigkeitsurtheile**. Sie gehören zu den zusammengesetzten Urtheilsformen und entstehen durch organische Verknüpfung. Die Abhängigkeit kann beruhen:

a) auf einem **räumlichen** (örtlichen) Verhältnisse: „Wo die Alpenflora beginnt, da gedeihen keine Waldbäume mehr. — Wo die Sonne den Thalboden nicht erreichte, gab es noch zu Mittag Eiszapfen";

b) auf einem **zeitlichen** Verhältnisse: „Als der Abend hereinbrach, traten wir den Rückweg an. — Sobald die Sonne untergegangen ist, bricht in den Tropen fast ohne Dämmerung die Nacht herein";

c) auf einem **causalen** Verhältnisse: 1. „Der Feldherr gab sich den Tod, da er sah, dass alles verloren sei. — 2. Wenn ein Stein in stehendes Wasser fällt, so entsteht eine Wellenbewegung, die sich vom getroffenen Punkte des Wasserspiegels aus nach allen Seiten kreisförmig fortpflanzt. — 3. Je mehr wir uns im Sommer dem Polarkreise nähern, um so länger werden die Tage. — 4. Der Jäger starb sofort, da ihm die Kugel des Wildschützen ins Gehirn gedrungen war. — 5. Da der Weltraum von einem materiellen Medium erfüllt ist, so kann sich das Licht von Gestirn zu Gestirn fortpflanzen. — 6. Karl reiste sofort nach der Hauptstadt, um beim Landesherrn Audienz zu nehmen. — 7. Wir unternahmen den Anstieg zur Spitze, obgleich das Überschreiten des Gletschers wegen des vielen Neuschnees gefährlich war".

Zunächst ist leicht einzusehen, dass auch den unter a) und b) angeführten Beispielen ein Causalverhältnis zugrunde liegt. Nur ganz ausnahmsweise sprechen wir von einem räumlichen oder zeitlichen Zusammenhang, ohne einen ursächlichen Zusammenhang mit hineinzulegen; mitunter knüpft sich das Interesse in solchen Fällen gerade daran, dass jeder Causalnexus ausgeschlossen erscheint, somit das Walten des sogenannten Zufalls anzunehmen ist: „Während der Dianatempel zu Ephesus, von Herostratus angezündet, niederbrannte, wurde dem Könige Philipp ein Sohn geboren. — Tac. ann. I. 9: Multus hinc ipso de Augusto sermo, plerisque vana mirantibus, quod idem dies accepti quondam imperii princeps et vitae supremus (erg. fuisset), quod Nolae in domo et cubiculo, in quo pater eius Octavius, vitam finivisset".

3. Die häufigste und den verschiedensten Gebieten der Erfahrung gemeinsame Ausdrucksform für ein Causalverhältnis ist das **hypothetische**

Urtheil (sprachlich: hypothetische oder condicionale Periode; vgl. oben das zweite Beispiel und §. 39, II. 2): „Wenn A ist (oder gilt), so ist (oder gilt) B", wo sowohl A als B ein Urtheil bedeutet. Das hypothetische Urtheil behauptet, dass aus dem Denken des Urtheils A sich mit Nothwendigkeit das Denken des Urtheils B ergibt; A ist der Denkgrund für B, B die Denkfolge aus A, das Verhältnis von B zu A heißt Abfolge. (A ist der Vordersatz, B der Nachsatz; A der bedingende, B der bedingte Satz.)

Der Erkenntniswert dieser Urtheilsform beruht auf der allgemeinen, von Ort, Zeit, Person und anderen individualisierenden Umständen unabhängigen Geltung. „Wenn" bedeutet „immer wenn, jedesmal wenn, unter allen Umständen wenn". Hypothetische Sätze, die mit „zuweilen wenn" eingeleitet sind, gestatten nicht ohneweiters A als Denkgrund für B aufzufassen, dies wäre erst dann möglich, sobald die besonderen Umstände, die der Zusatz „zuweilen" andeutet, genau und erschöpfend festgestellt sind. (Determination von A.)

4. Die Denknothwendigkeit, die sich im hypothetischen Urtheil ausspricht, kann eine dreifache sein:

I. **Empirische Nothwendigkeit** besteht dann, wenn A und B Thatsachen der räumlich-zeitlichen Wirklichkeit betreffen. Vgl. oben das Beispiel vom Falle des Steines und der Wellenbewegung auf dem Wasserspiegel; ferner das Beispiel von den Wolkenbrüchen im Hochgebirge und dem Anschwellen der Wasseradern §. 39, II. 2. Oder: Wenn im Winter der Föhn sich erhebt, schmelzen im Hochgebirge die Schneemassen und finden Lawinenstürze statt.

Hier ist das hypothetische Urtheil der Ausdruck für jene Regelmäßigkeit und Gleichförmigkeit im Verlaufe der Naturthatsachen, welche die oberste Voraussetzung aller Naturerklärung ist und sich in den Naturgesetzen ausspricht.*) Wir glauben nämlich eine Thatsache B erklärt zu haben, wenn wir die Umstände nachweisen, die zusammentreffen müssen, damit sich B einstellt, d. h. aber nur: die nie zusammentreffen, ohne dass sich dann B einstellt. B ist als consequens erklärt, wenn wir sein nie fehlendes antecedens feststellen. Dabei kann A eine ganze Gruppe von Umständen als Bedingungen von B oder auch nur eine einzelne Thatsache bedeuten, die zu einem bereitliegenden Complex von Umständen hinzutreten muss, damit sich B einstellt. (Man erprobe diese doppelte Auffassung an den Beispielen: „Wenn ein Funke in ein Pulverfaß fällt, erfolgt eine zerstörende Explosion. — Wenn im Frühjahre ein warmer Regen eintritt, bedecken sich die Fluren rasch mit saftigem Grün".)

---

*) Vgl. §§. 89, 93, 94.

Wir erkennen hier jenes Verhältnis von Ursache und Wirkung (Realgrund und Realfolge), von dem schon in §. 22, 2 die Rede gewesen ist, und bezeichnen es als physische Causalität. Nach dem Obigen unterscheiden wir zwischen Theilursachen, Gelegenheitsursache und Gesammturfache, und somit kann A im allgemeinen Schema als Ursache schlechtweg, wie schon erwähnt wurde, dreifach gedeutet werden. Belehrend ist folgendes Beispiel: „Wenn in eine Hafenstadt mit dicht gedrängter Bevölkerung, viel Proletariat, schlechtem Trinkwasser, mangelhafter Canalisation und Straßensäuberung durch ein fremdes Schiff eine Epidemie verschleppt wird, so werden zahlreiche Menschen vom Tode hinweggerafft."

Häufig führen zu einer und derselben Erscheinung B mehrere, von einander unabhängige Ursachen A, A_1, A_2, A_3 ....; solchen Fällen entsprechen Urtheilsformen wie „Sowohl wenn A, als wenn A_1, als wenn A_2.... ist, — in jedem dieser Fälle tritt B ein". (Man bilde Beispiele zu B = Mißernte oder Anschwellen eines Flusses, aber verwechsle diesen Fall nicht mit der Urtheilsform, die sich ergibt, wenn A als Gesammtursache sich in mehrere zusammenwirkende Theilursachen M, N, O, P.... gliedert: „Wenn sowohl M ist als N als O als P...., dann ist B." Vgl. das obige Beispiel von der Epidemie.)

Ist dagegen A die einzige bekannte Ursache für die Thatsache B, dann läßt sich hierauf ein Urtheil stützen von der Form: „Wenn B (Wirkung) da ist, muß auch A (Ursache) da sein", d. h. „Jedesmal wenn B eintritt, muß A schon früher eingetreten oder vorausgegangen sein." Z. B. „Wenn im Hochgebirge an einem Sommermorgen die Wasserlachen mit einer Eiskruste überzogen sind, muß in der Nacht die Temperatur beträchtlich (unter den Nullpunkt) gesunken sein." Man schließt also im hypothetischen Urtheil nicht nur von der Ursache auf die Wirkung, sondern zuweilen auch von der Wirkung auf die Ursache.

Auch die Thatsachen der inneren Erfahrung, d. i. die Phänomene des Seelenlebens, erfasst unser Denken in den Kategorien, die es der äußeren Erfahrung zugrunde legt, somit wenden wir auch auf dieses Gebiet das Schema der Causalität an und sprechen da von psychischer Causalität. In der Einwirkung der Sinnendinge auf unsere Sinnesorgane und unser nervöses Centralorgan (Gehirn) und unser Bewusstsein, sowie in der Rückwirkung unseres Vorstellens, Fühlens und Wollens auf unseren Leib und unsere Umgebung zeigt sich eine Berührung (Verflechtung) physischer und psychischer Causalität, die zu den schwierigsten Problemen der Physiologie und Erkenntnistheorie, bezw. Metaphysik, gehört.

II. **Die Nothwendigkeit der Anschauung** waltet im Gebiete der Schöpfungen unserer geometrischen Phantasie: „Wenn wir an einem gegebenen Winkel beide Schenkel über den Scheitelpunkt hinaus verlängern, bilden dieselben in ihrer Verlängerung einen Winkel, der dem gegebenen gleich ist (Scheitelwinkel)." (Man dehne den Satz auch auf die zwei Neben=winkel aus.) — „Wenn in einem gleichschenkligen Dreieck eine vom Scheitel zur Basis gezogene Gerade den Winkel am Scheitel halbiert, so halbiert sie auch die Basis."

In diesen Fällen ergibt sich die Nothwendigkeit entweder daraus, daß wir in unserer Anschauung der Anweisung des Vordersatzes folgen, welche die Figur oder Construction entstehen läßt, oder es enthält die beschriebene Construction — abgesehen von ihrer Entstehungsweise — zwei Größen= oder Lagenverhältnisse in der Art verbunden, daß eines ohne das andere nicht bestehen kann. (Wechselbestimmung.)

III. **Die reine Denknothwendigkeit.** Die physische Causalität ist nur ein besonderer Fall der allgemeinen Causalität, die unser Denken in allen seinen Thätigkeiten beherrscht und verklammert, und vermöge deren wir von einem als wahr erkannten Gedanken zu einem zweiten Gedanken übergehen müssen, dessen Wahrheit durch die des ersteren verbürgt wird. Diese all=gemeine Causalität ist es, die unserem Denken überhaupt das Gepräge des logischen Denkens verleiht. Diese durch Abfolge verknüpften Gedanken sind nun keineswegs immer der unmittelbare Ausdruck für den Zu=sammenhang von Thatsachen des räumlich=zeitlichen Naturlaufes (empirische Nothwendigkeit) oder von Elementen einer geometrischen Anschauung (Noth=wendigkeit der Anschauung); vielmehr werden wir bei einiger Selbstbeob=achtung dessen inne, daß unser Denken die Ergebnisse der Erfahrung und Anschauung mit den ihm eigenthümlichen Mitteln unausgesetzt — sei es für theoretische oder praktische Zwecke — verarbeitet. Jene Nothwendigkeit nun, welche diese logische Arbeit in allen Theilen durchdringt und beherrscht, können wir reine Denknothwendigkeit nennen, und auch sie spricht sich unzähligemale in der Form des hypothetischen Urtheils aus. Abgelöst von jedem besonderen Stoffe erscheint sie innerhalb der Erwägungen und Lehrsätze der Logik selbst; ebenso bildet sie den Nerv der höchsten Axiome (vgl. §. 6, P. 3 und §. 86, Anm.) der Mathematik und Natur=wissenschaft.

Beispiele: „Wenn einige Wasserthiere Säugethiere sind, so sind auch einige Säugethiere Wasserthiere. — Gehören zwei Begriffe M und N derselben logischen Leiter an, so ist einer der höhere, der andere der niedrigere. — Ist von zwei Begriffen M und N derselben logischen Leiter M der höhere, so ist sein Umfang größer als der Umfang von N. — Ist ein gegebenes Dreieck rechtwinklig, so ist es nicht gleichseitig; ebensowenig ist es spitz= oder stumpf=winklig. — Wenn zwei Größen einer und derselben dritten Größe gleich sind, sind sie auch untereinander gleich. — Wenn sich der Angeklagte zur Zeit der verbrecherischen That, die sich in X ereignete, erwiesenermaßen in Y aufhielt, kann er die That nicht verübt haben." (Alibi=Beweis.)

5. Noch ist der Unterschied des **hypothetischen** Urtheils vom **cau-salen, finalen** und **concessiven** Satzgefüge kurz zu erörtern.

a) Während der hypothetische Satz den causalen Zusammenhang zwischen A und B in seiner Allgemeingiltigkeit und Verbindlichkeit für das Denken erst feststellt, beruft sich die **causale** Periode auf diese allgemeine Erkenntnis und macht von ihr im einzelnen Falle Anwendung: B gilt, weil A gilt; denn A ist der Grund (die Ursache) von B. — Wir gehen also in dem einen Falle von der gegebenen **Thatsache** B aus und „erklären" sie, indem wir die festgestellte Thatsache A als ihre Ursache bezeichnen; dies können wir jedoch nur thun, wenn bereits feststeht, dass B die Wirkung von A ist. In einem anderen Falle stellen wir ein Urtheil B auf und „beweisen" seine Denknothwendigkeit durch Beifügung seines Grundes, d. i. jenes Urtheils A, dessen unbestrittene Evidenz uns zwingt, B anzuerkennen.

Beispiele: „Mein Freund X leidet an Störungen der Magenfunction, weil er seit Jahren starken Tabak raucht; denn es ist durch vielfältige Erfahrungen erwiesen, dass, wenn jemand anhaltend starken Tabak raucht, Störungen der Magenfunction auftreten. — Dieses Dreieck ist nicht gleichseitig, weil es rechtwinklig ist; wenn nämlich ein Dreieck rechtwinklig ist, kann es nicht gleichseitig sein." — Man achte hiebei auf die Möglichkeit des Fehlgreifens der „Erklärung" in Fällen empirischer Nothwendigkeit. (Falsche Diagnose, Schwierigkeiten der Ätiologie ($\alpha\iota\tau\iota\alpha$ Ursache) in der Medicin.)*)

b) Der **finalen** Periode (Finalsatz = Zweckurtheil) liegt die psychologische Causalität zugrunde; sie hat ihre Heimat im Gebiete des menschlichen Wollens und Handelns, das sich Zwecke setzt und sie zu verwirklichen sucht. Der finale Nebensatz („ich gehe sofort in den Wald, um Erdbeeren zu pflücken") drückt aus, dass mein Wunsch, es möge sich eine nur vorgestellte Thätigkeit (Vorgang, Zustand, Veränderung u. s. w.) verwirklichen, mein Handeln in solcher Weise bestimmt und lenkt, dass es voraussichtlich zur Durchsetzung jenes Wunsches führen wird. (Zweckdienliches Mittel.)

c) Die **concessive** Periode („viele Menschen leben verschwenderisch (B), obgleich sie wenig Mittel haben (A); — wir giengen in den Wald, trotzdem der Regen drohte") drückt unmittelbar aus, dass B gilt oder eintritt, während A ein Grund (eine Ursache) für das Gegentheil von B ist oder zu sein pflegt. („Wenn Regen droht, pflegt man zuhause zu bleiben; — wer wenig Mittel hat, lebt in der Regel einfach.") Es entsteht somit der

---

*) Hier verdient noch angemerkt zu werden, dass wir gar nicht selten hypothetische Urtheile aussprechen, bei denen es nur auf die nothwendige Abfolge der Gedanken ankommt und die Verwirklichung der Bedingung im Vordersatze unmöglich ist. Das Lateinische und Griechische z. B. hat für solche Fälle ganz bestimmte, unzweideutige Formen ausgeprägt. (Irreale Periode.)

Schein, als versagte in solchen Fällen die Causalität; indes muß man beachten, daß B keineswegs ohne Ursache auftritt, B hat seine Ursache, und zwar ist diese so stark, daß sie den entgegenwirkenden Umstand über= windet. (Beim Handeln: Widerstreit der Motive. — Man mache hievon die Anwendung auf die obigen zwei Beispiele.)

6. Da jedes Glied des hypothetischen Urtheils auch ein negatives Urtheil sein kann, so ergeben sich folgende vier Typen:

1. Wenn A ist, so ist B.

2. Wenn A nicht ist, so ist B.

3. Wenn A ist, so ist B nicht.

4. Wenn A nicht ist, so ist auch B nicht. (Hier muß A der aus= schließliche Grund (Denk= oder Realgrund) von B sein.)

Beispiele: 1. Wenn ein Badender in tiefem Wasser die Schwimm= tempi macht, so erhält er sich an der Oberfläche. — 2. Wenn ein Badender in tiefem Wasser keine Schwimmtempi macht, so sinkt er unter. — 3. Wenn ein Badender in tiefem Wasser die Schwimmtempi macht, so sinkt er nicht unter. — 4. Wenn ein Badender in tiefem Wasser keine Schwimmtempi macht, so erhält er sich nicht an der Oberfläche. (Man wende diese vier Sätze auf den badenden „Karl" 1. in der Form von causalen Perioden für die Gegenwart an („Karl erhält sich an der Oberfläche, weil er . . . ."), 2. mit Beibehaltung der hypothetischen Form für eine Voraussage.)

Anmerkung. Jedes hypothetische Urtheil kann in mehr oder minder ungezwungener Weise durch Verkürzung des Vordersatzes in die Form eines einfachen erweiterten Satzes gebracht werden. Auch die Ersetzung des Vorder= satzes durch einen Relativsatz verändert den Sinn des Urtheils der Abfolge nicht. Oft wird die Causalfunction durch ein besonderes Verbum (erregen, bewirken, zur Folge haben u. ä.) ausgedrückt. Z. B. 1. Wenn eine Siegellack= stange mit einem trockenen Tuche gerieben worden ist, zieht sie leichte Körperchen an = Eine mit einem trockenen Tuche geriebene S. . . . . . = Eine Siegellack= stange, die mit einem trockenen Tuche gerieben worden ist, zieht . . . . . . — 2. Eine vom Scheitel eines gleichschenkligen Dreiecks zur Basis gezogene Gerade, die den Winkel am Scheitel halbiert, halbiert auch die Basis (vgl. oben P. 4, II) = In einem gleichschenkligen Dreiecke halbiert die Halbierungslinie des Winkels am Scheitel auch die Basis. — 3. Anhaltendes Rauchen starker Tabaksorten erregt Störungen der Magenfunction (vgl. oben P. 5, a).

C. Die herkömmliche Eintheilung der Urtheile.

§ 48. Qualität, Quantität, Relation, Modalität.

An die in den vorausgehenden Paragraphen enthaltene systematische Übersicht der Urtheilsformen muß hier die traditionelle Eintheilung der Urtheile angeschlossen werden, deren Grundzüge von Immanuel Kant her= rühren. Diese Eintheilung ist nämlich, abgesehen von dem historischen Interesse, die unentbehrliche Grundlage für die im III. Abschnitt folgende Lehre von den Folgerungen und Gewißheitsschlüssen, deren Darstellung sich in der Hauptsache auf die bis auf Aristoteles zurückgehende Tradition stützen wird. Es kann nicht schwer fallen, die Mannigfaltigkeit von Urtheilsformen, die im vorausgehenden geschildert wurde, zu den unten folgenden 4 Formen in fruchtbare Beziehung zu bringen.

Die herkömmliche Eintheilung der Urtheile stützt sich auf die vier Gesichtspunkte der 1. **Qualität**, 2. **Quantität**, 3. **Relation**, 4. **Modalität**.

1. **Qualität** heißt die Beschaffenheit des Urtheils, der zufolge wir **bejahende** (affirmative) und **verneinende** (negative) Urtheile unterscheiden.

2. **Quantität** heißt die Beschaffenheit des Urtheils, der zufolge das Prädicat entweder dem **ganzen** Umfange des Subjectes oder **einem Theile** desselben zu= oder abgesprochen wird. Darnach unterscheiden wir **universale** und **particuläre***) Urtheile: die Neger sind Menschen; kein Fisch athmet durch Lungen. — Einige Vögel sind Raubthiere; einige Schlangen sind nicht giftig.

Durch Combination der Eintheilungen (§. 80) nach Qualität und Quantität erhält man **vier** Urtheilsformen, die nach dem Vorgange der älteren Logiker durch die Vocale **a, e, i, o** (**a**ff**i**rmo, n**e**g**o**) bezeichnet werden.

A. Das **universal bejahende** Urtheil (**a**): **Alle S sind P (S a P)** . . . . weist auf eine bloß **empirische** Allgemeinheit hin, wenn man sich überzeugt hat, daß ein Prädicat **allen** in einer zählbaren Menge vorhandenen Subjecten zukommt. „Alle Gäste sind da!" urtheilt man, wenn man sich durch Zählung vergewissert hat, daß die Zahl der geladenen und der erschienenen Gäste dieselbe ist. Wenn dagegen Subject und Prädicat in einem **nothwendigen**, durch Causalität verbürgten Zusammenhange stehen, so weist „alle" auf eine **rationale****) Allgemeinheit hin, vermöge welcher der Satz auch für alle **nicht** untersuchten oder erprobten, also auch für alle **zukünftigen** Fälle gelten will: Alle Menschen sind sterblich.

Dem Urtheil **a** entsprechen die Sphärenverhältnisse Fig. 1 und 2 aus §. 32:

---

*) Universalis das Ganze betreffend; particularis einen Theil oder Theile betreffend.

**) Hier tritt die ratio (Vernunft, Einsicht) der ἐμπειρία (Erfahrung, Empirie) gegenüber.

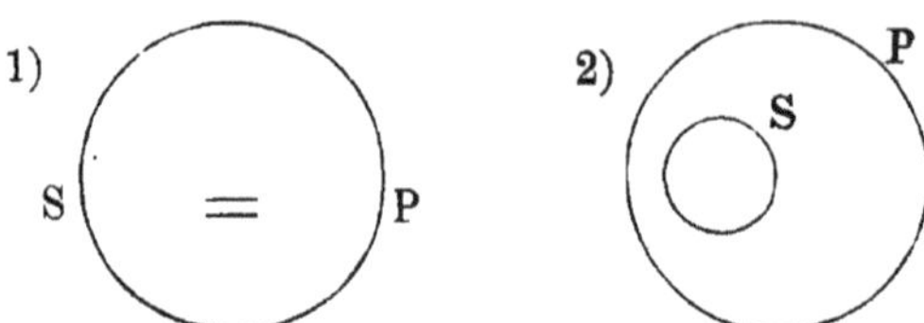

übrigens können wir der Kürze zuliebe den weit selteneren Fall der Äqui=
pollenz im folgenden außeracht lassen. Beispiele bringen die §§. 24, 26.

B. Das **universal verneinende** Urtheil (e): **Alle S sind nicht P =
Kein S ist P (S e P)**.... hat den Sinn, daß der Begriff S mit seinem
ganzen Umfange außerhalb P liegt, so daß die Sphären von S und P sich
gegenseitig ausschließen. P muß nämlich bei dieser Auffassung, welcher der
Gedanke der Subsumtion zugrunde liegt, jedesmal derselben Kategorie
unterstellt werden, der S angehört. Z. B. Kein Pferd erreicht das 50. Lebens=
jahr = Die Pferde gehören nicht zu jenen Thieren, die das 50. Lebensjahr
erreichen. — Im übrigen vgl. §§. 33 und 36. — Sphärenverhältnis:

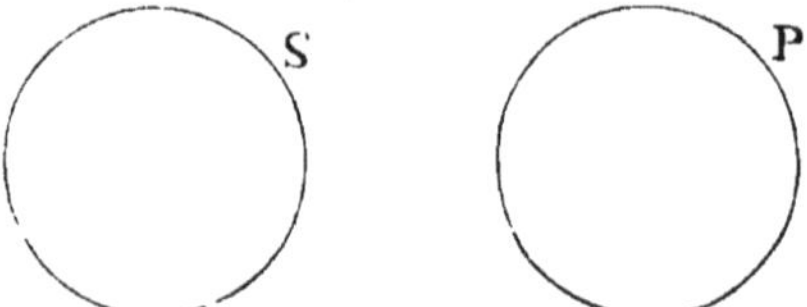

C. Das **particulär bejahende** Urtheil (i): **Einige S sind P (S i P)**....
behauptet, daß die Sphäre S mindestens theilweise innerhalb P liegt;
sie kann also 1. auch ganz darin liegen oder 2. sich mit P kreuzen oder endlich 3.
P einschließen:

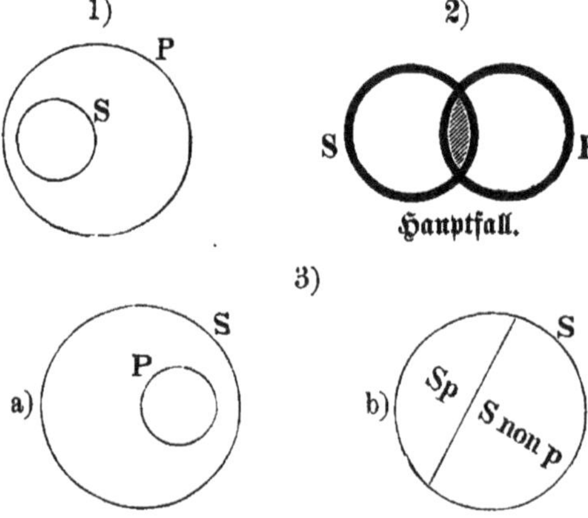

In diesem Sinne deckt sich die Urtheilsform i mit dem pluralen Urtheil (§. 41, b), das bei seiner Aussage von „einigen" S auf die anderen S noch gar keine Rücksicht nimmt. Eine besondere logische Bedeutung aber gewinnt die Form i, wenn sie dazu dient, ein universales Urtheil (a) vorzubereiten oder einem solchen gegenüber eine Einschränkung festzustellen. In letzterem Falle hat es den Sinn: Nur einige S sind P. Z. B. 1. Einige Fixsterne haben eigene Bewegung — wahrscheinlich alle. — 2. Einige große Maler sind zugleich große Bildhauer gewesen. — 3 a) Einige Reptilien sind Schildkröten. — 3 b) Einige Schlangen haben Giftzähne. — Einige Planeten haben Monde.

Bezeichnen wir das plurale Urtheil „Einige S sind P" überhaupt mit i ohne Index, — wenn es ein universales vorbereitet oder doch nicht ausschließt, mit iu, — endlich wenn es particulär ist im Sinne von „nur einige S", mit ip, so kann i als Gattungsbegriff zu den zwei Species iu und ip gelten und somit stellt es die mögliche Prädication für alle drei obigen Sphärenverhältnisse dar, mit anderen Worten: i ist deren gemeinsamer Repräsentant. (Vgl. den Lehrsatz in §. 26.) — ip hat jederzeit op zum Complement.

D. Das particulär verneinende Urtheil (o): Einige S sind nicht P (SoP) .... hat den Sinn, daß die Sphäre S mindestens theilweise außerhalb P liegt; sie kann also 1. auch ganz außerhalb P liegen oder 2. sich mit P kreuzen oder endlich 3. P einschließen:

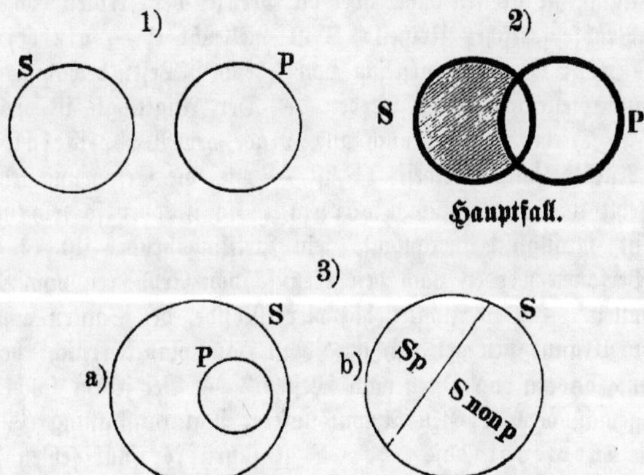

Analog der Urtheilsform i kann o entweder eine Vorstufe zu dem entsprechenden universalen Urtheil (e) darstellen oder dem letzteren gegenüber eine Einschränkung aussprechen. Z. B. 1. Manches Volksthum zeigt sich in der Geschichte nach einer Periode des Wachsthums und der Blüte außerstande, dieselbe politische Macht und ethische Kraft dauernd zu behaupten; —wahrscheinlich gilt dies für jedes Volksthum. — 2. Einige große Feld=herren sind nicht zugleich große Staatsmänner gewesen. — 3 a) Einige Reptilien sind keine Schildkröten. — 3 b) Einige Schlangen haben keine Giftzähne. — Einige Größen sind nicht durch eine Zahl genau darstellbar.

Entsprechend der Urtheilsform I werden wir im folgenden dem Gat=tungsbegriff O (o h n e Index) die zwei Species O_u und O_p gegenüberstellen und werden von O behaupten, daß es die mögliche Prädication für alle drei obigen Sphärenverhältnisse darstellt, mit anderen Worten: daß es d e r e n g e m e i n s a m e r R e p r ä s e n t a n t ist. (Vgl. den Lehrsatz in §. 26.) — O_p hat jederzeit I_p zum Complement.

3. **Relation.** Nach der Art der Beziehung zwischen den Urtheilsgliedern zerfallen die Urtheile in **kategorische, hypothetische** und **disjunctive.** Kate= gorisch heißen die e i n f a c h e n Urtheile, denen die logische Beziehung von Subject und Prädicat zugrunde liegt: Der Elephant ist ein Rüsselthier, er ist gelehrig. Im Übrigen vgl. §§. 39, 46, 47.

4. Nach der **Modalität** (Art und Weise, nämlich des Behauptens) unterscheidet man **problematische** (Möglichkeit), **assertorische** (Wirklichkeit) und **apodiktische***) (Nothwendigkeit) Urtheile. Diese Unterschiede beziehen sich jedoch nicht auf den logischen Gehalt des Urtheils selbst, sondern nur auf den Grad seiner Gewißheit, bezw. der Zuverlässigkeit und Allgemeinheit seiner Geltung, sie greifen daher über die Grenzen der „reinen" Logik hinaus.

a) **Problematisches** Urtheil: S ist vielleicht P — v i e l l e i c h t a u c h n i c h t. — „Der Mars ist vielleicht von lebenden Wesen bewohnt. — Dieser Kranke kann vielleicht gerettet werden. — Der Angeklagte ist vielleicht un= schuldig." — Hieher gehören auch alle Grade der Wahrscheinlichkeit.

b) **Assertorisches** Urtheil: S ist — wie die Erfahrung lehrt — P, aber es fehlt uns die Einsicht, w a r u m es so ist oder so sein muß. — „Alfred ist musikalisch veranlagt, sein Zwillingsbruder ist es nicht. — Manche Personen werden nach dem Genuß von Erdbeeren vom Nesselaus= schlag befallen. — Der Jupiter hat vier Monde, der Saturn acht. — Die Monde des Uranus bewegen sich um ihren Hauptplaneten nicht von Westen nach Osten, sondern von Osten nach Westen." — Bei jedem solchen Urtheil sind wir gemäß dem obersten Axiom unserer Naturauffassung (§. 93) von vornherein überzeugt, daß S....P sein müsse, nur fehlen für unser Verständnis die Zwischenglieder.

---

*) προβληματικός fraglich; asserere behaupten; ἀποδεικτικός streng beweisend. Zur Sache vgl. §. 33, P. 5 und §. 40, Abf. 2.

c) **Apodiktisches** Urtheil: S muſs P ſein; S ist immer und überall P. — „Die Geschwindigkeit der Flintenkugel muſs stetig abnehmen (und zwar wegen des fortdauernden Luftwiderstandes). — Der Recipient der Luftpumpe muſs unter allen Umständen noch etwas Luft enthalten (und zwar wegen des ‚schädlichen Raumes‘).“ — Da die Nothwendigkeit sprachlich keineswegs immer (durch „muſs“, „unbedingt“ u. ä.) ausgedrückt wird, so gewinnt das apodiktische Urtheil häufig das Aussehen eines assertorischen. (Was für Urtheile sind: „1. Wasser kann gefrieren. — 2. Jeder Körper kann gewogen werden. — 3. Aus diesem Kirschkern kann ein Kirschbaum entstehen. — 4. Ich kann mit beiden Armen 150 *kg* heben. — 5. Ich kann nachmittag spazieren gehen“?)

§. 49. Die logischen Beziehungen innerhalb der vier Urtheilsformen a, e, i, o.

Bilden in einem gegebenen Urtheil S a P die Begriffe S und P an und für sich den Stoff des Urtheils, so können wir die Rollenvertheilung, ferner die Qualität und Quantität als seine Formbestimmungen bezeichnen. Die Rollenvertheilung pflegen wir schon durch die Wahl der Buchstaben (**S**ubiect, **P**rädicat) außer Zweifel zu stellen, so daſs nur Qualität und Quantität variabel sind. Wir stellen nun erstens dem gegebenen, als wahr angenommenen Urtheil S a P mit Beibehaltung des Stoffes und der Rollenvertheilung die Urtheile S e p, S i P und S o P gegenüber (z. B. alle Menschen sind sündhaft — kein Mensch ist sündhaft; einige Menschen sind sündhaft; einige Menschen sind nicht sündhaft) und wollen untersuchen, wie sich die drei letzteren zu dem ersten hinsichtlich ihrer Giltigkeit verhalten; zweitens wollen wir dasselbe thun, indem wir von der Ungiltigkeit der Urtheilsform S a P ausgehen. Hiebei wird sich zugleich herausstellen, wie sich a, i, o zu einem giltigen oder ungiltigen e, — a, e, o zu i und endlich a, e, i zu o verhalten. Alle diese Beziehungen, die für die Lehre vom Schluſs von besonderer Bedeutung sind, werden durch folgendes Schema — das sogenannte **logische Quadrat** — veranschaulicht:

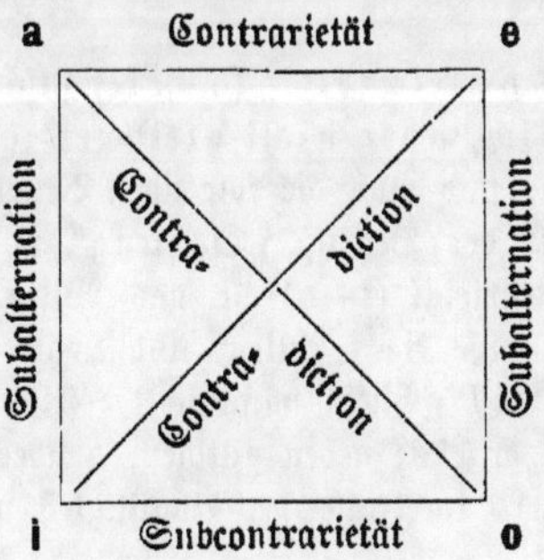

Zugleich erinnern wir uns, daſs das Umfangsverhältnis zweier gegebener Begriffe bei Ausschluſs der Äquipollenzfälle (vgl. S. 84 oben) nothwendig einer der vier folgenden Figuren entsprechen muſs:

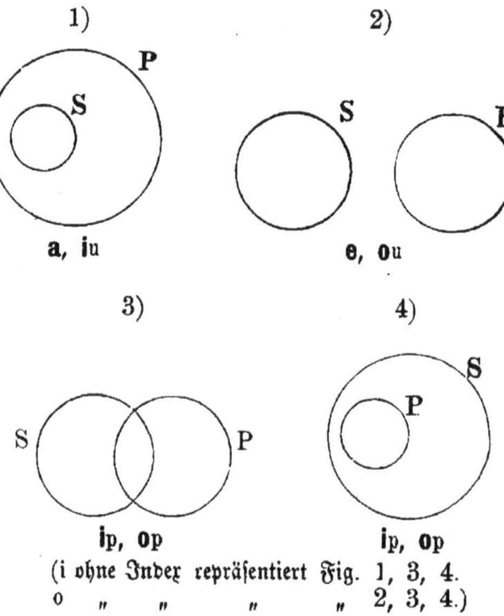

(i ohne Index repräsentiert Fig. 1, 3, 4.
o   „   „   „   „ 2, 3, 4.)

1. Zwischen **a** und **e** herrscht **conträrer Gegensatz** (§. 28), d. h. gilt
S a P, so kann nicht gleichzeitig S e P gelten; ebenso umgekehrt: gilt S e P,
so ist S a P nothwendig ungiltig. — Gilt jedoch S a P nicht, d. h. entspricht das Umfangsverhältnis der gegebenen Begriffe nicht der Fig. 1, so
ist die Geltung von S e P (Fig. 2) fraglich, denn es besteht noch eine dritte
und vierte Möglichkeit (Fig. 3 und 4). **a** und **e** verhalten sich somit zu
einander genau so, wie etwa die Begriffe „roth" und „grün" oder „Rappe"
und „Schimmel".

a und **e** können gleichzeitig (d. h. bei gleichem Stoffe und gleicher
Rollenvertheilung) falsch, aber nicht gleichzeitig wahr sein.

Man drücke diese und auch die folgenden Beziehungen nach Anleitung
der §§. 26—29 mittels der Begriffe „Setzung" und „Aufhebung" aus.

2. Die **Subcontrarietät (i—o)** ist das Widerspiel zur Contrarietät.
Gilt S i P nicht, so muſs S o p gelten, und zwar in der Species S ou P.
Die Ungiltigkeit von S i P schließt nämlich die Fig. 1, 3, 4 aus, so daſs
die Fig. 2 entsprechen muſs; neben giltigem **e** aber besteht jederzeit giltiges **o**u. Somit muſs im Falle der Ungiltigkeit von **i** das plurale Ur-

theil **o** gelten. (Vgl. §. 26.) — Gilt jedoch S i P, so kann — je nach dem gegebenen Stoffe — zugleich S o P gelten, dann nämlich, wenn dem giltigen Urtheil (S ip P) Fig. 3 oder 4 entspricht.

Also können **i** und **o** gleichzeitig wahr, aber nicht gleichzeitig falsch sein.

Nähme man letzteres dennoch als möglich an, so würde dies so viel bedeuten, als daß das Umfangsverhältnis von S und P keiner der vier Figuren entspricht!

Man führe den Beweis des Lehrsatzes von **o** ausgehend.

3. Zwischen **a** und **o** einerseits, **e** und **i** andererseits herrscht **contradictorischer Gegensatz** (§. 29). Gilt nämlich S a P, so ist jede andere Urtheilsform (bis auf iu), also Fig. 2, 3, 4 ausgeschlossen, mithin **o** als deren gemeinsamer Repräsentant ungiltig; und gilt S a P nicht, d. h. ist Fig. 1 ausgeschlossen, so muß doch wohl eine der drei anderen Figuren entsprechen, also S o P giltig sein. Hierin aber liegt das Wesen der Contradiction.

a und **o** können weder gleichzeitig wahr noch gleichzeitig falsch sein.

Zu demselben Ergebnis kommt man von **o** ausgehend. — Man beweise in analoger Art den contradictorischen Gegensatz von **e** und **i**.

4. **Subalternation*)** (Über= und Unterordnung §. 26) heißt das Verhältnis zwischen **a** und **i** einerseits, **e** und **o** andrerseits. Gilt S a P, so gilt auch S iu P, somit nach §. 26 S i P; gilt S a P nicht, so kann wohl S i P gelten, und zwar vermöge seiner Species S ip P, muß aber nicht, da vielleicht gerade Fig. 2 die entsprechende ist. — Zu demselben Ergebnis kommt man von **i** ausgehend. Gilt S i P, so kann es etwa gelten vermöge seiner Species S iu P, und dann gilt auch S a P; gilt S i P nicht, so gilt auch keine Species davon, also auch S iu P nicht und ebensowenig S a P.

a und **i** können also sowohl gleichzeitig wahr als auch gleichzeitig falsch sein.

Man beweise diesen Satz auch für **e** und **o**.

Der Schluß von der Setzung des **a** (**e**) auf die Setzung des **i** (**o**) bildet den Grundgedanken für den Unterordnungsschluß (§§. 57, 58).

Zur Erprobung der in Obigem nachgewiesenen Beziehungen wähle man der Reihe nach für jede der vier Urtheilsformen ein giltiges und ein ungiltiges Beispiel und vergleiche damit jedesmal die drei anderen möglichen Urtheilsformen. Übrigens ist §. 52 zu vergleichen, der zu allen Beziehungen des logischen Quadrats Beispiele enthält.

---

*) Subalternus untergeordnet (vgl. Subaltern=Beamter oder =Officier).

D. **Die Umkehrung des Urtheils.**

§. 50. **Conversion und Contraposition.**

Ein Urtheil **umkehren** heißt den Prädicatsbegriff selbst oder sein contradictorisches Gegentheil zum Subjecte und den Subjectsbegriff zum Prädicate
machen. Das hieburch gewonnene Urtheil aber muß dem Inhalts- und
Umfangsverhältnis von S und P ebenso entsprechen, wie das ursprüngliche.
Ist das Urtheil kein Subsumtionsurtheil, so muß der Prädicatsbegriff behufs der Umkehrung die kategoriale Fassung des
Dingbegriffs erhalten. Man unterscheidet zwei Arten der Umkehrung,
die Conversion und die Contraposition.*)

I. **Conversion** heißt jene Umkehrung des Urtheils, bei welcher der
Prädicatsbegriff zum Subjecte wird und die Qualität unverändert bleibt.
Die Quantität kann dieselbe bleiben oder kann sich verändern; im ersten
Falle nennt man die Conversion **rein**, im zweiten Falle **unrein**.

A. Urtheilsform **a.**

1. Das Identitätsurtheil (vgl. §. 24, P. 4 Äquipollenz und §. 44)
gestattet die reine Conversion. Z. B. Alle Dreiecke mit zwei gleichen Winkeln
sind gleichschenklige Dreiecke: alle gleichschenkligen Dreiecke sind Dreiecke
mit zwei gleichen Winkeln. (Sphärenverhältnis der Deckung §. 32, I.)

2. Das Subsumtionsurtheil S a P (§. 49, Fig. 1) gestattet nur
die unreine Conversion: P i S, und zwar P ip S. Z. B. Alle congruenten
Dreieckspaare sind flächengleich: nur einige flächengleiche Dreieckspaare
sind congruent. — Alle Rüsselthiere sind Säugethiere: nur einige Säugethiere sind Rüsselthiere.

B. Urtheilsform **e.**

Das Urtheil S e P (§. 49, Fig. 2) gestattet die reine Conversion:
P e S. Hiebei bedarf nur das negativ prädicierende Urtheil (§. 36)
der kategorialen Veränderung des Prädicatsbegriffes. Z. B. Der Araber ist
kein Türke: der Türke ist kein Araber. — Kein Ehrenmann ist wortbrüchig:
kein Wortbrüchiger ist ein Ehrenmann.

C. Urtheilsform **i.**

Das Urtheil S i P (§. 49, Fig. 1, 3, 4) gestattet in jedem Falle
die reine Conversion (P i S), und zwar wird iu (Fig. 1) zu ip, ip (Fig. 3)
bleibt ip, ip (Fig. 4) wird zu iu, bezw. a. Faßt man den Fall der
Fig. 4 allein ins Auge, dann ist die Conversion zu a allerdings unrein.
Z. B. Einige Säugethiere sind Wasserthiere (ip): einige Wasserthiere sind

---

*) Convertere **umkehren**, contraponere entgegenstellen.

Säugethiere (**ip**). — Einige Parallelogramme sind Rhomben (**ip**): alle Rhomben sind Parallelogramme (**a**).

D. Urtheilsform **o**.

Das Urtheil S o P gestattet nur in den Fällen der Fig. 2 und 3 (§. 49) die Conversion, und zwar die reine: P o S. Fig. 4 ergibt das Urtheil P a S, das jedoch nicht mehr als „Conversion" von S o P gilt, weil sich die Qualität verändert. Im allgemeinen muss also S o P als nicht convertierbar bezeichnet werden. Im besonderen Falle aber ergeben sich ganz richtige Umkehrungen (**o**u zu **o**u, **o**p [Fig. 3] zu **o**p), z. B. Einige Säugethiere sind keine Wasserthiere: einige Wasserthiere sind keine Säugethiere. —

II. **Contraposition** heißt jene Umkehrung des Urtheils, bei welcher mit Veränderung der Qualität das contradictorische Gegentheil des Prädicatsbegriffes zum Subjecte wird. Bleibt hiebei die Quantität dieselbe, so heißt die Contraposition (analog der Conversion) rein, im entgegengesetzten Falle unrein.

A. Urtheilsform **a**.

Sowohl das Identitäts- als das Subsumtionsurtheil S a P gestattet die reine Contraposition: non-P e S. (Was nicht P ist, ist auch nicht S.) Z. B. Gold glänzt: was nicht glänzt, ist nicht Gold. — Jede regelmäßige Figur läßt sich einem Kreise einschreiben: keine Figur ist regelmäßig, die sich einem Kreise nicht einschreiben läßt.

[Das Identitätsurtheil S a P gestattet auch folgende äquipollente Formveränderung: non-S e P, während das Subsumtionsurtheil bei dieser Veränderung particulär wird: non-S o P. Man mache die Anwendung bei obigen und bei den unter I. A gebrachten Beispielen.]

B. Urtheilsform **e**.

Das Urtheil S e P gestattet im allgemeinen nur die unreine Contraposition: non-P i S. Z. B. Kein Vogel athmet durch Kiemen: nur einige Thiere, die nicht durch Kiemen athmen, sind Vögel. — Sind die Begriffe S und P die Glieder eines zweigliedrigen conträren Gegensatzes, dann läßt das Urtheil die reine Contraposition zu. (Beispiele in §§. 28 und 29.)

C. Urtheilsform **i**.

Das Urtheil S i P (§. 49, Fig. 1, 3, 4) verhält sich in jedem der drei möglichen Fälle anders: **i**u (Fig. 1) ergibt **e**, **i**p (Fig. 3) ergibt **o**p; **i**p (Fig. 4) kann überhaupt nur dann contraponiert werden, wenn wir mit dem Begriffe non-P noch über die Sphäre S hinausgreifen wollen; dann führt nämlich **i**p contraponiert auch zu **o**p; im andern Falle aber ist Contraposition unmöglich, da non-P a S dieselbe Qualität hat wie S i P. Z. B.

Einiges Weiße ist süß: einiges, was nicht süß ist, ist auch nicht weiß. — Einige Vögel sind Raubthiere: einige Lebewesen, die keine Raubthiere sind, sind keine Vögel. — Dagegen läßt sich folgendes Beispiel ohne künstlichen Zwang wohl nicht contraponieren: Einige Vögel sind Geier. Denn mit dem Begriff Nicht-Geier bleiben wir ja doch innerhalb des Bereiches der Vögel (§. 29, P. 3) und denken keineswegs an einen Laubfrosch oder ein Nilpferd. — Mit Rücksicht auf diesen besonderen Fall läßt sich also sagen, daß **i im allgemeinen nicht contraponierbar sei.**

D. Urtheilsform **o**.

Das Urtheil S o P (§. 49, Fig. 2, 3, 4) gestattet in jedem Falle die reine Contraposition (non-P i S), und zwar wird **o** ohne Unterschied der Species und des Umfangsverhältnisses zu **ip**; nur in dem unter C hervorgehobenen Specialfall, daß in Fig. 4 non-P über die Sphäre S nicht hinausgreift, ist die Contraposition unrein: non P a S. Beispiele: Einige Raubthiere sind keine Säugethiere: einige Thiere, die keine Säuger sind, sind Raubthiere. — Einige Parallelogramme sind nicht Quadrate: einige Figuren, die keine Quadrate sind, sind doch Parallelogramme. — Aber: Einige Vögel sind keine Geier: alles, was kein Geier ist, ist doch ein Vogel.

Bisher hatten wir nur das kategorische Urtheil im Auge. Es läßt sich aber auch das hypothetische Urtheil convertieren, und zwar ist reine Conversion möglich, wenn der Vordersatz den ausschließlich geltenden Grund für die Folge im Nachsatz enthält; im entgegengesetzten, viel häufigeren Falle ist nur unreine Conversion möglich. Z. B. Wenn der Mond in den Schatten der Erde tritt, entsteht eine Mondesfinsternis: wenn eine Mondesfinsternis entsteht, muß der Mond in den Schatten der Erde getreten sein. (Rein.) — Wenn eine Zahl keine Primzahl ist, kann sie noch durch andere als sich selbst und eins getheilt werden: wenn eine Zahl noch durch andere als sich selbst und eins getheilt werden kann, ist sie keine Primzahl. (Rein.) — Wenn es dunkel geworden ist, schweigen die Sänger des Waldes: manchmal, wenn die Sänger des Waldes schweigen, ist es dunkel geworden. (Unrein.) — Wenn ein Dreieck rechtwinklig ist, so ist ein Winkel größer als jeder der anderen: manchmal, wenn ein Dreieckswinkel größer ist als jeder der anderen, ist das Dreieck rechtwinklig. (Unrein.)

Dritter Abschnitt.

Lehre vom Schluß.

— — —

§. 51. Wesen und Eintheilung des Schlusses.

Der Schluß ist jene Denkthätigkeit, durch die aus einem oder meh=
reren gegebenen Urtheilen ein neues Urtheil gewonnen (abgeleitet) wird. Je
nachdem dieses abgeleitete Urtheil als gewiß oder als bloß wahrscheinlich
gilt, zerfallen die Schlüsse in Gewißheits= und Wahrscheinlichkeits=
schlüsse. Von ersteren handelt der vorliegende Abschnitt; die letzteren finden
in der Wissenschaftslehre bei der Darstellung der Induction und Analogie
(§. 89 und 90) eingehende Berücksichtigung.

Der Schluß entspringt einer inneren Nöthigung des Denkens, über
die gegebenen, d. h. als wahr erkannten oder zugestandenen Urtheile hinaus=
zugehen zu einem solchen Urtheile, dessen Wahrheit in der Wahrheit der
gegebenen Urtheile ihren ausreichenden Grund hat. Wer die gegebenen Ur=
theile denkt, kann sich eines anderen Urtheils nicht erwehren, das ihm jedoch
nur deshalb und nur insofern evident ist, weil und inwiefern ihm die ge=
gebenen Urtheile evident sind. Die Denkacte der gegebenen Urtheile ver=
dichten sich im Schlusse gewissermaßen zu einem neuen Urtheile, das wir
eben erschlossen nennen.

Das abgeleitete Urtheil heißt Schlußsatz (conclusio), die Urtheile,
aus denen es abgeleitet wird, heißen Vordersätze oder Prämissen (pro-
positiones praemissae).

Die Begriffe, die in den Prämissen und in dem Schlußsatze über=
haupt vorkommen, bilden die Materie, die eigenthümliche Gruppierung
derselben in den Prämissen und im Schlußsatze bildet die Form des
Schlusses.

In der gegebenen Erklärung des Schlusses ist schon die Hauptein=
theilung in Schlüsse aus einer Prämisse (unmittelbare Schlüsse) und
in Schlüsse aus mehreren Prämissen (mittelbare Schlüsse) enthalten.

Schon aus einem einzigen Urtheile läßt sich nämlich ein anderes ableiten, das sich vom ersteren allerdings nur der Form nach (§. 49) unterscheidet: „Alle Metalle sind physische Körper — einige physische Körper sind Metalle". Da jedoch bei einem solchen Schlusse der Schlußsatz kein neuer Gedanke sein kann, indem man aus einem einzigen Urtheile nichts ableiten kann, was darin nicht schon mitgedacht wäre, so gewähren derlei Schlüsse aus bloß einer Prämisse keinen eigentlichen Fortschritt im Denken, und heißen deshalb auch uneigentliche Schlüsse (Folgerungen), zum Unterschiede von solchen Schlüssen, in denen der Schlußsatz von den Prämissen nicht bloß formell, sondern auch materiell verschieden ist. Gewißheitsschlüsse, die mehr als eine Prämisse und mehr als zwei Begriffe enthalten, in denen ferner der Schlußsatz sich als eine neue, von jeder einzelnen Prämisse verschiedene Gedankenverbindung darstellt, heißen auch eigentliche Schlüsse oder **Syllogismen**:

Jedes Laster ist verwerflich.
Der Geiz ist ein Laster.

Der Geiz ist verwerflich.

Die geordnete und vollständige, d. h. systematische Darstellung der verschiedenen Arten von Syllogismen mit ihrer besonderen Gesetzmäßigkeit bildet den Gegenstand der **Syllogistik**.

§. 52. Uneigentliche Schlüsse. (Folgerungen.)

Die uneigentlichen Schlüsse beruhen nur auf Umformungen eines gegebenen Urtheils und ergeben sich aus den Beziehungen des logischen Quadrats (§. 49) und aus der Umkehrung der Urtheile (§. 50).

Daß sich die Folgerungen nicht gut dem System der eigentlichen Schlüsse einfügen lassen, geht auch daraus hervor, daß in einer Gruppe derselben theils aus der Wahrheit des einen Urtheils auf die Falschheit des anderen oder umgekehrt, theils aus der Falschheit des einen auf die Falschheit des anderen Urtheils geschlossen wird, so daß bei solchen Folgerungen die Wahrheit (Giltigkeit), bezw. Falschheit (Ungiltigkeit) eines Urtheils Prämisse und die Falschheit, bezw. Wahrheit eines zweiten Urtheils Conclusion ist. (Man faßt sie auch am liebsten in die Form des hypothetischen Urtheils „Wenn es falsch ist, daß . . . . . .") Im eigentlichen Schlusse dagegen wird stets von der Wahrheit der Prämissen auf die Wahrheit des Schlußsatzes geschlossen, und dies meint auch immer die unbefangene Auffassung, wenn aus gegebenen Urtheilen (Prämissen) ein neues Urtheil (Schlußsatz) „erschlossen" oder „gefolgert" wird.

Mit Rücksicht auf §§. 49 und 50 können wir folgende Arten von Folgerungen unterscheiden:

1. Auf dem Princip der Einstimmigkeit (d. i. dem Verhältnis zweier Urtheile, die beide zugleich bestehen können) beruhen die **Subalternationsfolgerungen**. In diesen schließt man entweder vom Allgemeinen auf das Besondere durch Setzung (ad subalternatam sc. propositionem) oder vom Besonderen auf das Allgemeine durch Aufhebung (ad subalternantem).

2. Auf dem Princip des Gegensatzes (d. i. dem Verhältnis zweier Urtheile, die nicht beide zugleich bestehen können) beruhen die Folgerungen der **Contrarietät** und **Contradiction** (ad contrariam, ad contradictoriam).

3. Eine besondere Stellung nehmen die Folgerungen aus dem Verhältnisse der **Subcontrarietät** ein (ad subcontrariam), indem es sich da um zwei Urtheile handelt, die nicht beide zugleich nicht bestehen können.

4. Die Folgerungen, die sich durch **Umkehrung** (Conversion und Contraposition) des gegebenen Urtheils ergeben.

Auf diese Weise erhält man folgende 22 Folgerungen, wobei das vor die Klammer gesetzte Minuszeichen die Falschheit des eingeklammerten Urtheils bedeutet:

Ad subalternatam: Ad subalternantem:

$$1.\ \frac{S\,a\,P}{S\,i\,P} \qquad 2.\ \frac{S\,e\,P}{S\,o\,P} \qquad\qquad 3.\ \frac{-(S\,i\,P)}{-(S\,a\,P)} \qquad 4.\ \frac{-(S\,o\,P)}{-(S\,e\,P)}$$

Ad contradictoriam:

$$5.\ \frac{S\,a\,P}{-(S\,o\,P)} \qquad 6.\ \frac{S\,e\,P}{-(S\,i\,P)} \qquad 7.\ \frac{S\,i\,P}{-(S\,e\,P)} \qquad 8.\ \frac{S\,o\,P}{-(S\,a\,P)}$$

$$9.\ \frac{-(S\,a\,P)}{S\,o\,P} \qquad 10.\ \frac{-(S\,e\,P)}{S\,i\,P} \qquad 11.\ \frac{-(S\,i\,P)}{S\,e\,P} \qquad 12.\ \frac{-(S\,o\,P)}{S\,a\,P}$$

Ad contrariam: Ad subcontrariam:

$$13.\ \frac{S\,a\,P}{-(S\,e\,P)} \qquad 14.\ \frac{S\,e\,P}{-(S\,a\,P)} \qquad\qquad 15.\ \frac{-(S\,i\,P)}{S\,o\,P} \qquad 16.\ \frac{-(S\,o\,P)}{S\,i\,P}$$

Conversionsfolgerungen: Contrapositionsfolgerungen:

$$17.\ \frac{S\,a\,P}{P\,i\,S} \quad 18.\ \frac{S\,e\,P}{P\,e\,S} \quad 19.\ \frac{S\,i\,P}{P\,i\,S} \qquad 20.\ \frac{S\,a\,P}{\text{non}\,P\,e\,S} \quad 21.\ \frac{S\,e\,P}{\text{non}\,P\,i\,S} \quad 22.\ \frac{S\,o\,P}{\text{non}\,P\,i\,S}$$

§. 53. Übungsbeispiele zur Tafel der Folgerungen.

Welche Folgerungen ergeben sich aus der Wahrheit folgender Sätze? 1. Alles Zusammengesetzte ist zerstörbar (1, 5, 13). — 2. Kein Müßiggänger ist lobenswert (2, 6, 14). — 3. Einige Pflanzen sind schädlich (7). — 4. Kein Ereignis bleibt Gott verborgen (8). — 5. Jede Sünde ist verwerflich. — 6. Zahlen sind Größen. — 7. Einige Stoffe sind nicht zusammengesetzt (8).

Was folgt aus der Falschheit folgender Urtheile? 1. Einige Thiere sind vernünftig (3, 11, 15). — 2. Einige Lügen (Nothlügen) sind nicht verwerflich (4, 12, 16). — 3. Alle Wissenschaften kommen durch bloße Erfahrung zustande (9). — 4. Kein Parallelogramm ist gleichseitig (10). — 5. Einige Veränderungen haben keine Ursache. — 6. Einige rechtwinklige Dreiecke sind gleichseitig.

Welche Folgerungen ergeben sich aus der Conversion (Contraposition) folgender Urtheile? 1. Der wahrhaft Gebildete ist bescheiden (17, 20). — 2. Imaginäre Zahlen sind nicht denkbar (18, 21). — 3. Einige Säugethiere leben im Wasser (19). — 4. Einige chemische Verbindungen sind nicht beständig (22). — 5. Manche Genüsse sind nicht erlaubt. — 6. Das Duell ist vom sittlichen und rechtlichen Standpunkte zu verwerfen.

§. 54. Eigentliche Schlüsse (Syllogismen). — Eintheilung derselben.

In der großen Mannigfaltigkeit der Syllogismen läßt sich zunächst eine Grenzlinie ziehen zwischen einfachen und zusammengesetzten Schlüssen, je nachdem dieselben bloß zwei Prämissen oder mehr als zwei Prämissen enthalten. Sowohl die einfachen als die zusammengesetzten Schlussformen aber können, was die Entwicklung ihrer Bestandtheile betrifft, entweder vollständig oder unvollständig sein. Demnach ergibt sich folgende Viertheilung der eigentlichen Schlüsse:

I. Einfache vollständige Schlüsse.
II. Einfache unvollständige Schlüsse.
III. Zusammengesetzte vollständige Schlüsse.
IV. Zusammengesetzte unvollständige Schlüsse.

Unterabtheilungen dieser vier Hauptgruppen ergeben sich, wenn man den Unterschied der Relation (§. 48, P. 3) in den Prämissen berücksichtigt, die Schlüsse also in kategorische, hypothetische und disjunctive eintheilt, je nachdem die Prämissen oder doch eine derselben kategorische, hypothetische oder disjunctive Urtheile sind.

I. Einfache vollständige Schlüsse.

§. 55. Die Formen (Figuren) des einfachen kategorischen Schlusses.

Zu einem einfachen Syllogismus gehören zwei Prämissen. Soll sich nämlich der Schlusssatz materiell von den Prämissen unterscheiden, so dürfen die beiden Bestandtheile desselben, das Subject und Prädicat, nicht in einer und derselben Prämisse vorkommen, und überdies muss es einen dritten Begriff geben, der bloß in den Prämissen erscheint und dessen Function darin besteht, das logische Verhältnis zwischen dem Subjects- und Prädicatsbegriffe (S und P) des Schlusssatzes zu vermitteln. Dieser dritte Begriff heißt der **Mittelbegriff** (terminus medius), gewöhnlich mit M bezeichnet. Derselbe muss zu S und P in einem solchen logischen Verhältnisse stehen, dass sich daraus das logische Verhältnis zwischen S und P selbst mit zwingender Nothwendigkeit ergibt. Der Begriff P, der das Prädicat des Schlusssatzes bildet, heißt **Oberbegriff**; der Begriff S, der als das Subject des erschlossenen Urtheils erscheint, heißt **Unterbegriff**.

Ebenso heißt von den beiden Prämissen jene, welche das Verhältnis des Oberbegriffes zum Mittelbegriffe darstellt, der **Obersatz** (propositio maior), und die zweite, die das Verhältnis des Unterbegriffes zum Mittelbegriffe ausdrückt, der **Untersatz** (propositio minor). Aus beiden aber ergibt sich das Verhältnis des Ober- und Unterbegriffes zu einander, das im **Schlusssatze** (conclusio) ausgesagt wird.

Jedes Laster (M) ist verwerflich (P) — Obersatz.

Der Geiz (S) ist ein Laster (M) — Untersatz.

Der Geiz (S) ist verwerflich (P) — Schlusssatz.

Der Geiz ist verwerflich, weil er ein Laster ist. Der Mittelbegriff ist der Erkenntnisgrund für das logische Verhältnis von S und P.

Mit dieser Vertheilung der drei Hauptbegriffe ist jedoch die Gestalt des kategorischen Schlusses noch nicht genügend bestimmt, indem es dahingestellt bleibt, welche Function diesen Begriffen in jeder der Prämissen zukommt; und hiefür ist der Angelpunkt die jeweilige Stellung des Mittelbegriffes. Man nennt die verschiedenen Gestaltungen des Syllogismus, die sich mit Rücksicht auf die verschiedene Stellung des Mittelbegriffes ergeben, die **Figuren** desselben.

Indem wir nun den Mittelbegriff im allgemeinen Schema seine verschiedenen möglichen Stellungen einnehmen lassen, erhalten wir folgende **vier Schlussfiguren:**

I. M — P	II. P — M	III. M — P	IV. P — M
S — M	S — M	M — S	M — S
S — P	S — P	S — P	S — S

I. Jedes Verbrechen (M) ist strafbar (P)

Der Betrug (S) ist ein Verbrechen (M)

Der Betrug (S) ist strafbar (P).

II. Alle Subjecte der directen Rede (P) stehen im Nominativ (M)

Dieses Substantivum (S) steht nicht im Nominativ (M)

Dieses Substantivum (S) ist nicht Subject einer directen Rede (P).

III. Alle Pferde (M) sind Einhufer (P)

Alle Pferde (M) fressen Pflanzen (S)

Einige Pflanzenfresser (S) sind Einhufer (P).

IV. Alle Salze (P) sind Mineralien (M)

Alle Mineralien (M) sind unorganische Körper (S)

Einige unorganische Körper (S) sind Salze (P).

Nur bei den Identitätsschlüssen, wo aus zwei Identitätsurtheilen ein drittes Identitätsurtheil erschlossen wird, ist die Stellung der Begriffe in den Prämissen für das Resultat gleichgiltig. Wenn zwei Begriffe einem und demselben dritten Begriffe gleich sind, so sind sie auch unter einander gleich. Diesem Satze gemäß leitet die Arithmetik aus zwei gegebenen Gleichungen ohne jede Rücksicht auf die Stellung der Glieder eine neue Gleichung ab:

$$
\begin{array}{llll}
y = z & \text{oder:} \quad z = y & \text{oder:} \quad y = z & \text{oder:} \quad z = y \\
x = y & \qquad\quad x = y & \qquad\quad y = x & \qquad\quad y = x \\
\hline
x = z & \qquad\quad x = z & \qquad\quad x = z & \qquad\quad x = z.
\end{array}
$$

Ähnlich gestaltet sich das Schließen aus zwei Definitionen, z. B.:
Die gewöhnliche Wage ist ein Hebel, bei welchem Kraft und Last vom Drehungspunkte gleichen Abstand haben.
Ein Hebel, bei welchem ......, ist ein gleicharmiger Hebel.

Die gewöhnliche Wage ist ein gleicharmiger Hebel.

§. 56. Ableitung der giltigen modi der vier Schlussfiguren.

Die Feststellung allgemeiner Typen für die verschiedenen Schlussarten kann sowohl auf die Inhalts- als auf die Umfangsverhältnisse der Begriffe gestützt werden. Die Untersuchung selbst kann hiebei wieder einen zweifachen Weg einschlagen; sie kann entweder gewissen allgemeinen Grundsätzen nachgehen, die zur Ableitung eines neuen Urtheils aus gegebenen Urtheilen berechtigen — Weg der Deduction —, oder sie kann alle denkbaren Schlussformen durchgehen, um dieselben in Bezug auf ihre Giltigkeit zu prüfen — Weg der Induction.

Eine Schlussform heißt giltig, wenn sie in jedem besonderen Beispiel unter Voraussetzung der materialen Wahrheit der Prämissen wahre Schlusssätze liefert. Wollen wir nun die „giltigen" Schlussarten von den „ungiltigen" scheiden, so müssen wir bedenken, dass innerhalb jeder der vier Schlussfiguren sowohl der Obersatz als der Untersatz eine vierfache Beschaffenheit (a, e, i, o) annehmen kann. Combiniert man also diese Variationen des Obersatzes mit den Variationen des Untersatzes, so ergeben sich innerhalb jeder einzelnen Schlussfigur 16 verschiedene Gestaltungen oder **Unterarten** (modi):

$$\begin{array}{cccc} \overline{aaaa} & \overline{eeee} & \overline{iiii} & \overline{oooo} \\ aeio & aeio & aeio & aeio \end{array}$$

Für alle vier Schlussfiguren ergibt dies demnach zusammen 64 Schlussarten; von diesen werden sich jedoch nur 19 als allgemeingiltig erweisen.

§. 57. Die erste Figur.

$$\text{Schema: } \begin{array}{c} M - P \\ \underline{S - M} \\ S - P. \end{array}$$

Für die erste Schlussfigur ist die **Unterordnung des Besonderen unter das Allgemeine** wesentlich, wie sie in der Folgerung ad subalternatam (§. 52) ausgedrückt ist:

$$\begin{array}{ll} \underline{M\,a\,P} & \text{Alle Menschen sind fehlbar} \\ M\,i\,P & \text{Also sind auch einige Menschen fehlbar.} \end{array}$$

Bei bloß einer Prämisse kann der Schlusssatz nicht mehr enthalten als die Prämisse; er enthält thatsächlich quantitativ weniger. Denn was die Prämisse allgemein von allen M (Menschen) aussagt, sagt der Schlusssatz im besonderen von einigen Menschen oder einer Gruppe von Menschen aus. Fasst man jedoch diese Gruppe von Menschen als einen selbständigen neuen Artbegriff auf, indem man die einigen M gleichsetzt allen S, z. B. die einigen Menschen allen Gelehrten, und zwar durch das Urtheil: S a M Gelehrte sind Menschen: so ist der Weg zu dem eigentlichen dreigliedrigen Schlusse gefunden:

$$\begin{array}{lll} \text{Obersatz:} & M\,a\,P & \text{Alle Menschen sind fehlbar} \\ \text{Untersatz:} & \underline{S\,a\,M} & \text{Gelehrte sind Menschen} \\ \text{Schlusssatz:} & S\,a\,P & \text{Gelehrte sind fehlbar.} \end{array}$$

Der Mittelbegriff, der das Subject des Obersatzes bildet, erscheint im Untersatze seinem Umfange nach eingeschränkt auf eine besondere Art. S ist dem P untergeordnet, weil es dem M, und dieses wieder dem P untergeordnet ist. Die erste Figur ist demnach ein **Unterordnungs- oder Subsumtionsschluss.**

7*

Was (P) von dem Allgemeinen (allen M) gilt, das (P) gilt offenbar auch von dem Besonderen (einigen M). Was von der Gattung (M) gilt, das gilt auch von der Art (S = einige M). Was von allen Menschen gilt, das gilt offenbar auch von jeder besonderen Art von Menschen, z. B. von den Gelehrten. (§. 15, P. 4.)

Das der ersten Schlußfigur zugrunde lieg ende Princip der Unterordnung des Besonderen unter das Allgemeine wurde von den Scholastikern als das so-genannte „Dictum de omni et de nullo" in fol gende Sätze zusammengefaßt:

Quidquid valet de omni, valet etiam de quibusdam et de singulis.

Quidquid de nullo valet, nec de quibusdam nec de singulis valet.

Quidquid valet de genere, valet etiam de specie.

Quidquid repugnat generi, repugnat etiam speciei.

Nota notae est nota rei ipsius. *)

Nota repugnans notae repugnat rei ipsi.

Praedicatum praedicati est quoque praedicatum subiecti.

Die drei letzten Sätze haben folgenden Sinn: Gilt ein Urtheil „S ist M", so ist offenbar alles das, was im Inhalte von M mitgedacht wird (die Begriffs-merkmale a, b, c ...), eben damit von S ausgesagt, daß M von S ausgesagt wird; aus demselben Grunde ist alles, was inhaltlich von M ausgeschlossen ist, auch von S ausgeschlossen.

S ist M	Untersatz: Die Tugend ist ein Wissen
M ist (ist nicht) a, b, c .... (P)	Obersatz: Wissen ist lehrbar
S ist (ist nicht) a, b, c .... (P)	Die Tugend ist lehrbar.

Das Schlußverfahren beruht hier auf einer inhaltlichen Analyse des Mittelbegriffes (M), und weil hier das Denken vom Subjectsbegriffe des Schlußsatzes, der uns zunächst vorschwebt, ausgeht, so erscheint die Ord-nung der Prämissen umgekehrt, und diese Ordnung ist auch die dem ungezwungenen Denken geläufigere.

§. 58. Bedingungen des Schließens bei der ersten Figur. — Ihre giltigen modi.

1. Der **Obersatz** muß **allgemein** sein, da er etwas von der ganzen Gattung aussagen muß, wenn mit Sicherheit auf einen besonderen Fall dieser Gattung soll geschlossen werden können. Der Qualität nach kann er bejahend oder verneinend sein, da das Merkmal P der ganzen Gattung entweder zu- oder abgesprochen werden kann.

2. Der **Untersatz** muß **bejahend** sein, da er einen Begriff S als Art einem anderen Begriffe M als Gattung unterordnet. Bei negativem Unter-satze wäre die Möglichkeit nicht ausgeschlossen, daß doch gewisse Merkmale von M, und zwar eben jene, die P ausmachen, dem S zukommen, wie aus folgendem Beispiele hervorgeht:

---

*) res ipsa (S) ist der Subjectsbegriff, nota (P) notae (M) der Prädicatsbegriff.

Das Quadrat ist kein Rechteck — (Untersatz)
Das Rechteck ist ein Viereck — (Obersatz)

Das Quadrat ist kein Viereck, was offenbar falsch ist, da mit dem Begriffe „Rechteck" der Begriff „Viereck" mitgedacht wird, welcher sammt allen seinen Merkmalen auch dem Subjecte „Quadrat" zukommt. Der Quantität nach kann der Untersatz auch particulär sein, indem man auch nur einen Theil des Umfanges von S dem Begriffe M unterordnen kann.*)

Ist der Obersatz verneinend oder der Untersatz particulär, so muss es auch der Schlusssatz sein. Dieser folgt also in Bezug auf Qualität dem Obersatze, in Bezug auf Quantität dem Untersatze, kann somit alle vier Formen (a, e, i, o) annehmen.

Da der Obersatz ein Urtheil a oder e, der Untersatz ein Urtheil a oder i sein kann, so erhält man folgende vier giltige Arten (modi) der ersten Figur:

1. Barbara	2. Celarent	3. Darii	4. Ferio
M a P	M e P	M a P	M e P
S a M	S a M	S i M	S i M
S a P	S e P	S i P	S o P

Anmerkung. Die Gedächtniswörter für diese und die folgenden Schluss-arten sind durch Petrus Hispanus (später Papst Johann XXI. † 1277) eingeführt worden.

Beispiele: Barbara: 1. Wasser steht in gleich weiten communi-cierenden Röhren nothwendig gleich hoch; das Grundwasser der Flussthäler ist Wasser in solchen communicierenden Röhren — also steht es nothwendig überall gleich hoch. — 2. Polarisierbar sind nur Strahlen, in welchen die Theilchen transversale Schwingungen ausführen; Lichtstrahlen sind polarisierbar — also? — 3. Wer vornehm, reich und mächtig ist, ist angesehen; Könige sind vornehm, reich und mächtig; also sind sie angesehen.**) — Celarent: 4. Die Lüge ist nicht erlaubt; die Nothlüge ist eine Lüge — also ist die Nothlüge nicht erlaubt. — Darii: 5. Objectsätze, die einen Wunsch oder Auftrag enthalten, haben ut (ne) finale oder den Conjunctiv ohne ut; manche Objectsätze nach einem verbum dicendi enthalten einen Wunsch oder Auftrag, haben also ut (ne) finale oder den Conjunctiv ohne ut. — Ferio: 6. Kein Säugethier athmet durch Kiemen; einige im Wasser lebende Thiere sind Säugethiere — also athmen einige im Wasser lebende Thiere nicht durch Kiemen.

1. Aufgabe. Man stelle aus folgenden, durch Angabe des Mittelbegriffes begründeten Behauptungen (Schlusssätzen) regel-rechte Schlüsse nach einer von den vier Unterarten her.

---

*) Für diese Bedingungen des Schließens hat man den Gedächtnisvers: Sit minor affirmans, nec maior sit specialis.

**) Hier sowie in den folgenden Schlussfiguren kann nämlich an Stelle des einzelnen Mittelbegriffes auch eine Reihe coordinierter Begriffe erscheinen. (Conjunctive Schlussformen; vgl. §. 42 B, Anm.)

1. Die Planetenbewegung steht unter dem Einflusse einer Kraft, die dem Quadrate der Entfernung des Beweglichen von einem Fixpunkte umgekehrt proportional ist; denn die Planetenbewegung ist eine Bewegung, welche nach den Keppler'schen Gesetzen stattfindet. — 2. Überhitzte Dämpfe von genügend geringer Dichte befolgen das Gay-Lussac-Mariotte'sche Gesetz, weil sie gasförmige Körper sind, die vom Condensationspunkte weit entfernt sind. — 3. Polen musste äußeren Feinden erliegen, weil es ein in sich zerrütteter Staat war. — 4. Die Kreuzzüge waren keine Thorheit, da sie aus einer mächtigen religiösen Begeisterung entsprangen. — 5. Einige Gewohnheiten sind verwerflich, weil sie einen leidenschaftlichen Charakter annehmen. — 6. Die Tugend ist kein Wahn, denn sie beseligt den Menschen. — 7. Einige Studierende machen nur geringe Fortschritte, weil sie den Lehrstoff mechanisch auswendig lernen.

2. Aufgabe: Man ergänze zu folgenden Schlusssätzen die fehlenden Prämissen durch Ermittlung eines passenden Mittelbegriffes (Grundes) auf die Frage: Warum?

1. Das Verbum „persuadeo" (überreden) wird mit ut construiert. — 2. Das Verbum „τιμάω" bildet einen sigmatischen Aorist. — 3. Gladiatorenspiele sind verwerflich. — 4. Grelle Farbenübergänge sind nicht schön. — 5. Viele Studierende sind die Freude ihrer Eltern. — 6. Alle Kunstwerke sind unvollkommen. — 7. Einige Wahrheiten sind Axiome. — 8. Einiges von dem, was die Mythologie der alten Griechen und Römer der Gottheit andichtet, kann ihr nicht anhaften.

§. 59. Die zweite Figur.

Schema:
$$P - M$$
$$S - M$$
$$\overline{S - P.}$$

Zwei Begriffe P und S werden zu einem und demselben Prädicate M in Beziehung gesetzt. Wären hier nun beide Prämissen affirmativ, so würde man nur zu dem Ergebnisse gelangen, dass S und P ein übereinstimmendes Merkmal besitzen; das gegenseitige Verhältnis der Begriffe S und P würde jedoch unbestimmt bleiben, da einerseits die Möglichkeit besteht, dass P trotz der Übereinstimmung in dem Merkmale M wegen anderer Eigenschaften nothwendig von S auszuschließen ist; andererseits kann je nach der Natur der gewählten Begriffe auch der Schlusssatz S a P nothwendig werden; z. B.

Die Tinte ist schwarz
Der Rabe ist schwarz;
$$\overline{\qquad ? \qquad}$$

dagegen:

Die Säugethiere säugen ihre lebendig geborenen Jungen
Der Walfisch säugt seine lebendig geborenen Jungen
$$\overline{\text{Der Walfisch ist ein Säugethier.}}$$

Im zweiten Beispiele ist der Schluſs richtig, weil M das charakteristische Merkmal der Gattung P und die obere Prämiſse ein Identitätsurtheil ist, so daſs diese Schluſsart auf einen Subsumtionsschluſs zurückgeführt werden kann.*)

Es muſs daher, wenn der Schluſssatz für das allgemeine Schema nicht problematisch bleiben soll, **eine von den Prämiſſen negativ sein**, also müssen S und P bezüglich des M sich **unterscheiden**. Das der zweiten Figur zugrunde liegende Schluſsprincip lautet somit: **Zwei Begriffe, die in einer charakteristischen Eigenschaft von einander abweichen, sind unvereinbar und daher logisch zu trennen.** Demnach ist der Schluſssatz immer verneinend; der **Obersatz** aber muſs **allgemein** sein, weil er ein charakteristisches Merkmal M dem Prädicate P zu= oder absprechen muſs. Der Schluſssatz ist particulär, wenn es der Untersatz ist.**) Es ergeben sich demnach folgende vier giltige Schluſsarten:

1. Camestres	2. Baroco	3. Cesare	4. Festino
P a M	P a M	P e M	P e M
S e M	S o M	S a M	S i M
S e P	S o P	S e P	S o P.

Der Nerv des Schließens liegt hier in folgenden zwei Erwägungen:

1. Was P sein soll, muſs M sein; nun ist aber S (oder ein Theil von S) nicht M, daher kann S (oder dieser Theil von S) nicht P sein. (Camestres und Baroco.)

2. Was P sein soll, darf nicht M sein; nun ist aber S (oder ein Theil von S) mit dem Merkmal M behaftet, daher kann S (oder dieser Theil von S) nicht P sein. (Cesare und Festino.)

Beispiele: Camestres: 1. Der Astronom Leverrier schloſs: Die Gesammtzahl der zu unserem Sonnensystem gehörenden Weltkörper muſs die Bahn des Uranus vollständig bestimmen; die bekannten Weltkörper unseres Sonnensystems aber bestimmen nicht die Bahn des Uranus vollständig — also bilden sie nicht die Gesammtzahl dieser Weltkörper. — Diese negative Erkenntnis hat die positive Ermittlung der Existenz des Ortes und der Masse des Neptun vorbereitet. — Baroco: 2. Alle regelmäßigen ebenen Figuren lassen sich einem Kreise einschreiben; manche Parallelogramme lassen sich nicht einem Kreise einschreiben, also? — Cesare: 3. Körper, welche nicht kugelförmig sind, können nicht nach jeder Richtung kreisförmige Schatten werfen; die Erde wirft solche Schatten (z. B. auf den Mond), also gehört sie nicht zu den Körpern, welche nicht kugelförmig sind. — Festino: 4. Ein verläſsliches

---

*) Diese Art des Schlusses, welche Wundt (Logik I² 363) als „Übereinstimmungsschluſs" bezeichnet, ist wichtig für die Bildung von Gattungsbegriffen. In der Aristotelischen Logik findet nur der im folgenden erwähnte Schluſs mit negativem Schluſssatz (nach Wundt „Unterscheidungsschluſs") Berücksichtigung.

**) Gedächtnisvers: Una negans esto, nec maior sit specialis.

Kennzeichen des Wärmezustandes eines Körpers darf nicht von zufälligen Um=
ständen abhängen; unsere Empfindung vom Wärmezustand eines Körpers hängt
zuweilen von zufälligen Umständen ab; also?

1. Aufgabe: Man bilde aus folgenden kurz begründeten
Behauptungen regelrechte Schlüsse der zweiten Figur:

1. Der Leidenschaftliche (S) ist kein Charakter (P), denn er kann sich
nicht beherrschen (M). — 2. Der isländische Kalkspath krystallisiert nicht im
tesseralen System; denn er zeigt die doppelte Strahlenbrechung. — 3. Kein
schiefwinkliges Parallelogramm kann Sehnenviereck eines Kreises sein, weil es
nicht die Eigenschaft hat, daß die Summe je zweier gegenüberliegender Winkel
gleich ist zwei Rechten. — 4. Manche, die legal handeln, sind keine wirklich
sittlichen Charaktere, weil sie das Rechte nicht in der rechten Gesinnung thun.
— 5. Die Tugend ist kein leerer Wahn; (denn) der Mensch kann sie üben
im Leben (Schiller). — 6. Einige alte Civilisationen waren nicht gesunde
gesellschaftliche Zustände; denn sie gründeten sich auf die Erhaltung eines
Sclavenstandes.

2. Aufgabe: Man erweise folgende Schlußsätze:

1. Der Walfisch ist kein Fisch. — 2. Die Hunnen sind kein Culturvolk.
— 3. Das Riesengebirge ist kein Hochgebirge. — 4. Holz sinkt im Wasser
nicht unter. — 5. Manche Bücher sind nicht zu empfehlen.

§. 60. Die dritte Figur.

$$\begin{aligned} M &- P \\ M &- S \\ \hline S &- P. \end{aligned}$$

Die Conversion der Urtheilsform S a P hat ergeben, daß die Ge=
sammtheit der S gleichgesetzt werden kann einem Theile von P, so daß
„alle S" gleich sind „einigen P". Ebenso sind in der Urtheilsform S i P
die „einigen S" gleich „einigen P".

Auf Grund dieser Erwägung läßt sich das Schlußprincip der III. Figur
folgendermaßen aussprechen: **An der logischen Beziehung zwischen M und P
(Obersatz) nimmt auch S theil, wenn es feststeht, daß mindestens ein Theil
der S mit M identisch ist (Untersatz).** Der Obersatz kann somit jede der
vier Urtheilsformen annehmen, der Untersatz aber muß in der Form a
oder i die Zugehörigkeit der Art M zur Gattung S aussprechen. Von diesen
acht Combinationen aber sind $\frac{i}{i}$ und $\frac{o}{i}$ ungiltig, da hiebei keine Bürgschaft
vorhanden ist, ob die einigen M des Ober= und des Untersatzes dieselben
sind, somit das Verhältnis zwischen S und P in der Schwebe bleiben muß.
Es bleiben somit sechs giltige Schlußarten, die sich zu drei Gruppen
gliedern:

	I.		II.		III.
1. Darapti	2. Datisi	3. Felapton	4. Ferison	5. Disamis	6. Bocardo
M a P	M a P	M e P	M e P	M i P	M o P
M a S	M i S	M a S	M i S	M a S	M a S
S i P	S i P	S o P	S o P	S i P	S o P

Der Grundgedanke der III. Figur besondert sich für diese drei Gruppen in folgender Weise:

I. Sind alle M...P und zugleich alle oder einige M...S, so müssen mindestens einige S...P sein.

II. Ist kein M...P und sind zugleich alle oder einige M...S, so müssen mindestens einige S von P ausgeschlossen sein.

III. Sind einige M... P oder nicht P und zugleich alle M...S, so sind jedenfalls einige S (nämlich diejenigen S, die mit den einigen M des Obersatzes identisch sind) P oder nicht P.

Der Obersatz kann also alle vier Urtheilsformen annehmen; der **Untersatz muss affirmativ, der Schlussatz particulär** sein.*)

Wie gestaltet sich bei Darapti und Felapton der Schlussatz, wenn der Untersatz ein Identitätsurtheil, somit rein convertierbar ist?

Beispiele: Darapti: 1. Alle Wale sind Säugethiere; alle Wale sind Wasserthiere; also sind einige Wasserthiere Säugethiere. — 2. Mercur, Venus, Erde haben Achsendrehung; sie sind Planeten; also haben einige Planeten Achsendrehung (Inductionsschluss). — Datisi: 3. Alle Parallelogramme sind Vierecke; einige Parallelogramme sind gleichseitige Figuren; also sind einige gleichseitige Figuren Vierecke. — Felapton: 4. Mohamedaner sind nicht Christen; Mohamedaner sind Monotheisten; also sind einige Monotheisten nicht Christen. — Ferison: 5. Chemische Elemente sind chemisch nicht zerlegbar; einige chemische Elemente sind Flüssigkeiten; also sind einige Flüssigkeiten chemisch nicht zerlegbar. — Disamis: 6. Einige Maschinen sind für den Landwirth wichtig; alle Maschinen sind physikalische Geräthe; also sind einige physikalische Geräthe für den Landwirth wichtig. — Bocardo: 7. Einige Menschenwerke sind nicht schön; alle Menschenwerke sind Kunstproducte; also sind einige Kunstproducte nicht schön.

1. Aufgabe. Welche Schlussätze ergeben sich aus folgenden Prämissen?

1. Gepresstes Glas ist doppelt brechend; gepresstes Glas ist ein amorpher Körper. — 2. Terpentinöl leitet den elektrischen Strom nicht; Terpentinöl ist eine Flüssigkeit. — 3. Iubeo ist kein verbum sentiendi vel declarandi; iubeo wird mit dem accusativus cum infinitivo construiert.

2. Aufgabe. Man stelle folgende mit einer Begründung versehenen Behauptungen als regelrechte Schlüsse der dritten Figur dar:

---

*) Sit minor affirmans, conclusio sit specialis.

1. Einige Heiden verkündigten Wahrheiten, welche den christlichen Glaubens=
sätzen ähnlich sind; namentlich die griechischen Weisen. — 2. Es gibt einige
Vorgänge in den höchsten und entferntesten Theilen der Atmosphäre, welche mit
der Witterung im Zusammenhange stehen — z. B. die Nordlichter (nach
Weyprecht). — 3. Nicht alle Metalle sind schwerer als das Wasser, z. B.
Kalium. — 4. Nicht alles, was Kohlenstoff enthält, ist organisch, z. B.
das Eisen.

3. Aufgabe. Man erweise folgende Sätze:

1. Einige Vögel fliegen nicht. — 2. Gewisse Romane sind verderblich.
— 3. Manche angenehme Gesellschaften wirken verderblich auf unseren Cha=
rakter. — 4. Einige einfache Maschinen sind in jeder Haushaltung im Gebrauch.
— 5. Einiges, was glänzt, ist nicht Gold. — 6. Einige im Wasser lebende
Thiere athmen nicht durch Kiemen.

§. 61. Die vierte Figur.

Schema: P — M

M — S

S — P.

Die vierte Figur ist für die Praxis des Denkens von geringer Bedeutung,
da sie nur eine mehr oder weniger gekünstelte und gewaltsame Umkehrung der
ersten Figur darstellt. In ähnlicher Weise wie bei den ersten drei Figuren lassen
sich auch hier die giltigen modi erweisen, denen folgende Gedächtniswörter ent=
sprechen: **Bamalip, Calemes, Dimatis, Fresison** und **Fesapo**. Erwägt
man z. B. bei Bamalip das Verhältnis der Begriffe S und P, so erscheint die
Urtheilsfällung S — P dem natürlichen Denken gleich sehr widersprechend, mag
man nun auf die Beziehung ihrer Inhalte oder ihrer Umfänge achten.*)

§. 62. Übersichtliche Betrachtung der kategorischen Schlußfiguren. — Zurückführung der II. und III. auf die I. Figur.

Aus einer Vergleichung der 14 giltigen Formen der drei echten
kategorischen Schlußfiguren ergeben sich folgende allgemeine Bedingungen des Schließens:

1. Jeder einfache Syllogismus darf nicht mehr und nicht weniger
als drei Hauptbegriffe enthalten. Enthielte er bloß zwei Hauptbegriffe,
so würde der Schlußsatz nur formell von den Prämissen verschieden, somit
der Schluß ein uneigentlicher sein; gäbe es dagegen mehr als drei Haupt=
begriffe, so würde derjenige Fehler entstehen, den man quaternio terminorum
nennt und der jedes Schließen unmöglich macht. Z. B. Der Tugendhafte
ist achtungswürdig — der Lügner ist unsittlich; also? — Die quaternio
terminorum ist schon vorhanden, wenn der Mittelbegriff in beiden Prämissen

---

*) Aristoteles kennt nur die ersten drei Schlußfiguren; die vierte ist von
Claudius Galenus (geb. 131 nach Chr.) aufgestellt worden.

zwar durch ein und dasselbe Wort bezeichnet ist, aber nicht beidemal in genau dem gleichen Sinne gemeint wird. Terminus esto triplex, non tantum voce, sed et re. (Vgl. §. 88, P. 3.)

2. Der Mittelbegriff darf nur in den Prämissen vorkommen.

3. Aus zwei verneinenden und aus zwei particulären Prämissen ergibt sich kein Schluss.

4. Die Combination $\frac{i}{e}$ führt gleichfalls in keiner Figur zu einem giltigen Schlusse.

5. Ist eine der Prämissen negativ oder particulär, so ist es auch der Schlusssatz. Der Schlusssatz folgt also in Bezug auf Qualität und Quantität der schwächeren Prämisse (conclusio sequitur partem debiliorem); er kann nur dann allgemein sein, wenn es beide Prämissen sind (Barbara), ohne dass er es jedesmal sein müsste (Darapti).

6. Ein Urtheil von der Form a kann nur nach der ersten Figur (modus Barbara) erschlossen werden. Bei der zweiten Figur ist der Schluss-satz nothwendigerweise verneinend, bei der dritten Figur particulär, und nur in der ersten Figur kann er alle vier Formen (a, e, i, o) annehmen.

7. Der Schlusssatz hat in einem einzigen Falle die Form a, in drei Fällen die Form e, in vier Fällen die Form i und in sechs Fällen die Form o, woraus ersichtlich ist, dass das Urtheil a, welches den höchsten Erkenntniswert besitzt, am schwersten, das Urtheil o, die unbestimmteste Form, am leichtesten zu erschließen ist.

Anmerkung. Aristoteles hält nur den Syllogismus der ersten Figur für den vollkommenen Schluss (συλλογισμὸς τέλειος), weil hier der Schlusssatz unmittelbar aus den Prämissen folge, während es bei den übrigen „unvoll-kommenen“ Schlussarten erst einer Zurückführung auf den entsprechenden modus der ersten Figur bedürfe. Die Art und Weise dieser Zurückführung deuten die für die einzelnen Schlussarten aufgestellten Gedächtniswörter in den Consonanten (s, p, c, m) an: s bedeutet die einfache Umkehrung (conversio simplex), p die beschränkte Umkehrung (conversio per accidens) derjenigen Prämisse, die der voranstehende Vocal bezeichnet, m (metathesis) die Umstellung der Prämissen, c (contrapositio) die Zurückführung auf die Unmöglichkeit des contradictorischen Gegentheils des Schlusssatzes.*) Die Anfangsbuchstaben B, C, D, F deuten auf den entsprechenden modus der ersten Figur hin, z. B. Baroco auf Barbara.

Beispiele: 1. Um Disamis auf Darii zu reducieren, muss man den Obersatz (gemäß dem auf seinen Vocal folgenden s) rein umkehren; sodann müssen die Prämissen (gemäß dem auf a folgenden m) umgestellt werden. Aus

---

*) Gedächtnisverse: s vult simpliciter verti, p verti per accid(ens), | m vult transponi, c per impossibile duci.

biesen umgestalteten Prämissen zieht man nun einen Schlußsatz nach der ersten Figur und kehrt denselben (gemäß dem Schluß=s) um.

<table>
<tr><td>Disamis:</td><td>Darii:</td></tr>
<tr><td>Einige Metalle sind magnetisch</td><td>Alle Metalle sind schmelzbar</td></tr>
<tr><td>Alle Metalle sind schmelzbar</td><td>Einiges Magnetische ist Metall</td></tr>
</table>

Einiges Schmelzbare ist magnetisch = Einiges Magnetische ist schmelzbar.

2. Bocardo deutet durch den Anfangsbuchstaben B auf Barbara hin. Z. B.

Einige Künste sind nicht Nachahmung der Natur
Alle Künste stellen das Schöne dar

Einiges Schöne ist nicht Nachahmung der Natur.

Wäre dieser Schlußsatz falsch, so müßte sein contradictorisches Gegentheil (Alles Schöne ist Nachahmung der Natur) wahr sein. Setzt man nun dieses contra=bictorische Gegentheil (gemäß dem auf o folgenden c) an Stelle des Obersatzes von Bocardo und verbindet es mit dem gegebenen Untersatze, so ergibt sich nach Barbara folgender Schluß:

Alles Schöne ist Nachahmung der Natur
Alle Künste stellen das Schöne dar

Alle Künste sind Nachahmung der Natur.

Dieser Schlußsatz ist aber offenbar falsch und steht auch zum gegebenen Ober=satze in Bocardo im contradictorischen Gegensatze. Demnach ist die Annahme des contradictorischen Gegentheils des ursprünglichen Schlußsatzes in Bocardo unstatthaft, und dieser selbst daher richtig. (Indirecter Beweis, vgl. §. 86, P. 2.)

§. 63. Veranschaulichung der giltigen Schlußarten durch das Sphärenbild der Umfangsverhältnisse.

Versinnlichen wir die Umfänge der im kategorischen Syllogismus ent=haltenen drei Begriffe nach §. 32 durch Kreisflächen, so gewinnen wir ein Mittel, durch welches das durch M vermittelte Verhältnis zwischen S und P zu einem Gegenstande der Anschauung wird. Dadurch wird der auf die Inhaltsverhältnisse gegründete Beweis der Giltigkeit zwar nicht ersetzt, wohl aber unterstützt. Einer einfacheren Darstellung zuliebe sehen wir (wie in §. 48) bei der Urtheilsform a von dem weniger häufigen Falle der Deckung der Umfänge ab und verstehen i und o als Prämisse immer nur im Sinne des Hauptfalles der Kreuzung oder Interferenz. Vgl. §. 48.

1. Barbara
MaP
SaM

SaP

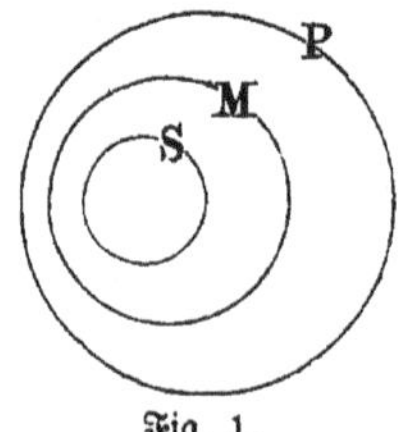

Fig. 1.

2.	Celarent	Cesare	Camestres
	M e P	P e M	P a M
	S a M	S a M	S e M
	S e P	S e P	S e P

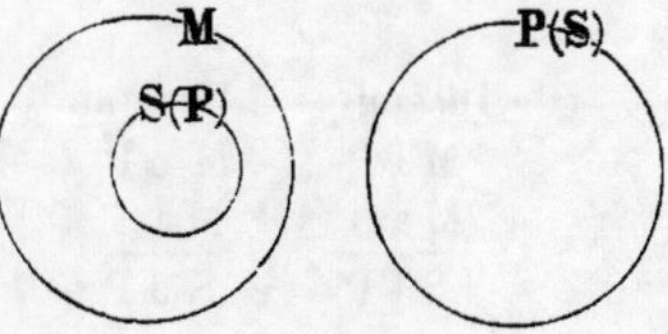

Fig. 2.

3.	Darii	Datisi
	M a P	M a P
	S i M	M i S
	S i P	S i P

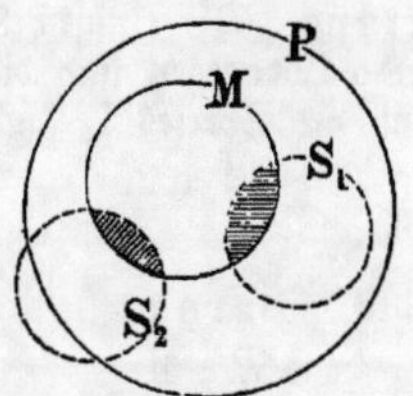

Fig. 3.

Anmerkung. Die Aussage des Schlusssatzes meint in beiden modi zunächst die S im gestrichelten Raume. Die Zeichnung lehrt jedoch, dass im besonderen Falle auch alle anderen S...P sein können (S_1), somit der Schlusssatz S a P gelten kann. Der Schlusssatz S i P im allgemeinen Schema umfasst somit die Specialfälle S i_u P und S i_p P. (Vgl §. 48.) — Die Unzulänglichkeit des Symbols erhellt hier daraus, dass es jene besonderen Fälle ausschließt, wo alle anderen S außerhalb P fallen. Man könnte zwar auch diesen Fall sowie überhaupt jeden Specialfall graphisch darstellen, jedoch würde bei solcher Vermehrung der Symbole und zumal bei Verzicht auf die im Eingang des Paragraphen angezeigten Einschränkungen der Wert und Nutzen dieses Anschauungsmittels recht zweifelhaft.

4.	Ferio	Festino	Ferison
	M e P	P e M	M e P
	S i M	S i M	M i S
	S e P	S o P	S e P

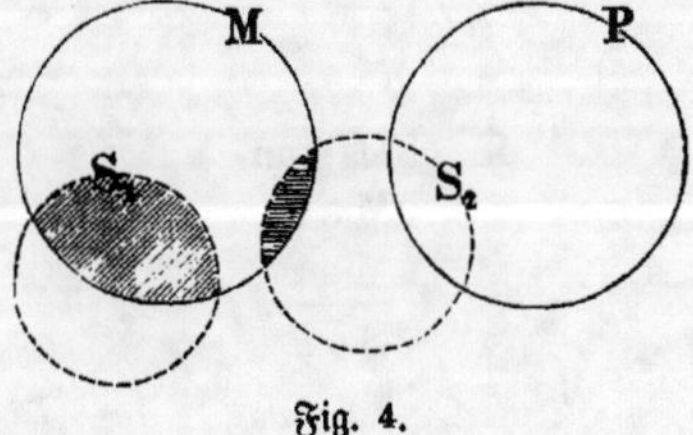

Fig. 4.

Anmerkung. Mit Rücksicht auf die zwei Specialfälle S_1 und S_2 umfasst der Schlusssatz S o P im allgemeinen Schema seine beiden Species. (Vgl. §. 48.)

5. Disamis | Bocardo
   M i P | M o P
   M a S | M a S
   ――――― | ―――――
   S i P | S o P

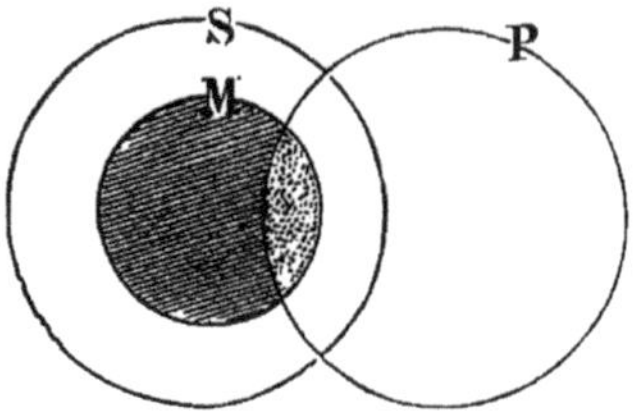

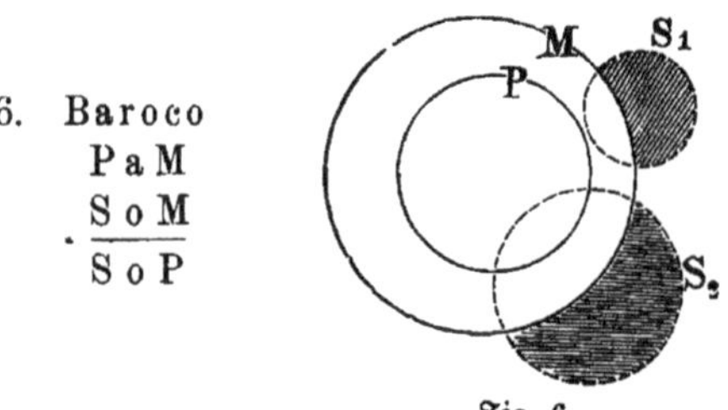

Fig. 5.

Anmerkung. Die einigen S in S i P sind die S im punktierten, die einigen S in S o P dagegen sind die S im gestrichelten Raume; i und o im Schlußsatze sind die Species i_p und o_p

6. Baroco
   P a M
   S o M
   ―――――
   S o P

Fig. 6.

Anmerkung. o im Schlußsatze ist das generelle o (ohne Index).

7. Darapti
   M a P
   M a S
   ―――――
   S i P

Fig. 7.

8. Felapton
   M e P
   M a S
   ―――――
   S o P

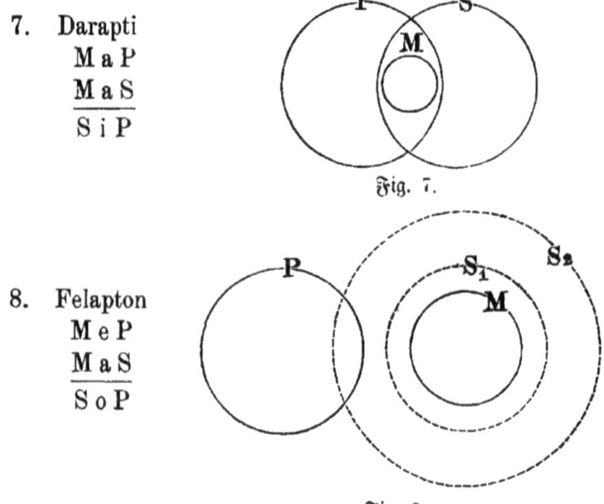

Fig. 8.

Anmerkung zu Fig. 7 und 8. Der Schlußsatz i ist i_p, der Schlußsatz o dagegen ist das generelle o.

§. 64. Bedeutung des kategorischen Syllogismus für unser Erkennen.

1. Gegen den Wert des Syllogismus hat schon der antike Skepticismus*) den Einwand erhoben, daß der Schlußsatz nur dasjenige aussage, was bereits in den Prämissen liege, und daher überflüssig sei. Der Subsumtionsschluß vollends enthalte im Schlußsatze sogar weniger als die Prämissen, und die Wahrheit der Schlußsatzes müsse bereits festgestellt sein, wenn die Wahrheit der Prämissen, namentlich des Obersatzes, gesichert sein soll. Wir hätten z. B. den Schluß: Alle Planeten sind abgeplattet, Neptun ist ein Planet — also ist Neptun abgeplattet. Hier muß früher sichergestellt sein, daß Neptun abgeplattet ist, bevor man behaupten kann, daß alle Planeten es sind. Es liegt hier somit das eigenthümliche Paradoxon**) vor, daß der Schlußsatz anstatt eine Folge der Prämisse zu sein, vielmehr eine Voraussetzung derselben ist. Es scheint also, daß ein eigentlicher Fortschritt im Denken, der zur Auffindung neuer Erkenntnisse führt, auf dem Wege des Schließens nicht möglich ist.

Das thatsächliche Denken geht allerdings vom Einzelnen, Besonderen aus, denn dieses liegt vor dem Allgemeinen. Der Syllogismus, der das Besondere aus dem Allgemeinen ableitet, kann also zur Erweiterung der Erkenntnis nicht unmittelbar dienen. Darum war es auch der scholastischen Forschung nicht möglich, mit dem Werkzeuge der Syllogistik die Wissenschaft durch neue Wahrheiten zu bereichern.

2. Der Wert des Syllogismus für den Fortschritt der Wissenschaften ist erst durch die von Baco von Verulam (1561—1626) aufgestellte Methode der inductorischen Forschung, die vom Besonderen und Einzelnen ausgeht, in das richtige Licht gesetzt worden. Deren Hauptaufgabe ist es nämlich, zu untersuchen, unter welchen Bedingungen schon aus einzelnen irgendwie gleichartigen Erfahrungen auf ein ihnen zugrunde liegendes nothwendiges Gesetz geschlossen werden kann. Gelingt es so, allgemeine Urtheile aufzustellen, noch ehe die Giltigkeit aller ihnen untergeordneten Specialfälle geprüft ist, dann liegt es nahe, den so gewonnenen Obersatz als Erkenntnisgrund auch auf andere Fälle anzuwenden, als jene, durch deren Beobachtung er gewonnen worden ist.***) Haben wir z. B. innerhalb unserer bis-

---

*) Skepticismus nennt man jene Richtung des philosophischen Denkens, welche die Möglichkeit der Gewinnung einer allgemeingiltigen, apodiktischen Erkenntnis, sei es nun innerhalb oder außerhalb der Erfahrung, bezweifelt, bezw. leugnet.

**) Παράδοξος unerwartet, verwunderlich.

***) Allerdings hat die nur auf einige Fälle gestützte Ableitung des Obersatzes nicht die Geltung eines Gewißheitsschlusses, sondern nur die eines Wahrscheinlichkeitsschlusses. Allein unser Denken muß sich in zahllosen Fällen mit solchen Wahrscheinlichkeitsschlüssen begnügen, und zwar so lange, als sie nicht durch die Erfahrung widerlegt werden.

herigen Erfahrung das Princip der Erhaltung der Kraft gewonnen, so können wir dasselbe auch auf Gebiete anwenden, von denen es ursprünglich nicht abstrahiert worden ist.*)

Der Obersatz kann aber auch aus einer anderen Quelle stammen, indem er sich als ein unmittelbar evidenter Satz, als eine nothwendige Forderung unseres Denkens herausstellt. So beruht die Mathematik auf einigen wenigen unmittelbar evidenten Grundsätzen und verfährt somit bei Ableitung ihrer Lehrsätze streng syllogistisch (deductiv).

3. Von großer Wichtigkeit ist ferner der Syllogismus für den intellectuellen Fortschritt und für das praktische Verhalten des Individuums. So findet der Syllogismus der ersten Figur seine Anwendung, wo es sich darum handelt, mittels einer beschränkten Zahl allgemeiner Obersätze (Axiome, Lehrsätze, Naturgesetze; Rechts- und Moralnormen, Lebensregeln ...) die unabsehbare Fülle der concreten Erscheinungen zu überblicken, zu ordnen und im Dienste der Forschung oder des praktischen Lebens zu verwerten. So werden z. B. die unermeßlichen Mannigfaltigkeiten der lebendigen Sprache durch eine beschränkte Anzahl grammatischer Regeln beherrscht; so soll das ganze Wollen und Thun des Menschen mit gewissen sittlichen Ideen übereinstimmen.

Nach der zweiten Figur weisen wir falsche Subsumtionen ab, wie z. B. wenn wir schließen: „Dieses Gas unterhält das Brennen nicht, folglich ist es nicht Sauerstoff."

Nach der dritten Figur schließen wir, daß eine bestimmte Eigenschaft mit einer anderen wohl zugleich vorkommen kann, aber nicht vorkommen muß. Wer z. B. behauptet, daß jede Dampfmaschine einen Condensator hat, den machen wir auf die Locomotive (überhaupt die Hochdruckmaschine) aufmerksam, welcher der Condensator fehlt. — Von besonderer Wichtigkeit sind die affirmativ schließenden Formen der dritten Figur, wenn sie einen Inductionsschluß vorbereiten. Z. B. Die Erscheinungen $a_1, a_2, a_3 \ldots a_n$ sind regelmäßig mit dem Blitz verbunden. Eben dieselben Erscheinungen zeigen sich im kleinen beim elektrischen Funken. Also sind viele Eigenschaften des elektrischen Funkens identisch mit denen des Blitzes. (Angestrebter Inductionssatz: Der Blitz ist ein elektrischer Funke.)**)

---

*) Zufolge eines intellectuellen Instinctes, dessen Thätigkeit sich einer genaueren Analyse entzieht, gelangen wir mitunter auf Grund einiger weniger irgendwie gleichartiger Erscheinungen zu dem sie beherrschenden Gesetze. So erfolgte die Entdeckung vieler Wahrheiten nicht durch die bewußte Anwendung logischer Normen, sondern nur durch jenen intellectuellen Tact oder Instinct. Erst nachträglich wird die Allgemeingiltigkeit der gewonnenen Erkenntnis sichergestellt, indem man ihre Anwendbarkeit und Tragweite unter Einhaltung der syllogistischen Normen prüft.

**) Vgl. Fr. Alb. Lange, Logische Studien, Iserlohn 1877, pag. 83.

§. 65. Hypothetische Schlussformen.

1. Hypothetische Schlüsse sind jene, die sich aus einem hypothetischen Urtheile als Obersatz ergeben und somit auf dem Verhältnisse der Abfolge, d. i. dem Verhältnisse zwischen Grund und Folge beruhen (§. 47). Hier gilt der Satz, dass der Grund seine Folge mit sich führt und ohne dieselbe nicht gedacht werden kann, sowie die Contraposition dieses Satzes, dass mit der Folge auch der Grund aufgehoben ist. Man unterscheidet demnach zwei Schlussformen:

Modus ponens: Schluss von der Setzung*) des Grundes im Untersatze auf die Setzung der Folge im Schlusssatze.

Modus tollens: Schluss von der Aufhebung der Folge im Untersatze auf die Aufhebung des Grundes im Schlusssatze.

1. Wenn A ist, so ist B	2. Wenn A ist, so ist B
Nun ist A	Nun ist B nicht
Also ist B	Also ist auch A nicht,

wobei A und B ganze Urtheile (Existential- oder kategorische Urtheile) bezeichnen und einer einfacheren Darstellung zuliebe von den vier möglichen Typen des hypothetischen Urtheils (§. 47, P. 6) nur der erste berücksichtigt wird. (Man ergänze die möglichen Formen des modus ponens und tollens durch Einsetzung der drei anderen Typen im Obersatze.)

Beispiele: 1. Wenn es einen Gott gibt, so gibt es eine Vergeltung; nun gibt es einen Gott, also gibt es eine Vergeltung (modus ponens mit einem Existentialurtheil als Untersatz). — 2. Wenn fallende Körper von der Lothlinie abweichen, so muss sich die Erde um ihre Achse drehen; nun weichen (wie das Experiment lehrt) die fallenden Körper von der Lothlinie ab, also? (modus ponens mit einem kategorischen Urtheil als Untersatz).**) — 3. Wenn es einen Zufall gibt, so gibt es keine Vorsehung; nun gibt es eine Vorsehung, also gibt es keinen Zufall (modus tollens mit einem Existentialurtheil als Untersatz; der positive Untersatz findet seine Erklärung in dem vom obigen Schema abweichenden Typus des hypothetischen Obersatzes.) — 4. Wenn die Erde genau die Kugelgestalt besitzt, so müssen die Meridiangrade in verschiedenen geographischen Breiten gleich sein; nun sind die Meridiangrade in verschiedenen geographischen Breiten nicht gleich — also? (modus tollens mit einem kategorischen Urtheil als Untersatz).

Im allgemeinen wäre es unstatthaft, von dem Grunde auf die Folge durch Aufhebung — oder von der Folge auf den Grund durch Setzung zu

---

*) Vgl. §. 26, Anm. u. d. Str. — Ponere setzen, tollere aufheben.

**) Das Abweichen fallender Körper von der Lothlinie ist der Erkenntnisgrund für die Achsendrehung der Erde, diese selbst der Realgrund für jenes Abweichen. Der Rückschluss von der Realfolge (Wirkung) auf den Realgrund (Ursache) ist hier erlaubt, weil wir urtheilen müssen: Nur wenn die Erde sich um ihre Achse dreht u. s. w.

schließen, weil ein und dieselbe Folge mehrere Gründe haben kann; man
kann also aus der Setzung der Folge wohl auf die Setzung irgend eines,
nicht aber eines bestimmten Grundes, andererseits wohl aus der Aufhebung
sämmtlicher möglichen Gründe, nicht aber eines einzelnen Grundes auf
die Aufhebung der Folge schließen. Hingegen sind beide Schlußweisen ohneweiters zulässig, wenn es sich um einen ausschließlichen Grund, bezw.
eine ausschließliche Ursache handelt. (Vgl. oben das 2. Beispiel.)

2. Wird die Setzung des Grundes, bezw. die Aufhebung der Folge
im Untersatze von einer Bedingung abhängig gemacht, so daß beide Prämissen hypothetisch sind, so ergibt sich auch ein hypothetischer Schlußsatz. Für den modus ponens findet das Schema der ersten Figur (Barbara, Celarent) des kategorischen Syllogismus, für den modus tollens das
der zweiten (Camestres, Cesare) Anwendung.

<table>
<tr><td colspan="2" align="center">I. Figur.</td><td colspan="2" align="center">II. Figur.</td></tr>
<tr><td colspan="2">Wenn M ist, ist (ist nicht) P</td><td colspan="2">Wenn P ist, ist (ist nicht) M</td></tr>
<tr><td colspan="2">Wenn S ist, ist M</td><td colspan="2">Wenn S ist, ist nicht (ist) M</td></tr>
<tr><td colspan="2">Wenn S ist, ist (ist nicht) P</td><td colspan="2">Wenn S ist, ist nicht P,</td></tr>
</table>

wobei S, P und M wieder ganze Urtheile bedeuten.

Beispiele: 1. Wenn der Mond seinen Schatten auf die Erde wirft,
entsteht eine Sonnenfinsternis; wenn sich der Mond in der Verbindungslinie
zwischen Sonne und Erde befindet, wirft er seinen Schatten auf die Erde; also
jedesmal, so oft der Mond in der Verbindungslinie zwischen Sonne und Erde
sich befindet, entsteht eine Sonnenfinsternis. — 2. Wenn sich die Sonne in
24 Stunden einmal um die Erde herumbewegt, so steht die Erde still; wenn
sich nach dem Foucault'schen Versuche die Schwingungsebene des Pendels
dreht, so steht die Erde nicht still; also?

Auch das Schlußprincip der dritten Figur läßt sich auf hypothetische Schlüsse anwenden, indem aus übereinstimmenden Bedingungen geschlossen wird.

$$\begin{array}{l} \text{Wenn M ist, ist P} \\ \text{Wenn M ist, ist S} \\ \hline \text{Bisweilen wenn S ist, ist P.} \end{array}$$

3. B. Wenn heterogene Metalle zu einem Kreise geschlossen werden, so
entsteht in einem in die Leitung aufgenommenen Froschschenkel eine Muskelzuckung; unter denselben Bedingungen entsteht ein elektrischer Strom. Also ist
der elektrische Strom bisweilen mit einer Muskelzuckung verbunden.

1. Aufgabe. Aus folgenden Beispielen sind vollständige
hypothetische Schlüsse zu bilden: 1. Wenn Thiere längere Zeit Kohlen-
oxydgas einathmen, kann ihre Athmung nicht fortbestehen, weil ihr Blut den
Sauerstoff nicht mehr binden kann. — 2. Wenn man den Wasserstoff aus dem
Wasser gewinnen kann, so ist dieses kein Grundstoff, weil es zerlegbar ist. —

3. Wenn die Nacht hell ist, tritt eine Temperaturerniedrigung ein, weil die Erde ihre Wärme durch Ausstrahlung abgibt. (Vgl. §. 47, P. 5, a.)*)

2. Aufgabe. Warum sind folgende Schlüsse falsch? 1. Wenn der vorliegende Vers ein Hexameter sein soll, so muss er sechs Versfüße haben; nun ist er kein Hexameter, also hat er auch nicht sechs Füße. — 2. Wenn man Schlechtes thut, kommt man seiner sittlichen Bestimmung nicht nach; N. hat nichts Schlechtes gethan, also kann ihn nicht der Vorwurf treffen, dass er seiner sittlichen Bestimmung nicht nachgekommen sei.

§. 66. Disjunctive Schlussformen.

Im disjunctiven Schlusse wird aus Prämissen geschlossen, von denen die eine ein disjunctives Urtheil ist, während die andere Prämisse bald ein kategorisches, bald ein conjunctives Urtheil, bald ein Existentialsatz ist. Man kann die große Mannigfaltigkeit dieser Schlussformen in drei Gruppen bringen.

A. **Eigentlich-disjunctive Schlüsse,** in denen aus der disjunctiven Eigenschaft des Obersatzes geschlossen wird. Aus dem Wesen des disjunctiven Urtheils (§. 46) ergeben sich folgende drei Schlussarten:

A ist entweder B oder C oder D

1. A ist B   2. A ist weder C noch D

A ist weder C noch D.   A ist B.

3. A ist entweder B oder C oder D

A ist nicht B

A ist entweder C oder D.

Die erste Art heißt: modus ponendo tollens; die zweite: modus tollendo ponens; die dritte hat keine besondere Bedeutung, weil der Schlusssatz keine Entscheidung bringt. Die Richtigkeit dieser Schlüsse hängt von der Vollständigkeit der Disjunction im Obersatze ab.

Beispiele: 1. Diese Medicin ist entweder heilsam oder schädlich oder indifferent; nun ist sie heilsam, also? — 2. Diese Handlung ist entweder löblich oder schändlich oder sittlich gleichgiltig; nun ist sie weder löblich noch schändlich, also? — 3. Die Kometenbahnen sind entweder Ellipsen oder Parabeln oder Hyperbeln; die Bahn eines wiederkehrenden Kometen kann weder eine Parabel noch eine Hyperbel sein, also? — Falsch wäre dagegen folgender Schluss: Dieses Vergnügen ist entweder geboten oder verboten; nun ist es nicht geboten, also ist es verboten. (Warum falsch?)

---

*) Das hypothetische Schlussverfahren schwebt uns oft vor, wenn wir eine verneinende Behauptung in lebhafter Weise durch eine rhetorische Frage ausdrücken. Z. B. „Bist du etwa mein Vormund, dass du mir Weisungen geben willst?" Wie lautet hier der vollständige Schluss?

B. **Hypothetisch-disjunctive Schlüsse,** in denen aus der hypothetisch-disjunctiven Eigenschaft des Obersatzes modo ponente und tollente geschlossen wird. (Vgl. §. 46, P. 4.)

Wenn A ist, so ist entweder B oder C oder D

1. Nun ist A	2. Nun ist weder B noch C noch D
Also ist entweder B oder C oder D. —	Also ist A nicht. —

Die erste Form — der modus ponens — hat keine besondere Bedeutung, da der Schlußsatz ein disjunctives, also bezüglich der Prädication noch unentschiedenes Urtheil ist.

Der modus tollens dagegen ist von großer Wichtigkeit als Schema der sogenannten **lemmatischen Schlüsse,** die nach der Anzahl der Disjunctionsglieder **Dilemmen*), Trilemmen, Polylemmen** heißen. Der Obersatz stellt alle möglichen Folgen auf, die sich aus einer gegebenen oder versuchsweise angenommenen Voraussetzung A ergeben; der Untersatz hebt nun alle diese Folgen als unannehmbar auf, woraus sich dann im Schlußsatze die Aufhebung, d. h. die Ungiltigkeit der Voraussetzung A ergibt. Seine wichtigste Anwendung findet der lemmatische Schluß beim indirecten Beweisverfahren und bei der Widerlegung im wissenschaftlichen Streite. (Vgl. §. 86, P. 2 u. §. 87.)

Die Richtigkeit des lemmatischen Schlusses hängt ab: 1. von der Folgerichtigkeit des hypothetischen Obersatzes; 2. von der Vollständigkeit der Disjunctionsglieder im Obersatze; 3. von der vollständigen Aufhebung derselben im Untersatze. Gegen diese Bedingungen wird leicht und häufig verstoßen, so daß die lemmatische Form zur Quelle zahlreicher Fehl- und Trugschlüsse wird.**)

Beispiele: 1. Wenn dieser Zeuge gelogen hat, so hat er entweder nicht Wahrheit sprechen wollen oder nicht Wahrheit sprechen können; nun wollte und konnte er aber die Wahrheit sprechen, also hat er nicht gelogen. — 2. Der trilemmatische Schluß des Philosophen Leibnitz bezüglich des Optimismus lautet: Wenn die bestehende Welt nicht unter allen möglichen die beste wäre, so hätte Gott entweder die beste Welt nicht gekannt oder sie nicht erschaffen wollen oder sie nicht erschaffen können; nun sind aber alle drei Annahmen unhaltbar (wegen Gottes Allweisheit, Allgüte und Allmacht); also ist die bestehende Welt die beste unter allen möglichen Welten.

Zu den lemmatischen Schlüssen im weiteren Sinne rechnet man auch hypothetisch-disjunctive Schlüsse von folgender Form:

---

*) λῆμμα $=$ Annahme und δίς $=$ zweimal.

**) Ein unrichtiger Schluß wird Fehlschluß (παραλογισμός, paralogismus) genannt, wenn er auf Irrthum beruht; Trugschluß (σόφισμα, sophisma) heißt er, wenn ihm die Absicht zu täuschen zugrunde liegt.

Sowohl wenn A ist, als auch wenn B ist, als auch wenn C ist, ist D
(ist D nicht)

<u>Nun ist entweder A oder B oder C</u>

Also ist D (also ist D nicht).

Beispiele: 1. Sowohl wenn wir durch die Schlla, als wenn wir durch die Charybdis fahren, geht es uns übel; nun müssen wir (wenn wir dieses Abenteuer überhaupt bestehen wollen) entweder den einen oder den anderen Weg einschlagen; in jedem Falle wird es uns also übel ergehen. — 2. Weder wenn mechanische Arbeit in Wärme, noch wenn Wärme in mechanische Arbeit umgesetzt werden kann, kann es einen Wärmestoff geben; nun findet sowohl das eine als auch das andere statt — also liegt den Wärmeerscheinungen kein eigener Stoff zugrunde. (Ein besonderer Fall des obigen Schlußschemas).

C. **Kategorisch-disjunctive Schlüsse** ergeben sich, wenn im kategorischen Syllogismus die eine Prämisse ein disjunctives, die andere ein conjunctives Urtheil ist. Sie entwickeln sich somit aus den kategorisch-conjunctiven Schlußformen, in denen der Mittelbegriff (M) durch eine Reihe von Begriffen (A, B, C) ersetzt wird (§. 42, B u. §. 58 Anm. u. d. Str.):

I. A, B, C ist P   II. P ist A, B, C   III. A, B, C ist P
<u>S ist A, B, C</u>   <u>S ist weder A, noch B, noch C</u>   <u>A, B, C ist S</u>
S ist P   S ist nicht P   Einige S sind P.

Da es nun zur Gewinnung des Schlußsatzes nicht nothwendig ist, daß z. B. im Untersatze der ersten Figur das S sowohl A als B und C ist, und es völlig hinreicht, wenn dem S überhaupt nur eines dieser drei Prädicate, unbestimmt welches, zukommt (weil dem Obersatze gemäß sowohl A als B und C das Prädicat P mit sich führen), — so kann für den conjunctiven Untersatz „S ist sowohl A als B und C" das disjunctive Urtheil „S ist entweder A oder B oder C" eintreten. Dieselbe Änderung läßt sich auch in der zweiten und dritten Figur vornehmen, und zwar bei der zweiten im Obersatze an der Prädicatsstelle, bei der dritten in irgend einer der beiden Prämissen an der Subjectsstelle.

Dadurch ergeben sich folgende kategorisch-disjunctive Schlußformen:

I. A, B, C ist P   II. P ist entweder A oder B oder C
<u>S ist entweder A oder B oder C</u>   <u>S ist weder A, noch B, noch C</u>
S ist P.   S ist nicht P.

III. A, B, C ist P

<u>Entweder A oder B oder C ist S</u>

(Einige) S sind P.

Beispiele: 1. Feste, flüssige und gasförmige Körper sind durch Wärme ausdehnbar; das Wasser ist entweder fest oder flüssig oder gasförmig; das

Waſſer iſt alſo durch Wärme ausdehnbar (Barbara). — 2. Reelle Zahlen ſind entweder ganze oder gebrochene oder irrationale Zahlen; gewiſſe Quadratwurzeln ſind weder ganze noch gebrochene noch irrationale Zahlen; alſo ſind ſie nicht reelle Zahlen (Baroco). — 3. Sowohl Rom als Griechenland waren Küſtenländer; entweder Rom oder Griechenland iſt das vornehmſte Culturland des Alterthums; alſo iſt das vornehmſte Culturland des Alterthums jedenfalls ein Küſtenland (dritte Figur).*)

Anmerkung. Der lemmatiſche Schluſs kann leicht zu Trugſchlüſſen missbraucht werden, wie uns die aus dem Alterthum überlieferten Beiſpiele von rhetoriſch-ſophiſtiſchen Dilemmen zeigen. Dahin gehört der bekannte Krokodilſchluſs. Ein Krokodil hatte einer Mutter ihr Kind geraubt und verſprach, ihr dasſelbe wiederzugeben, wenn ſie ihm auf ſeine Frage eine wahre Antwort ertheilen würde. Daraufhin fragte es die Mutter: „Werde ich dir dein Kind wiedergeben?“ Und die Mutter antwortete in ihrer Angſt: „Du wirſt es mir nicht wiedergeben!“ Da ſprach das Krokodil: „Entweder haſt du die Wahrheit geſprochen oder du haſt gelogen. Weder im erſten noch im zweiten Falle kann ich dir dein Kind zurückgeben: im erſten Falle nicht, weil es alsdann wahr iſt, daſs ich dir das Kind nicht zurückgeben werde; im zweiten nicht, weil du die geſtellte Bedingung, Wahrheit zu reden, nicht erfüllt haſt. Alſo werde ich es dir in keinem Falle zurückgeben.“ Darauf antwortete die Mutter: „Du wirſt mir das Kind jedenfalls zurückgeben; denn, habe ich die Wahrheit geſagt, ſo muſst du es mir kraft unſeres Vertrages geben; habe ich jedoch gelogen, ſo iſt das Gegentheil deſſen wahr, was ich geſagt habe, d. h. daſs ich es erhalten werde. Ich werde es alſo jedenfalls erhalten.“ Das Trügeriſche liegt hier darin, daſs ſich ſowohl die Mutter als das Krokodil bald auf den Standpunkt des Vertrages, bald auf jenen des Wortlautes der Ausſage ſtellen. — Durch ein ähnliches Sophiſma ſucht ſich Euathlus, welcher bei dem Sophiſten Protagoras unter der Bedingung Unterricht in der Sophiſtik genommen hatte, die zweite Hälfte des Honorars erſt dann zu zahlen, wenn er den erſten Proceſs gewonnen hätte, der Honorarpflicht zu entziehen. Als er nämlich nach Beendigung des Unterrichtes keinen Proceſs annahm und auch den Lehrer nicht bezahlen wollte, klagte ihn dieſer vor Gericht, indem er ſagte: „Entweder werden dich die Richter zur Zahlung verurtheilen oder nicht. In beiden Fällen wirſt du zahlen; im erſteren Falle kraft des Urtheilsſpruches, im letzteren Falle, weil du den Proceſs gewonnen haſt, alſo kraft unſeres Vertrages.“ Darauf antwortete Euathlus: „Ich werde auf keinen Fall zahlen: falls ich verurtheilt werde, weil ich meinen erſten Proceſs verloren habe; falls ich aber nicht verurtheilt werde, kraft des Urtheilsſpruches! — Das Trügeriſche hierin wird klar, wenn man die beiden Fragen: Hat Euathlus zu zahlen oder nicht? — und: Sind die Vertragsbeſtimmungen erfüllt oder nicht? geſondert ins Auge faſst. Hier müſsten in zwei getrennten Verhandlungen zwei verſchiedene Sprüche gefällt werden — nämlich?**)

---

*) Eigenthümlich iſt es bei der dritten Form des kategoriſch-disjunctiven Schluſſes, daſs der Schluſsſatz die der dritten kategoriſchen Schluſsfigur entſprechende Particularität abſtreift und allgemein wird, indem der disjunctive Unterſatz nur die mehr oder minder gekünſtelte Umkehrung des Satzes „S iſt entweder A oder B oder C“ darſtellt.

**) Vgl. Hermann Lotze, Logik, 2. Aufl. Leipzig 1880. S. 349 ff.

§. 67. **II. Einfache unvollständige Schlüsse.**

Es wäre nutzlose Weitläufigkeit, wollte man jedesmal, so oft man sich im mündlichen Verkehr oder in schriftlicher Gedankendarstellung des Schließens bedient, alle Bestandtheile des Schlusses vollständig entwickeln; das Schließen ist uns vielmehr durch die beständige Übung so geläufig geworden, daß wir uns, ohne vom Zuhörer oder Leser missverstanden zu werden, Kürzungen erlauben dürfen, indem einzelne Glieder des Schlusses, die als selbstverständlich oder bekannt vorausgesetzt werden können, verkürzt, zusammengezogen, nur angedeutet oder ganz verschwiegen werden. Die unvollständigen Schlüsse, die man auf diese Weise erhält, nennt man verkürzte oder **enthymematische*)** Schlüsse, wobei bald der Obersatz bald der Untersatz nur stillschweigend mitgedacht (ἐν θυμῷ) wird. Z. B. 1. Der Geiz ist ein Laster, also ist der Geiz verwerflich (Obersatz verschwiegen). — 2. Jedes Laster ist verwerflich, also ist auch der Geiz verwerflich (Untersatz verschwiegen).

Das Wesen dieses verkürzten Schlusses bleibt unverändert, wenn die eine ausgesprochene Prämisse dem Schlusssatze in Form eines causalen Nebensatzes nachgesetzt oder auch vorangestellt wird. Z. B. Der Geiz ist verwerflich, weil er ein Laster ist. — Weil jedes Laster verwerflich ist, ist auch der Geiz verwerflich. (Vgl. die zu den kategorischen und hypothetischen Schlüssen angeführten Beispiele in verkürzter Form.)

Beispiele von verkürzten oder versteckten Schlüssen finden sich auch in der Poesie:

1. Thoas: Ich bin ein Mensch; und besser ist's, wir enden.

Goethe, Iphigenie.

(Ich bin ein Mensch, d. h. ich empfinde menschlich und könnte leidenschaftlich werden, wenn man meine guten Absichten verkennt und ihnen entgegentreten will.)

2. Er denkt zu viel, die (solche) Leute sind gefährlich.

Shakespeare, Julius Cäsar.

(Hier ist der Schlusssatz verschwiegen.)

3. Homo sum: humani nihil a me alienum puto.

Terenz.

4. Aetatem Priamique Nestorisque
   Longam qui putat esse,
   Multum decipiturque falliturque:
   Non est vivere, sed valere vita.

Martial.

---

*) Ἐνθύμημα Grundbed. Erwägung, Betrachtung.

§. 68. III. Zusammengesetzte vollständige Schlüsse. — Kategorische Schlusreihen (Polysyllogismus.)

Wird der Schlußsatz eines einfachen kategorischen Schlusses Prämisse eines zweiten einfachen Schlusses, dessen Conclusion wieder Prämisse eines dritten Schlusses u. s. f., so entsteht aus der Zusammenfassung aller dieser einzelnen Schlüsse eine **kategorische Schlusreihe (Polysyllogismus)**. Da der Schlußsatz des vorangehenden Schlusses sowohl zum Obersatz als zum Untersatz des nachfolgenden werden kann, so ergeben sich nach der ersten Schlußfigur folgende zwei kategorische Schlusreihen:

1. Progressive Schlusreihe.	2. Regressive Schlusreihe.
*) O a,e P	S a,i M
N a O	*) M a N
*) N a,e P	S a,i N
M a N	*) N a O
*) M a,e P	S a,i O
S a,i M	*) O a,e P
S a,e,i,o P.	S a,e,i,o P.
Alle Organismen sind vergänglich;	Linden sind Bäume;
Alle Pflanzen sind Organismen;	Bäume sind Pflanzen;
Alle Pflanzen sind vergänglich;	Linden sind Pflanzen;
Bäume sind Pflanzen;	Pflanzen sind Organismen;
Bäume sind vergänglich;	Linden sind Organismen;
Linden sind Bäume;	Organismen sind vergänglich;
Linden sind vergänglich.	Linden sind vergänglich.

Die erstere Schlusreihe heißt progressiv, weil man von weiteren, höheren, allgemeineren**) Begriffen zu engeren, niedrigeren, specielleren übergeht, also im Inhalte vorschreitet; die letztere heißt regressiv, weil die Bewegung des Denkens die entgegengesetzte Richtung einschlägt, also im Inhalte zurückschreitet.

Anmerkung 1. Die Verbindung zwischen S und P im Schlußsatze wird durch mehrere Mittelbegriffe M, N, O ... hergestellt, welche nebst dem Subjects= und Prädicatsbegriffe zu derselben logischen Leiter gehören.

Anmerkung 2. Die Bedingungen des Schließens sind: 1. Bei der progressiven Schlusreihe: Die erste Prämisse O a,e P muß als Obersatz der ersten Figur allgemein sein; ihre Qualität ist beliebig und geht in alle folgenden Schlußsätze über. Die mittleren Prämissen N a O, M a N

---

*) Die Obersätze sind durch ein * markiert.
**) Vgl. §. 15 und 20.

müssen als Untersätze der ersten Figur bejahend sein; ihre Quantität scheint zwar beliebig zu sein, da sich jedoch nach derselben auch die Quantität der mittleren Schlußsätze N a,e P; M a,e P richtet, die als Obersätze der folgenden einfachen Schlüsse allgemein sein müssen, so müssen auch jene mittleren Prämissen nicht bloß bejahend, sondern auch allgemein sein. Nur der letzte Untersatz S a,i M kann auch particulär sein, dann geht aber seine Particularität auch in den letzten Schlußsatz über, der somit alle vier Formen (a, e, i, o) annehmen kann.

2. Bei der regressiven Schlußreihe: Die erste Prämisse S a,i M muß als Untersatz der ersten Figur bejahend sein; ihre Quantität ist beliebig und geht in alle folgenden Schlußsätze über. Die mittleren Prämissen M a N, N a O müssen als Obersätze der ersten Figur allgemein sein; ihre Qualität scheint zwar beliebig zu sein, da sich jedoch nach derselben die Qualität der mittleren Schlußsätze S a,i N; S a,i O richtet, diese aber als Untersätze der folgenden einfachen Schlüsse nothwendig bejahend sein müssen, so müssen auch jene mittleren Prämissen nicht bloß allgemein, sondern auch bejahend sein. Nur der letzte Obersatz O a,e P kann auch verneinend sein, dann geht aber die Negation auch in den letzten Schlußsatz über, der somit alle vier Formen (a, e, i, o) annehmen kann.

§. 69. IV. Zusammengesetzte unvollständige Schlüsse.

A. Die Kettenschlüsse oder Soriten.

Die Polysyllogismen verlieren nichts an ihrer Verständlichkeit, gewinnen jedoch an Übersichtlichkeit und formeller Eleganz, wenn man in ihnen diejenigen Prämissen wegläßt, welche bezüglich der einfachen Schlüsse Schlußsätze sind. Dadurch rücken nämlich die Mittelbegriffe unmittelbar an einander, und die einzelnen Prämissen hängen dann wie Glieder einer Kette so enge zusammen, daß die erwähnten Schlußsätze nicht nur nicht ausgesprochen werden, sondern im Denkprocesse selbst geradezu ausfallen. Derlei Schlüsse, welche gleichsam aus einzelnen enthymematischen Schlüssen zusammengefügt sind, nennt man **Kettenschlüsse** oder **Soriten.***)

Die Soriten können in kategorischer oder hypothetischer Form auftreten.

Kategorisch:

Progressiv.		Regressiv.	
O a,e P Obersatz		S a,i M Untersatz	
N a O		M a N	
M a N	Untersätze	N a O	Obersätze
S a M		O a P	
S a,e P.		S a,i P.	

---

*) *Σωρείτης* (sc. *συλλογισμός*) Kettenschluß; vgl. *σωρός* Haufe und *σωρεύω* häufe.

Hypothetisch.

Modo ponente.	**Modo tollente.**

Wenn A ist, so ist B; \
wenn B ist, so ist C; \
wenn C ist, so ist D. \
Nun ist A.
____
Also ist D.

Wenn A ist, so ist B; \
wenn B ist, so ist C; \
wenn C ist, so ist D. \
Nun ist D nicht.
____
Also ist auch A nicht.

Der kategorisch-regressive Sorites, der in seinem Fortschreiten vom Besonderen zum Allgemeinen dem natürlichen Denken am meisten zusagt, heißt nach seinem Erfinder der Aristotelische, während der kategorisch-progressive Sorites auch der Goclenische genannt wird (nach seinem Erfinder Goclenius, Professor in Marburg, † 1628). Auch kann der regressive Sorites als analytisch, der progressive als synthetisch bezeichnet werden.

Beispiele. 1. Der Krieg ist ein Zerstörungswerk; Zerstörungswerke sind culturfeindlich; das Culturfeindliche ist der allgemeinen Wohlfahrt nachtheilig; was der allgemeinen Wohlfahrt nachtheilig ist, soll mit allen möglichen Mitteln hintangehalten werden; also: der Krieg soll mit allen möglichen Mitteln hintangehalten werden. — 2. Bei der Anwendung von Maschinen ist eine Verminderung der Kraft mit einer proportionalen Vermehrung des in der Kraftrichtung zurückgelegten Weges verbunden; ist dies der Fall, so ist das Product aus Kraft und Weg constant; ist dieses Product constant, so bleibt die aufgewendete Arbeit unverändert; bleibt die Arbeit unverändert, so wird nichts an Arbeit erspart; also wird bei der Anwendung von Maschinen nichts an Arbeit erspart. — 3. Wenn es einen Verbrennungsproceß gibt, so gibt es auch eine Oxydation; wenn es eine Oxydation gibt, so gibt es eine chemische Veränderung; nun gibt es einen Verbrennungsproceß; also gibt es auch eine chemische Veränderung. — 4. Unter die Soriten gehört auch die bekannte Schlußkette in Seneca (epist. 85): Qui prudens est, et temperans est; qui temperans est, et constans est; qui constans est, et imperturbatus est; qui imperturbatus est, sine tristitia est; qui sine tristitia est, beatus est — ergo prudens beatus est. — 5. Ebenso der Gedankengang der Einwendungen des Sokrates gegen den Vorschlag, aus dem Gefängnisse zu entfliehen (Platons Kriton St. I, p. 50 ff.): Ich lebte freiwillig in diesem Staate; wer in einem Staate freiwillig lebt, anerkennt stillschweigend dessen Gesetze; wer die Gesetze eines Staates anerkennt, muß sich in allen Fällen nach denselben richten; wer sich in allen Fällen nach den Gesetzen des Staates richten muß, darf sich auch einem ungerechten Ausspruche derselben nicht entziehen; ich darf also nicht aus dem Gefängnisse entfliehen. — 6. Der physico-teleologische Beweis für Gottes Dasein bewegt sich in folgender Gedankenkette: Wenn es Naturgesetze gibt, so gibt es eine physische Weltordnung; wenn es eine physische Weltordnung gibt, so gibt es auch einen höchst weisen und allmächtigen Urheber derselben; gibt es einen solchen, so gibt es einen Gott. Nun gibt es aber Naturgesetze; also gibt es einen Gott.

B. Das Epicherem.

Das Epicherem*) entsteht durch Aneinanderreihung von zusammengezogenen einfachen Schlüssen — es ist also ein Schluss, dessen Prämissen
durch Hinzufügung des Mittelbegriffes besonders begründet werden.

$$
\begin{array}{c}
\text{M ist P wegen N} \\
\underline{\text{S ist M wegen O}} \\
\text{S ist P.}
\end{array}
$$

Beispiele. 1. Die Lüge ist verwerflich, weil sie unsittlich ist; Heuchelei
ist Lüge, weil sie absichtliche Entstellung der Wahrheit ist — also ist Heuchelei
verwerflich. — 2. Der Gedankengang in Ciceros Rede pro Milone: Es ist
erlaubt, denjenigen zu tödten, der unserem Leben nachstellt (Obersatz, begründet
durch Natur- und Völkerrecht und durch Beispiele); Clodius hat dem Leben
eines anderen (des Milo) nachgestellt (Untersatz, begründet durch das Zusammentreffen der Umstände) — also war es erlaubt, den Clodius zu tödten.

---

*) Richtiger „Epichirem" ἐπιχείρημα Schlussfolge.

Wiſſenſchaftslehre.

Einleitung.

§. 70. Die ſyſtematiſchen Formen.

Begriffe, Urtheile und Schlüſſe finden im praktiſchen Leben ſowohl als bei der denkenden Betrachtung alles deſſen, was im Bereiche der Natur und des menſchlichen Lebens vorgeht, täglich und ſtündlich die vielfältigſte Anwendung und führen ſo allmählich zur Erwerbung mannigfacher Erkenntniſſe. Dieſe Erkenntniſſe müſſen, ſofern ſie ſachlich zuſammengehören, geordnet und zu einem überſichtlichen Ganzen verbunden werden. Ein ſolches geordnete und einheitliche Ganze aller auf einen beſtimmten Gegenſtand ſich beziehenden Erkenntniſſe heißt ein **Syſtem.***) Durch ſyſtematiſche Zuſammenfaſſung der Erkenntniſſe eines weiteren, deutlich genug abgegrenzten Wiſſensgebietes entſteht eine **Wiſſenſchaft.**

Das Syſtem iſt die Form der Wiſſenſchaft, und der Weg zum Syſtem iſt die **Methode** (μέθοδος, ratio et via), jenes abſichtliche und klar bewuſste Verfahren, das durch Anwendung gewiſſer leitender Grundſätze in die Mannigfaltigkeit der Erkenntniſſe eine ſolche Ordnung hineinbringt, daſs dadurch entweder neue Erkenntniſſe gewonnen oder die gewonnenen Erkenntniſſe anderen in überzeugender Weiſe mitgetheilt werden können.

Um ſachlich zuſammengehörige Erkenntniſſe in einen ſolchen einheitlichen Zuſammenhang zu bringen, muſs ihr Inhalt 1. durch **Erklärung** (Definition) der zugrunde liegenden Begriffe zu deutlichem Bewuſstſein gebracht werden. Jede Darſtellung einer Wiſſenſchaft beginnt daher mit der Erklärung derjenigen Begriffe, von denen ſie ausgehen muſs. Dieſe Begriffe müſſen durch vorangegangene Inhaltsanalyſen feſtgeſtellt ſein, damit einerſeits das Wiſſenſchaftsgebiet deutlich genug abgegrenzt ſei, andererſeits die Grundlage für die Fortführung der Unterſuchung gewonnen werde.

---

*) Σύστημα, von συνιστάναι zuſammenſtellen.

Von der Erklärung schreitet die wissenschaftliche Methode fort 2. zu der **Eintheilung** der die Mannigfaltigkeiten des ganzen Wissensgebietes umspannenden Begriffe; ihr Zweck ist scharfe Abgrenzung, Übersichtlichkeit und Vollständigkeit der natürlichen Gruppen von Gegenständen und Erscheinungen.

3. Der **Beweis** bezweckt die Begründung solcher Urtheile, deren Wahrheit oder Giltigkeit nicht schon von selbst einleuchtet; ein solches Urtheil muss entweder durch beglaubigte und controlierbare Thatsachen gestützt oder mit anderen Urtheilen, deren Giltigkeit bereits feststeht, in solchen logischen Zusammenhang gebracht werden, dass es sich jedermann als deren denknothwendige Folge aufdrängt.

4. Die **Methodenlehre** entwickelt für die angeführten Theile der Wissenschaftslehre gewisse allgemein giltige logische Gesichtspunkte (Analyse und Synthese; Abstraction und Determination; Induction und Deduction u. a.). Der Nutzen und die Fruchtbarkeit einer Methode zeigt sich einerseits in dem stetigen Fortschreiten der Wissenschaft, andererseits in dem Festhalten einer bestimmten Ordnung der Forschungsarbeit, vermöge welcher man vom Einfachen zum Zusammengesetzten, von dem, was bereits feststeht, zu dem fortschreitet, was erst zu beweisen ist.

Erster Abschnitt.

Lehre von der Erklärung (Definition).

———

§. 71. Wesen und Zweck der Definition.

Die Definition eines Begriffes ist die Auseinanderlegung seines Inhaltes durch die vollständige und geordnete Angabe seiner Merkmale.

Durch die Definition*) wird ein gegebener Begriff (z. B. Thier, Würfel, Geschwindigkeit, Gymnasium, constitutioneller Staat), dem leicht der vage, verschwommene Charakter der Allgemeinvorstellung anhaftet, dem Bewusstsein gleichsam erst aufgehellt, erst durch die Definition wird seine Zusammensetzung klar und durchsichtig.

Bei der Definition eines Begriffes handelt es sich darum, die Stellung desselben in der Gesammtheit unserer Begriffe durch eine vollständige und geordnete Angabe seiner Merkmale genau zu bestimmen. Dies geschieht dadurch, dass man ihn a) gegen die übergeordneten und b) gegen die nebengeordneten Begriffe abgrenzt. Jenes wird erzielt durch die Angabe des nächst höheren Gattungsbegriffes, der die logische Leiter (§. 18, P. 5) bezeichnet, zu welcher der fragliche Begriff gehört; dieses wird erreicht durch die Angabe des Artunterschiedes, wodurch er sich von den ihm nebengeordneten Begriffen (Arten derselben Gattung) unterscheidet. Handelt es sich z. B. um die Definition der Physik, so muss man zuerst die Gattung angeben, zu welcher dieser Begriff gehört; diese Gattung ist: Wissenschaft. Alsdann muss man das Merkmal hinzufügen, wodurch sich die Physik von den anderen Wissenschaften unterscheidet; dieses Merkmal besteht darin, dass sie sich die Erforschung des Zusammenhanges (d. i. der Gesetze) der vorübergehenden Erscheinungen an unorganischen Körpern zum Zwecke setzt. Die Physik ist also „eine

———

*) Von definire eingrenzen, abgrenzen, bestimmen. (Vgl. Determination von determinare.)

Wissenschaft, die sich mit der Erforschung des Zusammenhanges der vorüber=
gehenden Erscheinungen an unorganischen Körpern beschäftigt" (Mach).

Daraus ergibt sich die Definitionsregel: **Die Definition eines Be=
griffes erfolgt durch Angabe des nächst höheren Gattungsbegriffes und
des charakteristischen Artunterschiedes.** (Definitio fit per genus proximum
et differentiam specificam.)

Die Form der Definition ist das Identitätsurtheil (§. 44),
dessen Subject der zu definierende Begriff (das definitum oder definiendum)
und dessen Prädicat der nächst höhere Gattungsbegriff nebst den artbildenden
Merkmalen (materia definiens) ist. In der Definition des „Parallelogramms" ist dieser Begriff selbst, bezw. sein Name, das definitum, — sein
entwickelter Inhalt „Viereck mit parallelen Seitenpaaren" das definiens, —
das Merkmal „Viereck" der nächst höhere Gattungsbegriff und das Merkmal
„Parallelismus der Seitenpaare" der Artunterschied.

Anmerkung. Über das praktische Verfahren, Begriffe zu definieren,
läßt sich vom Standpunkte der Logik folgendes bemerken: Man suche Begriffe
auf, die mit dem zu definierenden gleichartig sind, und forsche nach, worin alle
diese Begriffe übereinkommen und wodurch sich der gegebene Begriff von allen
übrigen mit ihm gleichartigen unterscheidet. Das Gemeinschaftliche dieser
Gruppe ist offenbar der nächst höhere Gattungsbegriff, das dem gegebenen
Begriffe Eigenthümliche der Artunterschied. Man hätte z. B. den Be=
griff „Barometer" zu definieren. Begriffe derselben Gattung sind: Thermometer,
Hygrometer, Wage...., das Gemeinschaftliche derselben ist: physikalisches Meß=
geräth, das Eigenthümliche des Barometers: die Bestimmung, die Schwankungen
des Luftdruckes anzuzeigen.

§. 72. Schwierigkeit des Definierens. — Undefinierbare Begriffe.

1. Da die meisten Begriffe eine fast unübersehbare Menge von
Merkmalen in sich fassen, so kann von einer vollständigen Aufzählung
derselben keine Rede sein. Da jedoch die Definition den ganzen Inhalt des
Begriffes erschöpfen soll, so handelt es sich darum, durch Hervorhebung
einiger weniger Merkmale die Gesammtheit derselben, wenn
nicht explicite, so doch implicite zu umfassen. Solche Merkmale,
mit deren Setzung andere als denknothwendige Folgen mitgesetzt sind, sind
die grundwesentlichen (constitutiven) Merkmale. (Vgl. §. 17, P. 4.)
Aus den constitutiven ergeben sich an dem Leitfaden von Grund und
Folge (Ursache und Wirkung) die consecutiven Merkmale. So ergeben
sich aus der Definition des Würfels als eines gleichkantigen, rechtwinkligen
Parallelepipeds die consecutiven Merkmale, daß der Würfel sechs Begren=
zungsflächen hat, die congruente Quadrate sind, daß sich die vier Körper=
diagonalen in einem Punkte schneiden, daß die Flächenwinkel 90° be=
tragen u. s. w.

Die Auffindung dieser grundwesentlichen Merkmale unter-
liegt häufig großen Schwierigkeiten, weil sie eine so vollständige Kenntnis
des betreffenden Gegenstandes voraussetzt, wie sie uns nicht immer, am
wenigsten zu Beginn einer wissenschaftlichen Untersuchung zugebote steht.
So mußte die Vibrationstheorie des Lichtes mit allen ihren schwierigen
Experimenten und Detailuntersuchungen festgestellt sein, bevor man das Licht
(d. h. das „objective" Licht) als „Wellenbewegung des Äthers" definieren
konnte. Die Chemie mußte alle jene Phasen durchgemacht haben, die zur
Entdeckung des Sauerstoffes durch Priestley und Scheele (1774) hin-
führten, bevor Lavoisier in den Stand gesetzt wurde, sein System des
Verbrennungsprocesses aufzubauen.

Andererseits mußten Definitionen, von denen man glaubte, daß sie
das Wesen eines Begriffes erschöpfen, mit dem Fortschritte unserer Erkenntnis
mancherlei Veränderungen erleiden. Man denke z. B. an die vielfachen
Auslegungen, die das Wort „Philosophie" im Laufe der Jahrtausende erfahren hat, an die zahlreichen Erklärungsversuche, die seit Jakob Grimm
für den Ablaut, für die Brechung gegeben worden sind, u. a. m.

Wo sich die grundwesentlichen Merkmale eines Begriffes unserer Erkenntnis entziehen, greifen wir zu irgend welchen Merkmalen, die als
äußerliche Kennzeichen des Gegenstandes unserer Erkenntnis leichter zugänglich
sind. Um eine „Säure" zu definieren und sie von der „Basis" zu unterscheiden, nennt die Chemie als ihre äußerlichen Kennzeichen den sauren
Geschmack und die Eigenschaft, blaue Pflanzensäfte roth zu färben; sie reicht
jedoch mit diesen Merkmalen nicht aus, wenn sie auch die Kieselsäure ihres
chemischen Verhaltens wegen zu den Säuren rechnet, da dieselbe weder sauer
schmeckt, noch die blauen Pflanzensäfte röthet. Näher kommt man dem
grundwesentlichen Merkmale der Säure gegenüber den Basen, wenn man
ihr elektronegatives Verhalten als solches gelten läßt.

2. Unsere Unkenntnis der innersten Natur der Dinge, d. i.
die Unkenntnis der Nothwendigkeit und Gesetzlichkeit, welche die mannigfaltigen Eigenschaften und Zustände des Naturdinges an einander kettet,
ist der Grund unseres Unvermögens, sie im Sinne der obigen For-
derungen zu definieren. Daher muß bei zahllosen Erfahrungs-
begriffen, wie z. B. Eisen, Phosphor, Hecht, Edelmarder, Dattelpalme,
Pfirsich ....., Tisch, Gabel, Lampe ..... an die Stelle der Definition die
Beschreibung treten. So muß sich auch die Medicin wegen unserer
unzureichenden Kenntnis der pathologischen Zustände des menschlichen Körpers
bei der Begriffsbestimmung mancher Krankheiten statt an die unbekannten
wesentlichen Ursachen an die zufälligen Symptome halten, so daß oft
die verschiedenartigsten Zustände des leidenden Organismus unter einen und

denselben Begriff und Namen subsumiert werden, wie dies z. B. bei neur-
algischen Zuständen („Ischias", „Migräne") und bei manchen psychischen
Erkrankungen der Fall ist.

3. Undefinierbar sind alle jene elementaren (einfachen) Begriffe, auf die man bei der fortgesetzten Analyse jedes Bewusstseins-
inhaltes zu allerletzt stößt (vgl. §. 14, P. 1), z. B. die Begriffe der einfachen Empfindungen, die psychologischen Begriffe des Vorstellens, Urtheilens,
Fühlens, Wollens. Der einfache Begriff „weiß" oder „roth" kann nur dadurch
klar gemacht werden, dass man auf weiße oder rothe Gegenstände (Schnee,
Kreide, Milch, Alabaster . . . oder: Zinnober, Kirsche, Pfingstrose, Blut . . .)
hinweist. Dem Rothblinden kann somit der Begriff „roth" schlechterdings
auf keinerlei Weise beigebracht werden. — Undefinierbar sind ferner die
obersten metaphysischen Begriffe, die sich theilweise mit den obersten
logischen Kategorien decken, wie Substanz, Accidenz, Causalität, Raum,
Zeit, Qualität, Veränderung, Einheit, Vielheit, Gleichheit, Verschiedenheit . . .,
die kein abtrennbares, sei es begriffliches oder anschauliches Element mehr
enthalten, weil sie selbst die letzten Voraussetzungen jeglichen Denkens
oder jeglicher Anschaulichkeit sind. Solche Begriffe können nur hinsichtlich
ihres Umfanges klar gemacht werden, indem man auf jene Erscheinungen
hinweist, aus denen sie gewonnen sind. (Vgl. §. 22, P. 3.) — Schließlich können auch Individualbegriffe nicht definiert werden, weil hier
die Menge der Merkmale zu groß ist, als dass sie in eine kurze Definition
zusammengefasst werden könnte; und abgesehen von dieser Schwierigkeit
kommt noch in Betracht, dass die individuelle, bloß anschaubare oder
erlebbare Bestimmtheit der Merkmale des gemeinten Individuums
selbst schlechterdings jeder begrifflichen Fassung spottet. Hier muss der
directe Hinweis auf den Gegenstand selbst die Stelle der Definition vertreten.

§. 73. Analytische, synthetische, genetische Definition.

Wenn ein Begriff, den man im gemeinen oder wissenschaftlichen Sprach-
gebrauch als einen gegebenen vorfindet und dessen Inhalt unter einem
bestimmten Namen nur dunkel und undeutlich vorschwebt, durch eine Definition in seine Merkmale zergliedert wird, so heißt die Definition **analytisch**.
Hier ist der Begriff als Ganzes das Erste, sein durch die Definition in
Merkmale aufgelöster Inhalt das Zweite.

Analytische Definitionen finden vor allem Anwendung auf Erfah-
rungsbegriffe, die wir uns zunächst als mehr oder weniger verschwommene Gemeinbilder durch Abstraction aus den individuellen, sinnlichen Anschauungen bilden; z. B. die Begriffe „Haus", „Stadt", „Baum", „Wald",
„See", „Teich" u. dgl.

Gelangt man dagegen im Fortſchritte des wiſſenſchaftlichen Denkens dahin, zu beſonderen Zwecken mehrere bekannte Begriffe zu einem neuen, durch einen beſonderen Namen zu bezeichnenden Begriff zu verbinden: ſo heißt eine ſolche Definition **ſynthetiſch**.

Synthetiſche Definitionen ſtellen ſich dort ein, wo der Begriff mit bewuſster Abſicht conſtruiert iſt, wie dies bei den ſpeculativen, mathematiſchen, phyſikaliſchen, juriſtiſchen, national-ökonomiſchen Begriffen u. ſ. w. der Fall iſt. — Übrigens kann ein und derſelbe Begriff analytiſch oder ſynthetiſch definiert werden, je nachdem man im Denken vom definitum zum definiens übergeht oder umgekehrt. Z. B. Logarithmus iſt der Exponent derjenigen Potenz, zu welcher eine Grundzahl (Baſis) erhoben werden muſs, um eine vorgelegte Zahl zu erzeugen (analytiſche Definition); oder: Der Exponent jener Potenz, zu welcher eine Grundzahl erhoben werden muſs, um einer vorliegenden Zahl gleich zu ſein, heißt der Logarithmus dieſer Zahl (ſynthetiſche Definition).

Die **genetiſche** Definition entwickelt die Natur des zu definierenden Gegenſtandes aus den Urſachen und Bedingungen ſeiner Entſtehung. Z. B. 1. Wenn ſich ein Punkt um einen andern, fixen Punkt in einer Ebene ſo bewegt, daſs er von demſelben ſtets dieſelbe Entfernung behält, ſo beſchreibt er einen Kreis. 2. Eine Sonnenfinſternis entſteht, wenn zur Zeit des Neumondes der Kernſchatten des Mondes auf die Erde fällt. 3. Wenn man einen allgemeinen moraliſchen Satz auf einen beſonderen Fall zurückführt, dieſem beſonderen Falle Wirklichkeit verleiht und eine Geſchichte daraus dichtet, in welcher man den allgemeinen Satz anſchauend erkennt: ſo heißt dieſe Erdichtung eine Fabel (Leſſings Erklärung der Fabel). 4. Übergießt man Marmor mit Salzſäure, ſo entwickelt ſich ein geruch- und farbloſes Gas, das ſchwerer iſt als Luft und das Verbrennen nicht unterhält (Kohlendioxyd).

Die genetiſche Definition zeichnet ſich durch beſondere Anſchaulichkeit aus, weil ſie den Gegenſtand des fraglichen Begriffes gleichſam in der Anſchauung (Phantaſie) des Hörers oder Leſers entſtehen läſst und eben dadurch auch deſſen Aufmerkſamkeit auf die grundweſentlichen Merkmale hinlenkt.

Aufgabe. Der Schüler gebe die aus dem Unterrichte geläufigen Definitionen folgender Begriffe: Winkel, Dreieck, Polygon, Kreis; Peripheriewinkel, Centriwinkel, Kreisſector, Kreisſegmente, Ähnlichkeitspunkte zweier Kreiſe; mittlere Proportionale zu zwei Strecken; körperliche Ecke, Pyramide, Prisma, Kegel, Kugel; Sinus, Coſinus, Tangente, Cotangente; rationale, irrationale Zahl, Addition . . . Logarithmierung; Meter, Kilogramm; geradlinige gleichförmige Bewegung, geradlinige gleichförmig beſchleunigte Bewegung; Krafteinheit, lebendige Kraft, Arbeit einer conſtanten Kraft; Arbeitseinheit, Maſchine, Trägheits-

moment, Dichte, specifisches Gewicht; Wärmeeinheit, specifische Wärme ...;
Zelle, Gewebe, Muskel, Nerv; Wirbelthier, Säugethier, Vogel ...; Umlaut,
Brechung, Ablaut, Lautverschiebung .... Quantität, Accent, Rhythmus, Vers-
fuß, Diärese, Cäsur, Reim, Distichon, Sonett .... Lyrik, Epik, Drama, Lied,
Elegie ...; geographische Breite und Länge, Ekliptik, Polarkreis, Wendekreis ...
Weltgeschichte, Culturgeschichte .... Aristokratie, Demokratie, Oligarchie, Ochlo-
kratie, Monarchie, Tyrannis .... ἐκκλησία, ὀστρακισμός, γερουσία, ἄρχον-
τες ... δίκη, γραφή — consul, praetor, legio, cohors ....

§. 74. Namen- und Worterklärung.

Alle Erklärungen sind eigentlich **Namenerklärungen** (Nominal-
definitionen), da sie die Bedeutung eines Begriffsnamens angeben.
Hiebei ist es gleichgiltig, ob diesem Namen außerhalb des Denkens ein Gegenstand entspricht oder nicht. Die Definition des Centauren als eines thierischen Fabelwesens, das halb Mensch, halb Pferd ist, kann als Namenerklärung keineswegs angefochten werden.

Von der Namenerklärung ist die sogenannte **Worterklärung** zu unterscheiden. Diese ist kein Gegenstand logischer Untersuchung, weil sie die Bedeutung eines Wortes nur durch die Zurückführung auf seinen etymo-
logischen Ursprung festzustellen sucht; sie zergliedert nämlich das Wort
in seine einzelnen Bestandtheile und führt es auf seine Stamm- und Wurzel-
formen zurück. Z. B. Tugend ist dasjenige, was zu seinem Zwecke taugt.
— Eiland (Einland) ist ein allein, abgesondert liegendes Land. —
Psychologie ist die Lehre (λόγος) von der Seele (ψυχή). — Derlei Erklärungen vermögen die eigentliche Definition des Begriffes vorzubereiten,
aber nicht zu ersetzen.

§. 75. Erfordernisse und Fehler der Definition.

1. Jede Definition muss **angemessen** oder adäquat sein, so zwar,
dass sich die Umfänge des definitum und definiens als äquipollente Begriffe vollkommen decken. Dagegen wird gefehlt, wenn die Definition **zu weit**
oder **zu eng** ist (definitio latior — definitio angustior), d. h. wenn
das definiens einen größeren oder kleineren Umfang hat, als das
definitum. Das erstere ist der Fall, wenn die Definition ein Merkmal zu
wenig, das letztere, wenn sie ein Merkmal zu viel aufgenommen hat. Im
ersteren Falle läßt sich das Definitionsurtheil nicht rein convertieren,
im letzteren nicht rein contraponieren; im ersteren Falle kann es als
Urtheil überhaupt, wenn auch nicht als Definition giltig sein; im letzteren
ist es auch als Urtheil von universaler Quantität falsch. Z. B. Das Thier
ist ein organisches Wesen (zu weit) — der Mensch ist ein sinnlich ver-
nünftiges Erdenwesen von weißer Hautfarbe (zu eng).

9*

2. Die Definition mufs frei sein von jeder **Tautologie** (idem per idem). Diese findet statt, wenn der zu erklärende Begriff an der Hand seines eigenen oder eines synonymen sprachlichen Ausdruckes in der Definition wiederkehrt, also durch sich selbst erklärt wird, z. B. Wärme ist dasjenige, was wärmt. Es ist dagegen keine Tautologie, wenn bei der Definition eines Artbegriffes der die Gattung bezeichnende, im definitum vorkommende Name im definiens wiederkehrt, z. B. die Dampfmaschine ist eine Maschine, bei welcher der Dampf als bewegende Kraft auftritt. — Ebensowenig ist es eine Tautologie, wenn im definiens ein mit dem zu definierenden Worte stammverwandter Ausdruck in einem anderen Sinne wiederkehrt. Die Erklärung der „Freiheit" als „des Vermögens, frei zu handeln" kann als Definition nicht angefochten werden, weil durch den Ausdruck „frei handeln" die Bedeutung von „frei" eingeschränkt wird gegen andere Begriffe wie „frei von Schmerzen, frei von Pflichten …"

3. Die Definition darf keinen **Cirkel** beschreiben (circulus in definiendo, Diallele). Dieser findet statt, wenn ein Begriff A durch einen anderen Begriff B, sodann aber B wieder durch A erklärt wird. Z. B. „Pflicht" ist dasjenige, was man „soll"; und man „soll" dasjenige, was „Pflicht" ist. — Der Cirkel gestaltet sich zu einem Hysteron proteron ($\mathring{v}\sigma\tau\varepsilon\varrho ov$ $\pi\varrho\acute{o}\tau\varepsilon\varrho ov$), wenn man einen Begriff A durch einen zweiten Begriff B definiert, trotzdem A die wissenschaftliche Voraussetzung für B ist, also vielmehr B durch A zu erklären wäre. An diesem Fehler leidet z. B. die Erklärung der Größe als des der Vermehrung und Verminderung Fähigen; da nämlich Vermehrung nichts anderes ist als Zunahme der Größe, und Verminderung nichts anderes als Abnahme der Größe, so ist der Begriff „Größe" in der Erklärung desselben schon vorausgesetzt.

4. Die Definition vermeide so viel als möglich **negative Bestimmungen** (ne sit negans). α) Diese Norm hat jene Fälle verneinender Prädication im Auge, die in §. 29 als dritte Art des contradictorischen Gegensatzes zusammengefaßt wurden. Dort ist non-α der allgemeine, unbestimmte Ausdruck für eine Reihe von Möglichkeiten, daher widerstreitet es als definiens dem Zwecke der Definition, den Inhalt und Umfang des Begriffes in feste Grenzen einzuschließen. Z. B. Ein Punkt ist dasjenige, was keine Theile hat. — Parallellinien sind gerade Linien in derselben Ebene, die, ins unendliche nach beiden Seiten hin verlängert, mit einander niemals zusammenstoßen.*) — β) Hingegen ist das verneinende Prädicat dort am richtigen Platze, wo

---

*) Diese von Euklid herrührende Definition steht der Definition der Parallellinien als Linien von gleicher Richtung in zweifacher Beziehung nach, weil sie die Parallellinien durch eine bloß negative und zugleich nur abgeleitete, nicht grundwesentliche Bestimmung charakterisiert. S. Überweg, System der Logik. 5. Aufl. S. 179.

es sich um einen zweigliedrigen Gegensatz im Sinne von §. 29, P. 1 und 2 (§. 32, V., Fig. 6 und 7) handelt; insbesondere ist die Negation für Begriffe des Schemas A non-α (§. 29, P. 2) ganz wesentlich. Z. B. Finsternis = Abwesenheit von Licht; „unendlich" nennen wir dasjenige, was entweder räumlich oder zeitlich oder hinsichtlich seiner Wirksamkeit keiner Begrenzung unterworfen ist; „absolut (unbedingt)" ist dasjenige, was ohne alle Voraussetzung gedacht wird.

5. Die Definition vermeide es so weit als möglich, in das Gebiet der **Eintheilung** überzugreifen (ne fiat per disiuncta), da sie in diesem Falle den Begriff nur durch Aufzählung seiner Umfangsglieder veranschaulicht, keineswegs aber seinen Inhalt verdeutlicht. Z. B. Der Kegelschnitt ist jenes geometrische Gebilde, welches in die vier Formen: Kreis, Ellipse, Parabel, Hyperbel zerfällt. — Wo jedoch der zu erklärende Begriff schon in einem seiner grundwesentlichen Merkmale einen Gegensatz einschließt, wird sich auch die Definition auf denselben stützen müssen. Z. B. Ein Bruch ist eine Zahl, die einen oder mehrere Theile der Einheit in sich enthält. — Der Schluss ist die Ableitung eines neuen Urtheils aus einem oder mehreren gegebenen Urtheilen.

6. Die Definition darf an Merkmalen nichts **Überschüssiges** enthalten (ne sit abundans). Dies findet statt, wenn außer den constitutiven Merkmalen auch noch solche aufgenommen werden, die sich als consecutive Merkmale aus diesen ergeben, die also nur in die Entwickelung, aber nicht in die Definition des Begriffes gehören. Z. B. Ein Parallelogramm ist ein Viereck mit parallelen und gleichen Seitenpaaren.*)

7. Endlich muss die Definition **kurz** und **präcis** sein. Alle zweideutigen, unverständlichen Ausdrücke, alles Metaphorische und Figürliche und was zur copia verborum gehört, muss sorgfältig ferngehalten werden. Der Satz: „Das Gewissen ist eine innere Stimme, die dem Menschen sagt, was gut und was böse ist" enthält zwar eine richtige Aussage, gleichwohl ist er als Definition des Gewissens unstatthaft, weil er ein bloßes Bild gibt.

§. 76. **Unvollständige Erklärungen.**

Nicht alle Begriffe eignen sich für eine strenge Definition, und nicht immer, wenn es sich um eine Erklärung handelt, liegt die Nothwendigkeit vor, eine strenge Definition zu geben. In diesen Fällen begnügt man sich mit unvollständigen Erklärungen. Hieher gehört:

1. Die **Erörterung** (locatio), welche den Begriff einseitig entweder gegen seine übergeordneten oder nebengeordneten Begriffe, aber nicht gegen

---

*) Vgl. die schöne Durchführung der Definition des Kreises in Lotzes Logik (2. A. 1880) S. 204 fg.

beide zugleich abgrenzt. Sie bereitet in vielen Fällen die strenge Definition vor. Z. B. Die Ballade ist eine epische Dichtungsart; die Fische sind Wasserthiere; der Walfisch kann nicht immer unter Wasser bleiben; das Hygrometer dient zur Messung des Feuchtigkeitsgrades der Atmosphäre.

2. Die **Unterscheidung** (distinctio), die sich die Aufgabe stellt, einen Begriff gegen gewisse, mit ihm nahe verwandte Begriffe scharf abzugrenzen. Z. B. Der Enthusiasmus unterscheidet sich vom Fanatismus dadurch, dass er einer edlen Sache gilt und die Grenzen der Mäßigung nicht überschreitet. — Adhäsion heißt die Kraft, welche das Aneinanderhaften zweier mit einander in Berührung gebrachter Körper bewirkt, im Gegensatz zur Cohäsion oder der molecularen Anziehungskraft, die zwischen den benachbarten Theilchen eines und desselben Körpers thätig ist.

Anmerkung. Das Distinguieren ist eine nicht genug zu empfehlende logische Übung. (Qui bene distinguit, bene docet — und wohl auch: discit). Dabei muss man unterscheiden: a) die verschiedenen Begriffe, die sich an einen und denselben sprachlichen Ausdruck knüpfen (Homonymie); b) die verschiedenen sprachlichen Ausdrücke, welche sehr nahe verwandte Begriffe bezeichnen (Synonymie). Ein und dasselbe Wort wird oft in engerer und weiterer, in eigentlicher und uneigentlicher (tropischer, figürlicher) Bedeutung genommen. „Herz" z. B. ist ein Theil unseres Körpers und andererseits das „Vermögen" oder der „Sitz" der Gefühle. „Gut" im weiteren Sinne ist alles, was gebilligt oder geschätzt wird; im engeren Sinne jedoch nur, was vom ethischen Standpunkt am Wollen und Handeln unbedingt gebilligt wird; daher gutes Wetter, gute Speise, guter Schachspieler, aber auch guter Vorsatz, gute That.

Man distinguiere die Bedeutung folgender Ausdrücke: Land, Feld, Acker; robur, vis, potestas, potentia, firmitas; die Worte, die Cicero von Catilina gebraucht: abiit, excessit, evasit, erupit; blödsinnig, albern, dumm, einfältig; Herz, Gemüth, Kopf, Verstand, Talent, Vernunft. — Weitere Beispiele!

3. Die **Erläuterung** oder **Entwickelung** (explanatio, explicatio, expositio) ist die Zergliederung und Verdeutlichung eines Begriffsinhaltes nach einer durch den jeweiligen Zweck bestimmten Richtung. Dieser Zweck ist oft dahin gerichtet, die strenge Definition vorzubereiten. Z. B. Die Vernunft ist dasjenige Seelenvermögen des Menschen, welches den eigentlichen Vorzug desselben vor den Thieren bildet und welches auf die Erfassung des Höchsten gerichtet ist. (Worin dieses Vermögen besteht, ist damit noch nicht gesagt.)

4. Die **Charakteristik**, welche die hervorstechendsten und bezeichnendsten Merkmale (Kennzeichen) eines Gegenstandes angibt. Z. B. Die charakteristische Eigenschaft des Gedächtnisses ist die Treue, jene der Phantasie die Originalität. — Die Demokratie ist begründet auf Bürgertugend, die Monarchie auf Ehre, die Despotie auf Furcht (Montesquieu). — Bezeichnende Aussprüche und Thaten dienen zur Charakteristik der Person; man versuche in diesem Sinne die Charakterisierung der beiden Königinnen in „Maria Stuart", oder erweise die Wahrhaftigkeit als wesentlichen Zug im Charakter der

Iphigenie bei Goethe, oder die Unentschiedenheit und Unentschlossenheit im Charakter des Goethe'schen Clavigo, oder die heldenhafte Thatkraft im Charakter Wilhelm Tells bei Schiller. — Weitere Beispiele!

5. Die **Beschreibung** (descriptio), die durch möglichst genaue, vollständige und wohlgeordnete Angabe der sinnenfälligen Merkmale eines Gegenstandes oder Vorganges die Anschauung desselben zu ersetzen sucht. Z. B. Die Beschreibung des Schildes des Achilles bei Homer (Il. XVIII, 478—607); die Naturschilderungen in den „Studien" von A. Stifter und Alexander v. Humboldts „Ansichten der Natur"; die herrlichen Schilderungen in Wilh. Jordans Nibelungen-Epen. (Beispiele aus den Naturwissenschaften!)

6. Die **Vergleichung** (illustratio), die einen Begriff mittelst eines anderen, deutlicheren, z. B. einen abstracten mittelst eines concreten aufzuhellen trachtet. Z. B. Kunst ist das Scheinen der Idee durch ein sinnliches Mittel (Hegel); Malerei ist stumme Poesie.

§. 77. Übungsbeispiele.

Man prüfe die folgenden Beispiele von Erklärungen nach den in den obigen Paragraphen angegebenen Gesichtspunkten:

1. Calorie ist jene Wärmemenge, die man einem Kilogramm Wasser zuführen muss, um seine Temperatur von 0^0 auf 1^0 C. zu erhöhen. — 2. Das specifische Gewicht eines homogenen Körpers ist das Gewicht der Volumeinheit desselben. — 3. Dunkle Körper sind solche, die ohne Beleuchtung durch einen selbstleuchtenden Körper unsichtbar sind. — 4. Allium sativum (Knoblauch) ist ein Liliengewächs, das eine von röthlich-weißen Hüllblättern umgebene Zwiebel hat, welche mehrere kleinere, eiförmige Zwiebelchen einschließt. — 5. Führt man in eine mit Wasser gefüllte Flasche, die in der Nähe des Bodens eine seitliche, verschließbare Öffnung besitzt, durch einen Kork ein Rohr ein, so entsteht die sogenannte Mariotte'sche Flasche. — 6. Catos Definition des Redners: orator est vir bonus, dicendi peritus. — 7. Einfach ist das, was nicht aus Theilen besteht. — 8. Der Mensch ist ein vom Thiere verschiedenes Wesen. — 9. Die Begierde ist ein Seelenzustand, der durch Lust- oder Unlustgefühle hervorgerufen wird. — 10. Fromm ist derjenige, welcher den Urheber eines Mordes, Tempelraubes oder ähnlicher Verbrechen der gerichtlichen Bestrafung zuführt (Platon, Euthyph. 5 D). — 11. Gott ist ein Kreis, dessen Mittelpunkt überall und dessen Umfang nirgends ist. — 12. Die Idee des Guten ist die Sonne der Ideenwelt (Platon). — 13. Die Ode ist die Vergötterung des Gefühls. — 14. Parallele Linien sind solche, die gleiche Richtung und überall gleichen Abstand von einander haben. — 15. Venus ist der Stern, der in einer mittleren Entfernung von $107 \cdot 2$ Millionen Kilometer von der Sonne sich bewegt. — 16. Eine Compagnie ist der unter dem Commando eines Hauptmannes stehende Truppentheil; unter einem Hauptmann aber ist der Commandant einer Compagnie zu verstehen. — 17. Die Physik im engeren Sinne beschäftigt sich mit der Erforschung des Zusammenhanges der vorübergehenden Erscheinungen an unorganischen Körpern, die Chemie

mit den bleibenden materiellen Veränderungen auch an organischen Kör=
pern. — 18. Die Liebe denkt nichts Arges und entschuldigt alles (hl. Paulus).
— 19. Ein Versfuß ist die Verbindung einer Hebung mit einer Senkung.
— 20. Das Spiel dient zur Erholung des Geistes und zur Unterhaltung;
es schärft den Verstand und hält uns von verderblichen Dingen ab. —
21. Wenn man Kochsalz mit englischer Schwefelsäure übergießt, so entweicht
unter Aufschäumen ein farbloses Gas von stechendem Geruche, das beträchtlich
schwerer als Luft ist, in großen Mengen von Wasser absorbiert werden kann
und blaues Lackmuspapier roth färbt (Chlorwasserstoffgas). — 22. Ellipse
ist jene Linie, für deren sämmtliche Punkte die Summe der Abstände von zwei
Fixpunkten eine constante Größe ist. — 23. Demokratie ist Volksherrschaft.

Welche von diesen Erklärungen sind strenge Definitionen, welche sind
unvollständig und welche fehlerhaft?

Zweiter Abschnitt.
Lehre von der Eintheilung (Division).

—

§. 78. Wesen und Zweck der Eintheilung.

Die auf die vollständige Erkenntnis eines Wissensgebietes abzielende Denkarbeit begnügt sich nicht mit der klaren Erfassung der Inhaltselemente jedes zugehörigen Begriffes und ihrer Beziehungen, wie sie sich in der Definition ausspricht, sondern sucht auch den Umfang jedes Begriffes zu verdeutlichen. Letzteres geschieht in der Eintheilung (divisio); diese ist die **vollständige und geordnete Darstellung des Umfanges eines Begriffes (einer Gattung); sie erfolgt durch Angabe der Artbegriffe, die zusammen den Umfang des einzutheilenden Begriffes erschöpfen.** (§. 15.)

Bei einer jeden Eintheilung hat man zu unterscheiden:

1. Das Eintheilungsganze (totum divisum oder dividendum), d. i. den einzutheilenden Begriff; z. B. Dreieck (A).

2. Die Eintheilungsglieder (membra divisionis), d. i. die Arten, in die sich der Begriffsumfang zerlegen läßt; z. B. gleichseitiges (A α), gleichschenkliges (A β), ungleichseitiges Dreieck (A γ).

3. Den Eintheilungsgrund (fundamentum divisionis), d. i. jenes Merkmal (z. B. die relative Größe der Seiten) des einzutheilenden Begriffes (Dreieck), welches, in seine Besonderungen oder Species (gleichseitig, gleichschenklig, ungleichseitig) aufgelöst, diejenigen Merkmale als Artunterschiede (differentiae specificae) liefert, durch die das Eintheilungsganze (die Gattung A) in seine Glieder (die Arten A α, A β, A γ) zerlegt wird.

Die Form der Eintheilung ist das divisive Urtheil (§. 46): Die Dreiecke sind theils gleichseitig, theils gleichschenklig, theils ungleichseitig.

Anmerkung 1. Jede Eintheilung setzt also eine andere, nämlich die des Eintheilungsgrundes, voraus. Als Eintheilungsgrund muß jenes variable Merkmal (generische Moment) des einzutheilenden Begriffes gewählt werden, das sich zur Abgrenzung der Umfangsglieder am geeignetsten erweist. Solche variable Begriffselemente sind vor allem jene Begriffe, die, wie der Begriff „Farbe", „Größe", „Zahl"...., vermöge ihrer Einfachheit (bezw. Undefinierbarkeit) nicht anders als durch ihren Umfang gedacht werden können.

Anmerkung 2. Besonders geläufig sind uns daher jene Eintheilungen, die sich auf die natürliche Zahlenreihe stützen; zu solchen greifen wir jedesmal, wenn der einzutheilende Begriff den Begriff der Größe (Quantität) oder des Grades oder unmittelbar einer Zahlenreihe einschließt. Hieher gehört die Eintheilung der Temperaturen, Töne, die Eintheilung der Körper nach Härte, Dichte und Festigkeit, die Eintheilung des Menschen nach den verschiedenen Abmessungen des Körpers und seiner Theile, wie des Schädels nach der Schädelcapacität oder nach dem Gesichtswinkel; der Städte nach der Bevölkerungszahl, der Länder nach der Dichte der Bevölkerung u. s. f.

§. 79. Dicho-, Tricho-.... Polytomien.

Die Eintheilungen sind nach der Anzahl der Eintheilungsglieder Dichotomien, wenn sie zweigliedrig, Trichotomien, wenn sie dreigliedrig, überhaupt Polytomien, wenn sie mehrgliedrig sind.

Die **Dichotomie**, die aus der Determination des Eintheilungsganzen mittels zweier contradictorisch entgegengesetzter Begriffe α und non-α hervorgeht, bietet volle Gewähr dafür, daß sie den Umfang des Eintheilungsganzen erschöpft. Z. B. Die Casus sind abhängig oder unabhängig. — Die Menschen sind Indogermanen oder Nicht-Indogermanen, Weiße oder Nicht-Weiße. — Die Schwäche der Dichotomie liegt jedoch in der Unbestimmtheit des negativen Gliedes, in der meist großen Ungleichheit der Umfänge der beiden Eintheilungsglieder (der des negativen Gliedes ist in der Regel unverhältnismäßig größer) und in dem geringen Grade von Übersichtlichkeit, die sie gewährt, wie wenn man die Menschen eintheilen würde in Deutsche und Nicht-Deutsche. Für die Dichotomie nach dem contradictorischen Gegensatze ist es gleichgiltig, welcher Art das generische Moment ist, nach welchen man ein Begriffsgebiet in A α und A non-α zerreißt. — Zahlreiche Dichotomien gründen sich auf folgende Begriffspaare: Einfach — zusammengesetzt, äußerlich — innerlich, objectiv — subjectiv, real — formal, körperlich — geistig, absolut — relativ.....

In manchen dichotomischen Eintheilungen wird der Begriff non-α durch einen conträren Gegensatz von α ersetzt; jedoch ist eine solche Eintheilung in dem Falle unvollständig, wenn der conträre Gegensatz das Einschieben von Mittelgliedern zuläßt. So liegt zwischen dem Guten und Bösen das sittlich Indifferente, zwischen dem Gebotenen und Verbotenen das Erlaubte, zwischen Tageshelle und Nachtdunkel die Dämmerung.....

Aus der dichotomischen Eintheilung entstehen häufig Polytomien, indem an die Stelle des contradictorischen Gegensatzes non-α eine Reihe conträrer Gegensätze tritt. Z. B. Die Zonen der Erde sind theils kalt, theils nicht kalt; durch die Eintheilung von „nicht kalt" in „heiß" und „gemäßigt" entsteht die bekannte trichotomische Eintheilung der Zonen.

§. 80. **Unter- und Nebeneintheilungen. — Classification.**

Werden die Glieder einer Eintheilung durch die Anwendung eines neuen Eintheilungsgrundes selbst wieder einer Eintheilung unterworfen, so gelangt man zu einer **Untereintheilung** (subdivisio), wogegen die Eintheilung, aus der sie hervorgeht, Obereintheilung heißt. So kann man die Thiere zunächst in Wirbelthiere und wirbellose Thiere, erstere wieder in Säugethiere, Vögel, Fische, Reptilien und Amphibien eintheilen. Setzt man die Eintheilung soweit als möglich fort, so erhält man eine Classification im weiteren Sinne.

Ein und derselbe Begriff kann nach verschiedenen Eintheilungsgründen eingetheilt werden; auf diese Art entstehen **Nebeneintheilungen** (codivisiones). Z. B. Die Dreiecke sind theils spitz-, theils recht-, theils stumpfwinklig. — Die Dreiecke sind theils gleichseitig, theils gleichschenklig, theils ungleichseitig.

Solche Nebeneintheilungen stehen aber noch unvermittelt neben einander. Will man aus ihnen eine einzige zusammenhängende Eintheilung mit einer continuierlich fortlaufenden Reihe von Eintheilungsgliedern gewinnen, so muß man diese Eintheilungen so auf einander beziehen, dass man eine von ihnen als Obereintheilung betrachtet und jedes Glied derselben nach dem zweiten Eintheilungsgrunde eintheilt und nöthigenfalls mit den dadurch erhaltenen Gliedern auf ähnliche Weise verfährt. Eine solche **stufenförmig fortgesetzte und möglichst erschöpfende Eintheilung eines Begriffes nach mehreren, mit einander combinierten Eintheilungsgründen** heißt eine **Classification im engeren Sinne.** So wird das Parallelogramm nach dem Winkelverhältnisse in das recht- und schiefwinklige, nach dem Seitenverhältnisse in das gleichseitige und ungleichseitige eingetheilt. Werden nun beide Paare von Eintheilungsgliedern durch einander determiniert, so gelangen wir zur bekannten Classification der Parallelogramme in Quadrate, Rechtecke, Rhomben und Rhomboide. Läßt sich eine solche Classification nach dem Winkel- und Seitenverhältnisse auch beim Dreieck vollständig durchführen?

Bezeichnet man den einzutheilenden Begriff mit A, die erste Reihe specifischer Differenzen mit a, b, c, die zweite mit α, β, γ, so kann man folgendes Schema der Classification aufstellen:

$$
\begin{array}{ccc}
& \mathrm{A} & \\
\hline
\mathrm{Aa} & \mathrm{Ab} & \mathrm{Ac}\ldots\ldots\ldots\ldots\mathrm{I} \\
\hline
\mathrm{Aa}\alpha,\ \mathrm{Aa}\beta,\ \mathrm{Aa}\gamma & \mathrm{Ab}\alpha,\ \mathrm{Ab}\beta,\ \mathrm{Ab}\gamma & \mathrm{Ac}\alpha,\ \mathrm{Ac}\beta,\ \mathrm{Ac}\gamma\ldots\ldots\mathrm{II}
\end{array}
$$

Nicht selten versteht man unter „Classification" sogar nur die zusammenhängende Gliederreihe der letzten Subdivisionen (Reihe II; vgl. oben die Reihe der vier Species von Parallelogrammen).

§. 81. Die natürliche und die künstliche Classification.

Die **künstliche** Classification eines Begriffes entnimmt die Eintheilungsgründe nach Willkür den Merkmalen, welche sich bei der Betrachtung der unter den Begriff fallenden Gegenstände darbieten. So wählt das Linné'sche Pflanzensystem, das als classisches Beispiel einer künstlichen Classification angeführt zu werden pflegt, den Bau der Blüte (die Anzahl der Staubgefäße, ihre relative Länge, ihre Anwachsstelle am Blütenboden, ihre Vereinigung in ein oder mehrere Bündel, die Zahl der Griffel u. a.) als Eintheilungsgrund für den Begriff „Pflanze". Eine solche Eintheilung empfiehlt sich allerdings durch ihre Übersichtlichkeit, sie bietet jedoch keine Gewähr dafür, daß die Objecte durch die Eintheilungsglieder nach dem Grade ihrer Verwandtschaft gruppiert werden. Denn hier ist der Fall möglich, daß sonst ganz unähnliche Objecte, insofern sie nur in dem Merkmale x übereinstimmen, in eine Gruppe zusammengestellt werden, während vielfach ähnliche, ja ganz augenscheinlich verwandte Species, insofern sie in Bezug auf x nicht übereinstimmen, in entlegene Gruppen auseinandergerückt werden. In der That muß sich das Linné'sche System den Vorwurf gefallen lassen, daß es sehr nahe verwandte Pflanzen, wie z. B. die Gräser, in verschiedene Gruppen trennt, dagegen das Unähnlichste, wie die Eiche und das zweizeilige Rietgras, in einer Classe vereinigt, — und dies ist unvermeidlich, weil es ohne Rücksicht auf den anatomischen Bau des Pflanzenkörpers, die Beschaffenheit des Keimlings, des Blütenstandes, der Blätter u. s. w. nur den Bau der Blüte in den oben angedeuteten Stücken in Betracht zieht.*)

Die **natürliche** Classification ist jene, bei welcher das Princip der Verwandtschaft in der Anordnung der Arten und Unterarten so weit als möglich durchgeführt erscheint. Da die constitutiven Merkmale (§. 17) die Eigenschaft haben, daß die Übereinstimmung in denselben auch die Übereinstimmung in vielen anderen Merkmalen nach sich zieht, so wird die natürliche Classification ihre Gegenstände nach einem solchen Eintheilungsgrunde eintheilen, welcher der Reihe der constitutiven Merkmale entlehnt ist. So wird man den Menschen nicht nach den Unterschieden, wie er seine Speisen

---

*) Eine rein künstliche Classification kann das Linné'sche System insofern nicht genannt werden, als sich in manchen Pflanzengruppen an die Übereinstimmung in den oben bezeichneten Merkmalen noch weitergreifende Übereinstimmungen knüpfen. Eine rein künstliche Eintheilung würde sich z. B. aus dem Versuche ergeben, die Vögel etwa nach der Farbe des Gefieders oder die Pflanzen nach der Blattform zu gruppieren.

kocht, oder welche musikalischen Instrumente er spielt, sondern nach Gesichtspunkten eintheilen, die zur grundwesentlichen Eigenschaft des Menschen,
nämlich zu seiner „Vernünftigkeit", in deutlicher causaler Beziehung stehen.
Solche Eintheilungsgründe sind: Sittlichkeitszustand, Religion, Sprache,
Berufsbeschäftigung, Staatsverfassung, Schädelbildung u. ä.

Anmerkung. Die Unkenntnis der constitutiven Merkmale, die bei so
vielen Dingen eine strenge Definition unmöglich macht, ist auch der Grund
unserer Unfähigkeit, sie natürlich zu classificieren. Sowie die Beschreibung die
eigentliche Definition, so vertritt in solchen Fällen die **Typenunterscheidung**
die Stelle der streng logischen Eintheilung. So spricht man in der Zoologie,
Botanik, Krystallographie, Chemie, Sprachwissenschaft .... von Typen. „Ein
Typus", sagt Whewell, „ist ein Muster irgend einer Classe, welches
den Charakter dieser Classe am vollkommensten darstellt." Die
Krystallographie spricht von Typen als Grundformen, insofern diese die einfachste Form sind, in der ein bestimmtes Gesetz der Zusammenfassung von
Merkmalen zum Ausdrucke gelangt. So sind Würfel und Oktaeder die Grundformen des regulären Systems. Die Chemie spricht von einem Wassertypus
$\left.\begin{array}{l}H\\H\end{array}\right\}O$, nach welchem das Wasser, Salpetersäure, Schwefelsäure, Kaliumhydro-
oxyd u. s. w. zusammengesetzt sind. — Weitere Beispiele!

§. 82. Erfordernisse und Fehler der Eintheilung.

1. Die Eintheilung muss **angemessen** oder adäquat sein, d. h. die
Eintheilungsglieder müssen zusammen den Umfang des Eintheilungsganzen
erschöpfen. Sie ist zu **eng** (unvollständig), wenn die Summe der Umfänge
der Eintheilungsglieder kleiner ist als der Umfang des Eintheilungsganzen,
zu **weit**, wenn sie größer ist. Z. B. Die Dreiecke sind theils spitz-, theils
stumpfwinklig. — Unterhaltungen sind theils geboten, theils verboten. —
Aussagen sind theils wahr, theils lügenhaft (sie können unwahr sein ohne
die Absicht zu täuschen — bona fide). — Zu weit ist die stoische Eintheilung der Leidenschaften in die vier Hauptformen: laetitia, libido, aegritudo,
metus, weil sie auch Gefühle umfasst.

2. Die Eintheilung muss ferner **klar** und **consequent** sein, d. h. sie
muss einen Eintheilungsgrund haben, der durch die ganze Eintheilung
festgehalten wird. Geschieht dies nicht, so ist die Eintheilung **verworren**
(divisio ne sit confusa), wie z. B. die Eintheilung der Menschen in Europäer
und Schwarze.

3. Der Eintheilungsgrund muss als ein für den einzutheilenden
Begriff charakteristisches Merkmal zu dem Wesen desselben in einer nothwendigen, genügend deutlichen Beziehung stehen; erfüllt er diese
Bedingung nicht, so ist die Eintheilung **kleinlich**, wie z. B. die Eintheilung
der Menschen nach der Farbe ihrer Augen.

4. Die **Eintheilungsglieder** müssen einander **gegenseitig ausschließen**, sonst würde anstatt der Deutlichkeit nur Verworrenheit entstehen. Dies wird erzielt durch den strengen Gegensatz der Artunterschiede. Wo ein solcher Gegensatz nicht besteht, bilden die Eintheilungsglieder nicht gesonderte, sondern ineinander fließende Gruppen. Dieser Fehler entsteht oft, wenn das als Eintheilungsgrund gewählte generische Moment nicht festgehalten wird (vgl. P. 2); es finden sich dann oft Begriffe, die unter mehrere Glieder fallen, und dann ist die ganze Eintheilung confus. Z. B. Bücher sind theils unterhaltend, theils nützlich; sie können auch beides zugleich sein.

5. Die fortgesetzte Eintheilung muß **stetig** sein, d. h. sie muß von den durch Determination unmittelbar sich ergebenden Gliedern zu den auf tieferen Unterordnungsstufen stehenden in gehöriger Folge übergehen. (Divisio fiat in membra proxima). Ist dies nicht der Fall, so entsteht der **Sprung** (saltus in dividendo), und die Übersichtlichkeit der Eintheilung wird gestört. Ein Sprung wäre es, wollte man die Fernrohre unmittelbar eintheilen in astronomische, terrestrische, Galilei'sche und Spiegelfernrohre. Viel stetiger ist die Eintheilung in Refractoren (Brechung des Lichtes) und Reflectoren (Zurückwerfung des Lichtes); erstere zerfallen in das astronomische, das terrestrische und das Galilei'sche Fernrohr, während letztere mit dem Spiegelfernrohre identisch sind.

6. Die Eintheilung soll in der Regel nicht bis zu den Individualbegriffen herabsteigen, sondern muß sich auf einer gewissen Höhe der Allgemeinheit halten, weil sonst die Anzahl der Glieder so groß würde, daß eine Übersicht unmöglich wäre.

Anmerkung. Um sich der Vollständigkeit und Gegensätzlichkeit der Eintheilungsglieder, der beiden Haupterfordernisse einer richtigen Eintheilung, zu versichern, pflegt man bisweilen von einer Dichotomie auszugehen, das negative Glied derselben durch eine Untereintheilung in eine zweite Dichotomie aufzulösen, wodurch man ein zweites positives Glied erhält und, wenn man dieses Verfahren fortsetzt, die Dichotomie nach und nach in eine Polytomie überführt, deren letztes negatives Glied den Weg zur weiteren Untereintheilung offen läßt. Z. B. Die Aussagen sind entweder wahr oder nicht wahr; die nicht-wahren sind entweder absichtlich gefälscht (Lügen) oder unabsichtlich falsch; die letzteren wieder beruhen entweder auf Täuschung der Sinne oder u. s. w. — Auf ähnliche Weise gelangt Plato im Sophist (pag. 219 sq.) zu einer Definition der Kunst des Angelfischers, indem der Gattungsbegriff des definiendum (Kunst) einer fortgesetzten dichotomischen Eintheilung unterworfen wird; die Eintheilungsglieder, denen das definiendum untergeordnet ist, geben sodann die constitutiven Merkmale desselben. „Die Künste sind theils erwerbend (A.)*), theils hervorbringend; die Erwerbung geschieht theils durch friedliche Aneignung, theils durch Bezwingung (A.); Bezwingung geschieht theils heimlich durch

---

*) Der Kürze wegen mögen die Eintheilungsglieder, denen das definiendum untergeordnet ist, mit „A." bezeichnet werden.

Nachstellung (A.), theils offen durch Kampf; die Nachstellung geht theils auf Lebloses, theils auf Lebendiges, die Thiere (A.); diese Nachstellung kann theils Land=, theils Wasserthiere (A.) betreffen; die Wasserthiere sind theils Vögel, theils Fische (A.); der Fischfang geschieht theils durch Gehege (Reusen, Netze...), theils durch Verwundung (A.); letztere Art des Fischfanges wird theils bei Tag (A.), theils bei Nacht betrieben; der Fang bei Tag durch Verwundung geschieht entweder durch Stoß von oben nach unten (Harpune), oder durch Zug von unten nach oben, wie beim Gebrauch des Angelhakens. Demnach ist die Angelfischerei eine erwerbende, bezwingende Kunst, welche Thieren nachstellt, die im Wasser leben, und zwar Fischen durch Verwundung, die sich bei Tage mittels des von unten nach oben gezogenen Angelhakens vollzieht.*).

§. 83. **Partition und Disposition.**

Von der logischen Eintheilung ist die Partition und Disposition zu unterscheiden.

Die Partition) ist die Zerlegung eines Ganzen in die Summe seiner integrierenden Bestandtheile** (partes integrantes),***) wie z. B. des Baumes in Wurzel, Stamm und Krone, des Dramas in Exposition, Peripetie und Katastrophe, der Erdoberfläche in Meer, Festland und Inseln, des menschlichen Lebens in Jünglings=, Mannes= und Greisenalter. Sie faßt den Gegenstand, wie er sich der sinnlichen Auffassung darbietet, ins Auge, wobei mehr die äußeren, räumlich (bezw. zeitlich) unterscheidbaren Bestandtheile desselben, als sein inneres Wesen in Betracht kommen. Die durch die Partition gewonnenen Theile stehen in keiner derartigen Beziehung zu einander, wie sie bei der Definition zwischen dem genus proximum und der differentia specifica oder bei der Division zwischen den Eintheilungsgliedern besteht.

Die Partition zählt die im Raume neben einander gelagerten oder in der Zeit auf einander folgenden Theile eines Gegenstandes (Vorganges) auf. Z. B. Die Dampfmaschine besteht aus: Dampfkessel, Dampfcylinder sammt Kolben, Steuerung .... Diese Theile finden sich an jeder Maschine beisammen, die unter den Begriff „Dampfmaschine" fällt, ohne daß sie deshalb in der Definition desselben ihre Stelle hätten; theile ich dagegen den Begriff „Dampfmaschine" in die Arten „Hochdruck= und Niederdruckmaschine", so fällt jede einzelne Maschine als Ganzes entweder unter den einen oder den anderen Theil dieser Dichotomie, und jeder dieser zwei Theile stellt für sich den Begriff „Dampfmaschine" in einer Besonderung dar.

Die Disposition†) ist die logische Gliederung und Anordnung eines begrifflichen Ganzen zum Zwecke der Mittheilung, Belehrung, Überzeugung.

---

*) Vgl. W. Drobisch, Neue Darstellung der Logik. 5. Aufl. Leipzig 1887. S. 149.

**) Von partiri zertheilen.

***) Integrierende Bestandtheile sind solche, die zum Bestehen und zur Vollständigkeit eines Objectes nothwendig gehören.

†) Von disponere kunstgerecht eintheilen, anordnen.

Man unterscheidet hiebei das Thema oder das Dispositionsganze als den leitenden Hauptgedanken, auf den alles bezogen wird, und die logischen Momente oder Dispositionsglieder als die einzelnen Gedankengruppen, in welche das begriffliche Ganze getheilt wird. Z. B. Thema: Ursachen des sittlichen Verfalles mancher Studierenden; Dispositionsglieder: 1. Fehler in der häuslichen Erziehung, 2. schlechte Gesellschaft, 3. schlechte Lectüre. — Die specielleren Bestimmungen über die Disposition gehören in die Stilistik und Rhetorik.

§. 84. Übungsbeispiele.

A. Man prüfe die folgenden Beispiele von Eintheilungen nach den in den vorhergehenden Paragraphen aufgestellten Gesichtspunkten:
1. Die Blätter theilt man ein in herzförmige, pfeilförmige, gekerbte, gezähnte, gespaltene und zugespitzte. — 2. Die Eintheilung der Hausbewohner in Männer, Frauen, Söhne, Töchter, Knechte, Mägde .... (Für welchen Zweck könnte eine solche Eintheilung nach mehreren Eintheilungsgründen gerechtfertigt sein?) — 3. Die Verfassungen sind theils monarchisch, theils aristokratisch, theils demokratisch. — 4. Die Begriffe zerfallen in Ding-, Eigenschafts- und Relationsbegriffe. — 5. Die Tempora sind theils Haupttempora, theils historische Tempora. — 6. Die Pflichten zerfallen in Pflichten gegen Gott, gegen den Mitmenschen, gegen sich selbst und gegen Sachen. (Welches Eintheilungsglied ist hier überflüssig und warum?) — 7. Die Eintheilung der Neigungen in Selbstliebe, Neigung zu anderen und gegenseitige Neigung. (Stehen hier die Eintheilungsglieder auf einer und derselben Unterordnungsstufe?) — 8. Die Naturwesen zerfallen in Thiere, Pflanzen und Mineralien. (Wo liegt hier der Sprung und ist eine solche Eintheilung zu rechtfertigen?) — 9. Die Vögel theilt man ein in Klettervögel, Gangvögel, Laufvögel, Scharrvögel oder Hühner, Raubvögel, Schwimmvögel, Sumpfvögel u. a. — 10. Die Winkel werden eingetheilt in rechte, stumpfe und spitze. — 11. Auf welchem Eintheilungsgrunde beruht die Jussieu'sche Eintheilung der Pflanzen in Akotyledonen, Monokotyledonen und Dikotyledonen? — 12. Athen bestand aus der Binnenstadt, den langen Mauern und der Hafenstadt. — 13. Die Vielecke zerfallen in Dreiecke, Vierecke, Fünfecke, Sechsecke .... — 14. Die Künste werden nach Plato (Gorgias) eingetheilt in die Schmeichelkunst ($\varkappa o\lambda\alpha\varkappa\varepsilon\iota\alpha$) und die echte Kunst ($\tau\acute{\varepsilon}\chi\nu\eta$); erstere in die Kochkunst, Putzkunst, Sophistik und Rhetorik, letztere in die Turnkunst, Heilkunst, Gesetzgebung und Gerechtigkeit.

B. Nach welchen Gesichtspunkten lassen sich folgende Begriffe eintheilen? Mensch, Säugethier, Vogel, Baum, Blatt; Declination, Conjugation, Verbum, Substantivum; Kleider, Geld, Tisch, Kirche, Haus, Uhr; Wasser, Gebirge, Land; Begriff, Urtheil, Schluß, Definition, Eintheilung. Welche von diesen Begriffen eignen sich besonders für eine Classification?

Dritter Abschnitt.

Lehre vom Beweis.

----

§. 85. Wesen, Aufgabe und Bestandtheile des Beweises.

Sollen Urtheile (Behauptungen) zu Erkenntnissen führen, die eine Erweiterung unseres Wissens bedeuten, so müssen sie nicht nur wahr, sondern auch gewiss und evident sein.*)

Ein Satz kann entweder unmittelbar evident sein, wenn seine Wahrheit jedermann durch sich selbst einleuchtet; oder er muss, um jedermann evident zu sein, erst bewiesen werden. (Vgl. §. 6, P. 3.)

Der **Beweis** (ἀπόδειξις, ἔλεγχος; argumentatio, demonstratio, probatio) **ist die Herleitung der Wahrheit eines Urtheils aus der anerkannten Wahrheit anderer Urtheile.** Er hat im allgemeinen die Form des Schlusses, unterscheidet sich jedoch von diesem dadurch, dass es beim Schlusse nicht immer auf die (materiale) Wahrheit der Prämissen ankommt, beim Beweise aber diese Wahrheit ein Haupterfordernis ist.

Bei jedem Beweise hat man dreierlei zu unterscheiden: 1. den Beweissatz oder die Thesis, als dasjenige, was man beweisen soll; 2. die Beweisgründe (argumenta probandi), als dasjenige, wodurch die Thesis

----

*) Vieles, was wahr ist, gilt deshalb keineswegs allgemein als gewiss (bezweifelte Wahrheiten); und vieles, was als gewiss gilt (für manche Menschen wenigstens), ist nicht wahr. Gewissheit ist nämlich die subjective Überzeugung von der Wahrheit eines Urtheils (subjective Evidenz) im Gegensatze zur bloßen Meinung oder Vermuthung. Viele unwahre Sätze, wie z. B.: Die Sonne bewegt sich um die Erde — wurden zu ihrer Zeit mit fester Überzeugung geglaubt, galten also damals als gewiss; aber dieser Gewissheit fehlte, wie die spätere Entwicklung der astronomischen Wissenschaft nachgewiesen hat, die objective Evidenz, d. h. die wohlbegründete Überzeugung von der Wahrheit eines Urtheils, welche Überzeugung nicht Gefahr läuft, durch spätere Erkenntnisse oder Erfahrungen umgestoßen zu werden. Diese Evidenz aber hängt u. a. auch von der Einsicht in die Unmöglichkeit des contradictorischen Gegentheils ab.

bewiesen (mittelbar evident gemacht) werden soll; 3. die Beweisform (vis oder nervus probandi), als die Art und Weise, wie die Thesis aus den Beweisgründen abgeleitet wird. — Die Thesis entspricht dem Schluss=satze, die Beweisgründe sind die Prämissen, die Beweisform ist das logische Schema, worauf die Folgerichtigkeit des Schlusses beruht. Die letztere ist so mannigfaltig als die Formen der Gewissheits= und Wahr=scheinlichkeitsschlüsse.

Anmerkung. Jede Beweisführung stützt sich also auf die Wahrheit an=derer Urtheile, der Beweisgründe, die selbst wieder aus anderen Beweisgründen hergeleitet sein können, so dass der Beweis meist die Form mehrgliedriger Schlussketten annimmt. In letzter Linie stützt sich jeder Beweis auf gewisse unmittelbar evidente Sätze, Axiome (Postulate). Die Zurückführung der Erkenntnisse auf derlei unmittelbar evidente Sätze erzeugt die Gründlich=keit des Wissens. So beruht das mathematische Wissen auf einer beschränkten Anzahl solcher Sätze, wie: Das Ganze ist größer als der Theil, Gleiches zu Gleichem addiert gibt Gleiches .... Die Feststellung der Principien einer Wissenschaft gehört zu den wichtigsten, aber auch schwierigsten Aufgaben wissen=schaftlicher Forschung. In der Logik gelten vor allem die Denkgesetze (§. 34) als solche unmittelbar evidente Urtheile.

§. 86. Arten des Beweises.

1. Die Denkthätigkeit des Beweisens kann entweder den Weg vom Besonderen (dem Beweissatze) zum Allgemeinen (den Beweisgründen) oder den umgekehrten Weg einschlagen. Der erstere Beweisgang ist **regressiv** oder **analytisch**, der letztere **progressiv** oder **synthetisch**. Die Euklidische Geo=metrie geht synthetisch vor, indem sie die zu beweisenden Sätze aus bereits erwiesenen Lehrsätzen als ihren Voraussetzungen abzuleiten sucht. Die analytische Geometrie dagegen fasst vor allem die Thesis ins Auge und sucht durch deren Zergliederung mit Hilfe der Rechnung die in derselben ver=borgenen Beziehungen zu ermitteln.

Anmerkung. Eine Analyse der Thesis wird sich als nothwendig heraus=stellen, wo uns die vollständige Einsicht in die Gründe derselben fehlt. Das synthetische Verfahren ist wieder dort am Platze, wo es sich darum handelt, aus bereits feststehenden Sätzen neue Sätze abzuleiten. So leitet die Mathe=matik aus den Lehrsätzen die Folgesätze und die Zusätze (Corollar=sätze) ab. Z. B. Lehrsatz: Wenn die Schenkel eines hohlen Winkels zu den Schenkeln eines anderen hohlen Winkels im Raume direct (invers) parallel sind, so sind die Winkel gleich und ihre Ebenen parallel. Folgesatz: Jeder Keil wird durch parallele Ebenen, welche zur Kante des Keiles nicht parallel sind, in gleichen Winkeln geschnitten. Zusatz: Unter dem Winkel zweier wind=schiefen Geraden versteht man jenen Winkel, welchen zwei durch einen beliebigen Punkt des Raumes gezogene Parallelen zu den windschiefen Geraden einschließen.

Mitunter kann der Beweis für die Giltigkeit eines Satzes sowohl pro=gressiv als auch regressiv geführt werden, z. B. der Beweis des Satzes: Der Logarithmus eines Productes ist gleich der Summe der Logarithmen der Factoren.

<table>
<tr><td align="center">Progressiv:</td><td align="center">Regressiv:</td></tr>
</table>

$$a = b \cdot c$$
$$10^{\log. a} = 10^{\log. b} \cdot 10^{\log. c}$$
$$\underline{10^{\log. a} = 10^{\log. b + \log. c}}$$
$$\log. a = \log. b + \log. c \quad \text{qu. e. d}$$

$$\log. a = \log. b + \log. c$$
$$\underline{10^{\log. a} = 10^{\log. b + \log. c}}$$
$$10^{\log. a} = 10^{\log b} \cdot 10^{\log. c}$$
$$a = b \cdot c$$

2. Das Beweisverfahren ist ferner entweder **direct** oder **indirect**. Der directe Beweis erschließt die Wahrheit der Thesis aus der Wahrheit der Beweisgründe, der indirecte aus der **Unmöglichkeit des contradictorischen Gegentheils** vermöge der Schlussfolgerung ad contradictoriam (§§. 49 u. 52) oder der lemmatischen Schlüsse (§. 66, B). Der indirecte Beweis, den man auch deductio ad absurdum nennt, nimmt versuchsweise das contradictorische Gegentheil der Thesis als wahr an und sucht daraus Folgerungen zu ziehen, die sich infolge ihres Widerspruches gegen vollkommen gesicherte Thatsachen oder Wahrheiten als unannehmbar erweisen, woraus sich dann nach dem principium exclusi tertii (§. 34) die Wahrheit der Thesis ergibt.

Anmerkung. Sowohl der directe als der indirecte Beweis hat seine eigenthümlichen Vorzüge. Jener zeigt, dass etwas ist, und warum es so ist, indem er die Einsicht in den Zusammenhang der Thesis mit ihren Gründen eröffnet; dieser zeigt, dass etwas nicht anders sein kann, und warum es nicht anders sein kann, indem er die Unumstößlichkeit der Thesis an den unvermeidlichen Folgen ihrer Ablehnung darthut. Während beim directen Beweisverfahren die kategorischen und hypothetischen Schlussformen in Anwendung kommen, herrschen beim indirecten Beweisverfahren die disjunctiven Schlussformen vor. (Vgl. §. 66.) Der indirecte Beweis ist sehr wichtig bei der Streitführung (Disputation, Polemik), indem man auf die Behauptungen des Gegners eingeht, um sie ad absurdum zu führen und dadurch der eigenen Behauptung zum Siege zu verhelfen. — Einen ausgedehnten Gebrauch vom indirecten Beweise macht die Mathematik. Z. B. Lehrsatz: Sind zwei Winkel eines Dreieckes gleich, so sind auch ihre Gegenseiten gleich. Beweis: Ist $\alpha = \beta$ und nimmt man $AC \gtrless BC$ an, so müsste nach dem Satze: Der größeren von zwei ungleichen Seiten eines Dreieckes liegt auch der größere Winkel gegenüber — $\beta \gtrless \alpha$ sein. Da dies der Voraussetzung widerspricht, so muss $AC = BC$ sein. Die Schwäche dieser Beweisart besteht darin, dass sie über den Zusammenhang der Thesis mit den Sätzen (Realgründen), aus denen sie unmittelbar folgt, keine Andeutung enthält, und dass sie selbst einen directen Beweis, nämlich den der Unmöglichkeit des Gegentheils, voraussetzt.

3. Man unterscheidet ferner **Wahrheits-** (Gewissheits-) und **Wahrscheinlichkeitsbeweise**, je nachdem die apodiktische oder nur die problematische Geltung der Thesis aus dem Beweise hervorgeht.

Anmerkung. Bisweilen unterscheidet man den Beweis aus objectiven Gründen ($\varkappa\alpha\tau'$ $\dot\alpha\lambda\dot\eta\vartheta\epsilon\iota\alpha\nu$) von dem Beweise aus subjectiven Gründen ($\varkappa\alpha\tau'$ $\ddot\alpha\nu\vartheta\varrho\omega\pi\sigma\nu$ — argumentatio ad hominem). Nur jener gehört in die Logik; denn nur objectiv giltige Gründe sind solche, die von der Sache selbst, d. h. vom Inhalte des Gedachten hergeholt sind und daher allgemeine Beweiskraft haben. Subjective Gründe, deren Wirkung stets auf einen besonderen Seelenzustand desjenigen berechnet ist, der sie würdigen soll, sind mehr psychologischer Natur und zielen oft mehr dahin, den Willen zu bewegen, als den Verstand zu erleuchten, z. B. Gründe hinreißender Überredungskunst, Gründe der Autorität oder Pietät, Gründe berechnender Einschüchterung oder Mitleiderregung; so glaubt man oft selbst dasjenige, was man wünscht, so sucht mancher Redner die Gunst seiner Zuhörer zu gewinnen, um ihr Urtheil auf seine Seite zu bringen (captatio benevolentiae). — Vgl. z. B. die Leichenrede des Antonius auf Cäsar in Shakespeares Drama. Was beabsichtigt Antonius durch die Vorlesung von Cäsars Testament und die Lobpreisung seiner Thaten?

§. 87. Die Widerlegung. — Der wissenschaftliche Streit.

Widerlegung heißt der Beweis der Ungiltigkeit einer Behauptung oder der Unrichtigkeit eines Beweises. Eine Behauptung ist widerlegt, wenn durch einen Gegenbeweis das contradictorische Gegentheil derselben, also die Wahrheit eines mit ihr schlechthin unverträglichen Urtheils nachgewiesen wird. Ein Beweis ist widerlegt durch die Entkräftung der einzelnen Beweisgründe oder durch den Nachweis formaler Fehler in den dem Beweise zugrunde liegenden Schlußformen. Die Beweisgründe sind entkräftet, wenn ihre materiale Unwahrheit oder Mangel an Beweiskraft für die in Frage stehende Thesis nachgewiesen wird. Hiebei ist aber auch zu erwägen, ob nicht der Schlußsatz des widerlegten Beweises an sich wahr ist und nur in anderer Weise bewiesen werden muß. — Wie entkräftet Sokrates die Gründe, welche Kriton vorbringt, um ihn zur Flucht aus dem Gefängnisse zu bewegen? (Vgl. §. 69, A, Beisp. 5.)

Die wissenschaftliche Untersuchung und Polemik (Discussion, Disputation) beruht auf der Abwägung der Gründe, die für und gegen eine Behauptung sprechen. Hier handelt es sich nicht bloß darum, Behauptungen durch den Beweis der Giltigkeit der entgegengesetzten Ansicht zu widerlegen, sondern auch darum, den Grund des Irrthums aufzudecken, in welchen der Gegner verfallen ist. Soll die wissenschaftliche Polemik über ein vorliegendes Problem nach streng logischen Gesetzen durchgeführt werden, so müssen sich der Vertheidiger und der Bekämpfer der Thesis hinsichtlich des wahren Sinnes derselben, hinsichtlich der Bedeutung der ins Treffen geführten Argumente und der Zulässigkeit der dem Beweise zugrunde gelegten logischen Schemata einigen. Die loyale und streng objective Auffassung des gegnerischen Standpunktes ist ein Haupterfordernis für die würdige Durchführung eines wissenschaftlichen Streites.*) Hiebei sind alle (im folgenden Paragraphen zu erörternden) Erfordernisse eines richtigen Beweises genau zu beachten.

§. 88. Erfordernisse und Fehler des Beweises.

Bei der Betrachtung der Bedingungen für die Richtigkeit eines Beweises muß man unterscheiden: 1. den Beweissatz; 2. die Beweisgründe; 3. die Beweisform.

———

*) An diesem Orte mag eine Stelle aus Friedr. Überwegs System der Logik (4. Aufl. 1874, §. 136) eingeschaltet werden, die unserer heranwachsenden Jugend für die mannigfachen Kämpfe in Leben und Wissenschaft als kostbares Vermächtnis mitgegeben zu werden verdient.

„Die treue Auffassung der gegnerischen Ansicht, das volle Sichhineinversetzen und gleichsam Hineinleben in den Gedankenkreis des Anderen ist eine unerläßliche, aber nur zu selten erfüllte Bedingung der echten, wissenschaftlichen Polemik. Die Kraft zur Erfüllung dieser Anforderung stammt nur aus der uninteressierten Liebe zur Wahrheit. Nichts ist bei schwierigen Problemen gewöhnlicher, als eine halbe und schiefe Auffassung des fremden Gedankens, Vermengung mit einem Theile der eigenen Ansicht und Kampf gegen dieses Wahngebilde; die bestrittene Ansicht wird dann unter irgend eine abstracte Kategorie subsumiert, an welcher nach dem gemeinen Urtheil oder Vorurtheil irgend ein Tadel haftet, oder es wird wohl gar eine verketzernde Einleitung der verstümmelten Darlegung vorausgeschickt, um durch Trübung der reinen Empfänglichkeit dem Eindruck vorzubeugen, den der Gedanke selbst noch in dieser Form üben möchte; der Kampf wird auf ein fremdartiges Gebiet hinübergespielt, und in verdächtigender Consequenzmacherei die Polemik, die der gemeinsamen Erforschung der Wahrheit dienen sollte, zum Angriff auf die Persönlichkeit herabgewürdigt. Die Erfahrung aller Zeiten zeigt, daß nicht erst ein besonders stumpfes und beschränktes Denken und ein besonders schwacher und entarteter Wille in diese Verkehrtheiten fällt, sondern vielmehr nur eine seltene Kraft und Bildung des Denkens und der Gesinnung sich ganz davon frei zu halten vermag. Es ist dem Menschen nur zu natürlich, sich selbst, noch viel mehr aber die Gemeinschaft, welcher er angehört, von vornherein im vollen Rechte zu glauben, mithin den Gegner als einen Feind der Wahrheit anzusehen, in dessen verwerfliche Ansichten sich tiefer hineinzudenken als eine unnöthige Mühe, wo nicht gar als ein Verrath an der Wahrheit und an der Treue gegen die eigene Gemeinschaft gilt; im günstigeren Falle behandelt er den Gegner als einen Kranken und Irrenden oder doch auf einem bereits „überwundenen“ Standpunkt Zurückgebliebenen, gegen den, sofern er nur nicht halsstarrig auf seinem Sinne bestehen wolle, eine gewisse Humanität in der Form einer großmüthigen Schonung und Nachsicht zu üben sei. Die Überwindung dieser Selbstbeschränktheit, das reine Eingehen in den Gedankenkreis des Anderen und in die Motive seiner Lehre — sehr verschieden von der mattherzigen Toleranz des Indifferentismus — setzt eine Höhe der intellectuellen und sittlichen Bildung voraus, welche weder dem Einzelnen noch dem Menschengeschlechte von Natur eigen ist, die vielmehr erst in langem und ernstem Entwicklungskampfe errungen wird.“

Durch Verstöße gegen die logischen Regeln, von denen die Richtigkeit des Beweises abhängt, entstehen die verschiedenen Fehlschlüsse (Paralogismen) und Trugschlüsse (Sophismen). (Vgl. §. 66, B, Anm.)

1. Die Erfordernisse und Fehler hinsichtlich des **Beweissatzes** sind:

a) Die Thesis darf kein unmittelbar evidentes Urtheil sein; denn ein solches bedarf keines Beweises.

b) Die Thesis muß durch den ganzen Beweis festgehalten werden, so daß dasjenige, was schließlich wirklich bewiesen wird, gleich ist demjenigen, was ursprünglich zu beweisen war. Dagegen wird oft gefehlt durch die **Beweisverrückung** (ἑτεροζήτησις, ignoratio oder mutatio elenchi), indem man entweder vom Inhalte oder vom Umfange der Behauptung abgeht, d. h. entweder etwas der Gattung nach Verschiedenes von dem beweist, was behauptet wurde (μετάβασις εἰς ἄλλο γένος), oder indem man zwar das Behauptete, jedoch nicht in seinem ursprünglichen Umfange darthut. Z. B. Jemand wollte die Unschuld des Angeklagten dadurch darthun, daß er nachweist, daß andere sich desselben Vergehens schuldig gemacht haben und straflos ausgegangen sind (μετάβασις εἰς ἄλλο γένος — warum?).

Durch ein quantitatives Abweichen von dem Beweissatze entsteht der Fehler des Zuviel- oder Zuwenigbeweisens. Wollte man die Tugendhaftigkeit eines Menschen darthun, so wäre der Beweisgrund, man wisse von diesem Menschen nichts Schlechtes, unangemessen, denn er beweist zu wenig. — Das Zuvielbeweisen ist kein Fehler, wenn der bewiesene Satz richtig ist, und die Giltigkeit der Thesis aus dem bewiesenen Satze folgt. Z. B. Es sollte die Ähnlichkeit zweier Dreiecke bewiesen werden und es wird ihre Congruenz bewiesen — oder es wäre die Erlaubtheit einer Handlung zu beweisen und es wird gezeigt, daß sie eine Pflicht sei. In jenen Fällen dagegen, auf die der Satz Anwendung findet: Qui nimium probat, nihil probat — liegt das Fehlerhafte in den Gründen, welche in der ausgesprochenen Allgemeinheit nicht stichhältig sind, indem sich aus ihnen Folgerungen ergeben, die entweder in sich selbst widersprechend oder mit anerkannt wahren Sätzen unverträglich sind. Unangemessen wäre es z. B., wenn man die Unerlaubtheit des Selbstmordes auf den Satz stützen wollte: Was sich der Mensch nicht gegeben hat, darf er sich auch nicht nehmen. Dieser Beweisgrund beweist zu viel, er beweist, daß man sich auch Haare, Nägel u. dgl. nicht nehmen dürfe, und insofern beweist er für die Thesis nichts.

2. Die Erfordernisse und Fehler hinsichtlich der **Beweisgründe** sind:

a) Die Beweisgründe müssen unmittelbar oder mittelbar evidente Sätze sein.

Wird auf eine falsche Prämisse ein ganzer Beweis aufgebaut, so heißt sie **Grundirrthum** (πρῶτον ψεῦδος); ein solcher Grundirrthum wäre z. B. die Ansicht, dass alles, auch das Unvermittelte (die Wechselwirkung zwischen zwei einfachen Wesen), einer Erklärung fähig sei; oder dass Ursache und Wirkung einander ähnlich sein müssen. — Ein πρῶτον ψεῦδος, das eine lange Reihe anderer Irrthümer nach sich gezogen hat, lag in der Auffassung, dass die Erde im Mittelpunkte des Weltraumes ruhe und der Fixsternhimmel sich um sie drehe.

Werden als Beweisgründe solche Sätze angenommen, deren Wahrheit von der Wahrheit des zu erweisenden Satzes abhängt, so entsteht ein sogenannter **Cirkelbeweis** (idem per idem, petitio principii). Der Cirkelbeweis wird zu einem Hysteron proteron (ὕστερον πρότερον), wenn das Verwickeltere und Schwierigere als Beweisgrund für das Einfachere und Fasslichere verwendet wird, wie wenn man die Freiheit des Menschen aus seiner Zurechnungsfähigkeit oder letztere aus der Strafbarkeit seiner Handlungen beweisen wollte. — Ein Cirkelbeweis wäre es, wenn man das Dasein Gottes aus der Offenbarung, die Wahrheit der Offenbarung aber aus der Allmacht, Güte und Weisheit Gottes herleiten wollte.

Indirecte Beweise (vgl. §. 86, P. 2) leiden häufig an dem Fehler einer **unvollständigen Disjunction** im Obersatze des lemmatischen Schlusses, so z. B. der Beweis, den die Gegner des Sokrates für seine Schuld geführt haben: Sokrates muss seiner Gesinnung nach entweder Altbürger sein oder Sophist; nun ist er das erste nicht, also ist er das zweite. — Eine ebenso strenge Disjunction der verschiedenen Möglichkeiten, wie sie in den indirecten Beweisen der Mathematik anzutreffen ist, ist allerdings auf anderen Gebieten des Wissens nicht so leicht aufzubringen.

b) Die Beweisgründe müssen angemessen (adäquat) sein, d. h. zum Beweise der Thesis ihrem ganzen Inhalte und Umfange nach ausreichen. Ist dies nicht der Fall, so kann eine mutatio elenchi eintreten (vgl. oben 1 b und die daselbst angeführten Beispiele).

3. Was die **Beweisform** betrifft, so muss die Ableitung des Beweissatzes aus den Prämissen formal richtig sein, d. h. streng nach den Gesetzen der Syllogistik erfolgen. So muss die Identität des Mittelbegriffes genau festgehalten werden, wenn man nicht in den Fehler der **quaternio terminorum** (Vierzahl der Begriffe) verfallen soll (§. 62, P. 1).

Die quaternio terminorum, die sehr zahlreichen Fehl- und Trugschlüssen zugrunde liegt, beruht meist auf unabsichtlichem oder absichtlichem Missbrauch eines sprachlichen Ausdruckes; so entsteht die Homonymie, bezw. die Amphibolie, d. i. der Fehlschluss durch Wechsel der Bedeutung eines und desselben Wortes. Z. B. Wer ein Project macht, ist ein Projectenmacher; wer ein Projectenmacher ist, verdient kein Vertrauen; also? — Wer eine Neuerung vorschlägt, ist ein Neuerer; der Neuerer ist ein Feind des Bestehenden; ein Feind des Bestehenden ist ein gefährlicher Mensch; also? — Der Ausruf Polyphems: Οὖτίς με κτείνει.

Der Beweis muß schließlich in stetiger Folge fortschreiten; er darf keine Prämisse, die eines besonderen Nachweises bedarf, ohne solchen verwerten. Durch die Nichtbeachtung dieser Vorschrift entsteht der **Sprung** im Beweisen (saltus in probando).

Alle Fehler, die aus der Nichtbeachtung der logischen Normen beim Schließen hervorgehen, faßt man unter dem Namen „**Erschleichung**" (subreptio) zusammen.

Über die Erfordernisse und Fehler der Wahrscheinlichkeitsschlüsse s. §§. 89, 90.

§. 89. **Wahrscheinlichkeitsbeweise.**

Führt das dem Beweise zugrunde liegende Schlußverfahren zu bloß wahrscheinlichen Urtheilen, so bezeichnen wir den Beweis als **Wahrscheinlichkeitsbeweis**. Das erschlossene Urtheil ist bloß wahrscheinlich, wenn die Möglichkeit seines contradictorischen Gegentheils durch den Beweis nicht aufgehoben ist, sei es deshalb, weil die Prämissen bloß wahrscheinlich sind, oder deshalb, weil die Form des Beweises nicht ein Gewißheitsschluß ist, sondern ein **Wahrscheinlichkeitsschluß** — nämlich der **Inductionsschluß** oder der **Analogieschluß**.

A. Der Inductionsschluß.

Induction[*]) ist die **Ableitung des Allgemeinen aus dem Besonderen oder Einzelnen.** Sie gewinnt aus singulären Urtheilen über einzelne beobachtete Dinge oder Vorgänge das ihrer Gattung zugrunde liegende allgemeine Gesetz. (Vgl. §. 93, 1.)

Der Inductionsschluß lautet: Wenn ein Merkmal (P) von zahlreichen Arten (M_1, M_2, M_3 ...) einer Gattung (S) gilt, so gilt es wahrscheinlich von der ganzen Gattung (S), oder: Wenn ein Merkmal mehreren Individuen einer und derselben Art (mehreren Specialfällen einer und derselben Erscheinung) zukommt, so gilt es wahrscheinlich von der ganzen Art oder von der Art überhaupt (von der Erscheinung überhaupt). Der den Inductionsschluß leitende Grundgedanke ist aber der, daß das Merkmal P für die Gattung S nicht zufällig, sondern grundwesentlich,

---

[*]) Inductio (von inducere) Einführung, Anführung (nämlich ähnlicher Einzelfälle).

also mit den übrigen Gattungscharakteren **ursächlich verkettet** ist, so daß P deren bleibende Wirkung oder fortwirkende Ursache ist.*)

Seiner Form nach entspricht der Inductionsschluß dem Syllogismus der dritten Figur, wobei eine Reihe conjunctiv zusammenhängender Begriffe die Stelle des Mittelbegriffes einnimmt; er unterscheidet sich aber von jenem durch die erstrebte Allgemeinheit des Schlußsatzes, während kein giltiger Modus der dritten Figur einen allgemeinen Schlußsatz liefert.

Die Induction ist **vollständig**, wenn der Nachweis erbracht ist, daß das Merkmal P von allen Arten der Gattung S gilt, so daß die Reihe $M_1, M_2, M_3 \ldots$ den Umfang des Begriffes S erschöpft. In diesem Falle kann der Untersatz durch Umkehrung auf die divisive Form gebracht werden, wodurch der Schluß in einen kategorischen Syllogismus der ersten Figur übergeht und hinsichtlich der erschlossenen Allgemeinheit des Schlußsatzes die Geltung eines Gewißheitsschlusses gewinnt.

$M_1, M_2, M_3 \ldots M_n$ ist P

$(M_1 + M_2 + M_3 + \ldots M_n)$ ist S oder:

Die S sind theils M_1, theils M_2, theils $M_3 \ldots$, theils M_n.

Jedes S ist P.

Beispiele vollständiger Induction liefern die Beweise geometrischer Lehrsätze, in denen dargethan wird, daß ein Satz in allen Fällen wahr sei, weil er in jedem der unterscheidbaren Specialfälle gilt. Z. B. Der Centriwinkel im Kreise ist doppelt so groß als der auf gleichem Bogen aufstehende Peripheriewinkel: 1. wenn die Scheitel beider Winkel in dem einen (verlängerten) Schenkel des Centriwinkels liegen; 2. wenn der Scheitel des Centriwinkels innerhalb und 3. wenn er außerhalb der Winkelfläche des Peripheriewinkels fällt; da nun aber nur diese drei Lagen denkbar sind, so gilt der Lehrsatz allgemein.

Die Induction ist **unvollständig**, wenn die angeführten M den Umfang von S nicht erschöpfen. Der unvollständige Inductionsschluß wird ungiltig, sobald auch nur ein Fall (instantia contraria) bekannt wird, in welchem das Merkmal P einer Art von S nicht zukommt. — Z. B. Mehrere Personen ($M_1, M_2, M_3 \ldots$) sind unter denselben Symptomen erkrankt (P); eben diese Personen haben kurz zuvor an einer Mahlzeit theilgenommen (S). Also steht wahrscheinlich die Theilnahme am Mahle mit der Erkrankung in einem ursächlichen Verhältnisse, und es ist daher wahrscheinlich, daß

---

*) Da dieser Grundgedanke als leitende Vermuthung bei der sogenannten vollständigen Induction wegfällt, so ist klar, daß letztere Schlußform, die ja doch einen gewissen Schlußsatz liefert, am besten gar nicht als Induction bezeichnet würde; wenn sie trotzdem in diesem Paragraphen ihre Stelle findet, so geschieht es nur der herkömmlichen Terminologie zuliebe.

auch die übrigen Theilnehmer am Mahle, über deren Befinden wir noch keine Nachricht erhalten haben, erkrankt sind.

Über die logische Berechtigung der unvollständigen Inductionsschlüsse vgl. §. 93.

B. Der Analogieschluſs.

Der Analogieschluſs*) ist ein **Schluſs vom Besonderen oder Einzelnen auf ein demselben nebengeordnetes Besondere oder Einzelne.** Er lautet: Wenn zwei oder mehrere Dinge oder Erscheinungen in einer Reihe von Merkmalen oder Bedingungen übereinstimmen, so werden sie wahrscheinlich auch in anderen, noch nicht beobachteten Merkmalen oder Bedingungen übereinstimmen. Es wird also aus einer theilweisen Ähnlichkeit auf eine noch weiter gehende geschlossen.

Schema: M ist P

S gleicht dem M in den Eigenschaften a, b, c...

S ist wahrscheinlich P.

Logisch zwingend würde dieser Schluſs nur dann sein, wenn S dem M in allen Eigenschaften gliche (vollständige Analogie). — Z. B. Die Erde ist Trägerin organischen Lebens; der Mars ist der Erde in vielen Eigenschaften ähnlich (beide sind unsere Sonne umkreisende Planeten mit Achsendrehung, fester Oberfläche, Atmosphäre und Wasser...); also wird wahrscheinlich auch der Mars ein Träger organischen Lebens sein. — Der organische Naturkörper ist aus Theilen zusammengesetzt, die zur strengen Einheit verbunden sind, indem sie den Zweck des Ganzen dadurch fördern, daſs ein jeder einzelne seinen besonderen Zweck erfüllt; die menschliche Gesellschaft besitzt nachweisbar die genannten Merkmale: sie ist also einem natürlichen Organismus (Thier, Pflanze) analog.**) Wenn also Organismen eine Entwicklung durch gewisse Altersstadien zeigen, so kommt ein ähnlicher Entwicklungsgang (Jugendzeit, Blüte, Verfall) auch den menschlichen Gesellschaften zu. — Analogie ist es, wodurch wir schließen, daſs eine Vase, die mit griechischen Kunstdenkmälern in vielen Stücken übereinstimmt, griechischen Ursprungs sei; oder daſs ein Thier, dessen fossile Überreste mit dem Skelet unserer Dickhäuter übereinstimmen, gewisse äußere Merkmale dieser letzteren gehabt habe.

Anmerkung. Analogie und Induction hängen innig zusammen und kommen im Denken meist vereint vor; denn der Weg vom Besonderen zum

---

*) Ἀναλογία (ἀνάλογος) verhältnismäßige, übereinstimmende Beschaffenheit.

**) Eine höchst bedeutungsvolle Analogie, deren klare Erkenntnis eine neue Epoche der Socialwissenschaft eröffnet hat. Vgl. Schäffle, Bau und Leben des socialen Körpers, 2. Aufl., Tübingen 1881. — Lindner, Ideen zur Psychologie der Gesellschaft, Wien 1871, S. 72 ff.

Besonderen führt durch das Allgemeine. Der Satz, daß die Kohlensäure das Mariotte'sche Gesetz befolgt, kann durch Analogie, nämlich durch Vergleichung mit dem Sauerstoff, der erwiesenermaßen dieses Gesetz befolgt, erschlossen werden; er kann aber auch als ein Folgesatz des allgemeinen Inductionsurtheiles: „Alle Gasarten befolgen das Mariotte'sche Gesetz" betrachtet werden. — Formell ist der Analogieschluß geradezu unrichtig (warum?), materiell aber gewinnt er oft durch stützende Inductionen einen sehr hohen Wahrscheinlichkeitsgrad, ja sogar volle Gewißheit. So gewinnt der mathematische Analogieschluß wegen der Anschaulichkeit und Klarheit der Größenverhältnisse den Charakter der Gewißheit. Viele geometrische Beziehungen, die von allen Punkten einer Linie gelten, werden nur für einen einzigen, beliebig gewählten Punkt derselben nachgewiesen. (Vgl. §. 93: Die Induction durch Gleichheit des Schließens.)

§. 90. Fehler der Wahrscheinlichkeitsbeweise.

1. Zu den bemerkenswertesten Inductionsfehlern gehört die falsche Verallgemeinerung, deren man sich schuldig macht, wenn man ohne Rücksicht auf mögliche oder thatsächlich vorhandene widersprechende Fälle (Instanzen) die allgemeine Geltung eines Satzes erschließen zu können glaubt oder ohne ausreichende Berechtigung einen Causalzusammenhang annimmt, wie z. B. durch voreilige Verwechslung der zeitlichen Folge mit der Verursachung (des post hoc mit dem propter hoc). Zahlreiche Beispiele solcher falscher Inductionen bietet der Aberglaube in seinen verschiedenen Formen; z. B. der Wahn, daß das Erscheinen eines Kometen schweres Unglück bedeute oder anzeige. Aber auch die Geschichte der wissenschaftlichen Forschung liefert hiefür nicht wenige Beispiele. So leitete man einst aus der Beobachtung, daß in mondhellen Nächten eine starke Abnahme der Temperatur erfolgt, den Satz ab, daß das Mondlicht die Eigenschaft habe, Frost zu erzeugen. Genauere Beobachtung und Berücksichtigung gegentheiliger Fälle haben demgegenüber gelehrt, daß die Abkühlung nur von der Unbewölktheit des Himmels herrührt.

2. Falsche Analogieschlüsse entstehen hauptsächlich dann, wenn zwischen den übereinstimmenden Merkmalen und der zu erschließenden Eigenschaft keinerlei Causalzusammenhang besteht — oder wenn sich die analogen Objecte trotz sonstiger Ähnlichkeiten doch in einem Merkmale unterscheiden, das mit der zu erschließenden Eigenschaft in einem causalen Zusammenhange steht. So wäre es durchaus unstatthaft, aus der Ähnlichkeit gewisser Eigenschaften der Erde und des Mondes auf das Bewohntsein des Mondes zu schließen, weil sich beide Weltkörper durch das Merkmal „Atmosphäre" unterscheiden, das für die Existenz organischer Wesen eine der wichtigsten Bedingungen ist. Dieser letztere Satz aber stützt sich selbst wieder auf mehrfache Inductionen der Biologie.

Vierter Abschnitt.

Lehre von der Methode.

***

§ 91. Wesen, Aufgabe und Arten der Methode.

Methode (μέθοδος) ist das nach gewissen Grundsätzen und Regeln geordnete Verfahren, welches zu einem vorgesetzten Ziele führt. In diesem weiteren Sinne kann jede praktische Bethätigung, z. B. Turnen, Schwimmen, Fechten...... methodisch gelehrt oder geübt werden. Im Gegensatze zur Methode steht das regellose, zufällige, durch wechselnde Willkür bestimmte Verfahren.

Ganz besonders verlangt die wissenschaftliche Forschung ein regelrechtes Verfahren, das als logische Methode den lückenlosen Zusammenhang der gewonnenen Erkenntnisse anstrebt; dazu aber ist vor allem das Eingehen auf den causalen Zusammenhang derselben erforderlich.

Die wissenschaftliche Forschung (§. 70) begnügt sich nicht damit, durch Erklärungen und Eintheilungen die Begriffe zu verdeutlichen und abzugrenzen, ihr gegenseitiges Verhältnis zu bestimmen und durch Beweise jede einzelne Behauptung als wahrscheinlich oder gewiß darzuthun — sie beschäftigt sich in ihrem weiteren Fortschreiten auch mit der Aufstellung von Grundsätzen und Regeln, die uns bei der Auffindung neuer Erkenntnisse und bei der geordneten (d. h. der Natur der Sache und den Gesetzen der logischen Auffassung entsprechenden) Zusammenstellung der gewonnenen Erkenntnisse leiten sollen. Die Methodenlehre umfaßt demnach die **heuristische** und die **systematische** Methode. Hiezu gesellt sich die **didaktische** Methode, wenn es sich darum handelt, die gewonnenen Erkenntnisse anderen in überzeugender Weise mitzutheilen.

Die allgemeinsten methodischen Denkthätigkeiten, die jeder wissenschaftlichen Untersuchung zugrunde liegen, sind die **Analyse** und die **Synthese.**

Die Analyse hat die mehr oder weniger zusammengesetzten physischen oder psychischen Erscheinungen in ihre Bestandtheile zu zergliedern, auf einer höheren Stufe auch die logischen und namentlich die causalen Beziehungen derselben festzustellen. — Die Synthese schlägt den umgekehrten Weg ein, indem sie aus den durch Analyse gewonnenen Bestandtheilen (Elementen, Theilerscheinungen) das ursprünglich gegebene Ganze reconstruiert, um entweder die Ergebnisse der Analyse zu prüfen (reproductive Synthese) oder durch selbstgewählte Combination der Bestandtheile zu neuen Ergebnissen zu gelangen (productive Synthese).

So bestimmte Helmholtz durch Analyse die Töne, welche in den Vocalen der menschlichen Stimme enthalten sind, und konnte dann durch Synthese dieser Töne mittelst des Vocalapparates die Vocale hervorbringen. — Die Analyse des Ammoniakgases ergibt seine Zusammensetzung aus drei Volumtheilen Wasserstoff und einem Volumtheil Stickstoff; aus diesen Theilen läßt sich durch reproductive Synthese wieder Ammoniak bilden. — Durch Vereinigung derselben Grundstoffe (z. B. Stickstoff und Sauerstoff) in verschiedenen Mengenverhältnissen gelangt man zu neuen Verbindungen (Stickstoffoxydul, Stickstoffoxyd, Untersalpetersäure ....) — productive Synthese. — Von historischer Bedeutung ist die Synthese des Harnstoffes durch den Chemiker Friedrich Wöhler (1828) als erster Fall der Erzeugung organischer Stoffe aus unorganischen Bestandtheilen — ein Erfolg, durch den die Grenze zwischen anorganischer und organischer Chemie verwischt worden ist.

§ 92. Die heuristische Methode.

Die **heuristische***) Methode ist das Verfahren beim Auffinden (Ermitteln) einer Erkenntnis; das wesentlichste Erfordernis jeder Erkenntnis ist aber die Wahrheit. Die Wahrheit ist entweder formal oder material. Die Bedingungen der ersteren sind in den logischen Normen enthalten. Der Ausdruck für formale Wahrheit ist das analytische Urtheil. Die materiale Wahrheit wird in der Form synthetischer Urtheile gewonnen (§. 38).

Soll ein synthetisches Urtheil wahr sein, so muß die Synthese der Begriffe durch die Erfahrung gefordert sein. Dasjenige aber, was durch die Erfahrung unmittelbar gegeben ist, sind immer nur einzelne Thatsachen der inneren oder äußeren Wahrnehmung. Das synthetische Erfahrungsurtheil ist somit ein singuläres Urtheil von der Form: „Dieses S ist P"; und selbst wenn man mehrere derartige Urtheile nach Art eines Inductionsschlusses zusammenfaßt, so gelangt man nur zu dem Urtheile: „Mehrere S sind P", keineswegs aber zu dem Urtheile: „Alle S sind P".

Den aus der Erfahrung geschöpften synthetischen Urtheilen mangelt die Allgemeinheit und daher auch die Nothwendigkeit. Und doch sind

---

*) Von εὑρίσκειν finden.

es nur allgemeine und nothwendige Sätze, die den Aufbau unserer Erkenntnisse in der Form von Wissenschaften ermöglichen.

Wie demnach synthetische Urtheile gewonnen werden können, welche aus der Erfahrung geschöpft sind und trotzdem den allen Aussagen der Erfahrung anhaftenden Charakter des Individuellen und Zufälligen abstreifen, indem sie sich zum Range allgemeingiltiger Wahrheiten erheben, ist die erste und wichtigste Frage der Heuristik. Es ist dies dieselbe Frage, welche der große Reformator der neueren Philosophie, Immanuel Kant, zum Angelpunkte seines Systems, des Kriticismus gemacht hat, indem er sie in die Form kleidete: „Wie sind synthetische Urtheile a priori möglich?"

Mit der Lösung dieser Frage beschäftigt sich das inductorische Verfahren (§. 93). Aus den durch Induction gewonnenen allgemeingiltigen Sätzen leitet sodann die heuristische Methode deductiv neue Erkenntnisse ab; diese betreffen die zahlreichen Gruppen des Besonderen und Einzelnen, die im Bereich jener allgemeinen Sätze liegen. (Vgl. §. 64.) Auf der Verbindung beider Methoden, der Induction und Deduction, beruht der Fortschritt jeder wissenschaftlichen Forschung. Die Induction wird sich niemals von der Deduction ganz unabhängig machen können, da sie alle die Regeln, welche die deductive Logik über das Schluss- und Beweisverfahren aufstellt, zur Prüfung, Sicherung und Verwertung ihrer eigenen Ergebnisse benöthigt.

§. 93. Das inductorische Verfahren. — Die logische Berechtigung der unvollständigen Induction.

1. Die Methode, welche auf Grund einzelner, genau beobachteter Erfahrungsthatsachen zu allgemeingiltigen und nothwendigen Sätzen hinzuführen sucht, führt den Namen der **Induction**.

Über die Art des Schließens beim inductorischen Verfahren vgl. §. 89 A.

2. Die **vollständige Induction** ist bei einer unbegrenzten Anzahl von Gliedern (Arten, Fällen) möglich durch Gleichheit des Schließens, wenn es einleuchtet, daß sich der allgemeine Satz auf dieselbe Weise, wie er für einen oder einige Specialfälle bewiesen wurde, auch für jeden andern der unter die allgemeine Voraussetzung subsumierbaren Fälle darthun läßt. So beweist der Mathematiker an einem einzigen besonderen Dreiecke, das er auf die Tafel zeichnet, einen allgemeinen Satz unter dem Vorbehalte, daß sich derselbe Satz auf dieselbe Weise auch an jedem beliebigen anderen Dreiecke nachweisen läßt. — Als vollständige Induction gilt der von Bernouilli eingeführte Schluss von n Gliedern auf das (n + 1)te Glied, wo nachgewiesen wird, daß dasjenige, was für ein bestimmtes ntes Glied gilt, jedesmal auch für das nächste, (n + 1)te Glied gelten müsse.

3. Als **unvollständige** Induction kennt Aristoteles nur die In=
duction durch einfache Aufzählung (inductio per enumerationem
simplicem sine instantia contraria). Dieselbe stützt sich zwar darauf, dass
kein Fall bekannt sei, welcher der daraus gefolgerten Regel entgegenstünde,
jedoch gewährt sie dem abgeleiteten Satze noch keineswegs objective Giltig=
keit, weil man nicht immer berechtigt ist, Einzelerfahrungen
zu generalisieren. Die Anzahl der Fälle, aus denen die unvollständige
Induction den allgemeinen Satz ableitet, ist für die Giltigkeit desselben
belanglos. Während uns manchmal schon ein einziger Fall zu einem Induc=
tionsschlusse berechtigt, kann andererseits bisweilen eine lange Reihe überein=
stimmender Fälle dem daraus abgeleiteten Satze keine Evidenz verschaffen.

Vor allem muss man darüber klar sein, ob die behauptete Gleichförmig=
keit der Ausdruck einer inneren Nothwendigkeit, oder ob sie nur das
Ergebnis eines örtlichen oder zeitlichen Zusammentreffens von Umständen ist,
in deren causalen Zusammenhang wir keinen Einblick haben.
Ist letzteres der Fall, so begehen wir einen Irrthum, wenn wir die fragliche
Gleichförmigkeit generalisieren, d. h. wenn wir dieselbe auf Fälle ausdehnen,
in denen jene begleitenden örtlichen und zeitlichen Umstände wegfallen.

Der Irrthum kann allerdings durch spätere Erfahrungen aufgedeckt werden.
Bisweilen können jedoch Jahrhunderte vergehen, bevor sich eine solche wider=
legende Erfahrung in dem Naturlauf einstellt, bevor sich z. B. ein schwarzer
Schwan oder ein weißer Rabe zeigt. Bis dahin werden alle Schwäne für weiß
und alle Raben für schwarz gehalten.

4. Was uns berechtigt, aus unvollständigen Inductionen allgemein=
giltige Sätze abzuleiten, ist die **Gewissheit des allgemeinen Causalgesetzes**,
das die Forderung ausspricht, dass jedes Werden und Geschehen,
jede Veränderung im Bereiche der Natur eine Ursache haben
muss, ferner die damit zusammenhängende, durch tausendfältige Erfahrung
gestützte Voraussetzung, dass **der Gang der Natur** bei aller Mannigfaltigkeit
und Verschiedenheit der Erscheinungen **gleichförmig und regelmäßig ist**,
so dass eine bestimmte Thatsache stets wiederkehrt, wenn gewisse Umstände
vorhanden sind, dagegen ausbleibt, wenn diese fehlen. Die Berechtigung der
unvollständigen Induction liegt demnach in unserer Annahme einer den Ab=
lauf der Erscheinungen beherrschenden Causalität und in dem Axiom von
der Gleichförmigkeit des Naturlaufs oder von der ausnahms=
losen Geltung der Naturgesetze. (Vgl. §. 47, P. 4.)

Die logische Berechtigung der unvollständigen Induction liegt häufig
in der Übereinstimmung des inducierten Satzes mit anderen auf dem=
selben Wege gewonnenen Sätzen. In diesem Falle stützen sich zwei oder
mehrere Inductionen gegenseitig derart, dass sie miteinander
stehen und fallen, d. h. dass ein Einzelfall, der eine dieser Induc=

tionen aufhöbe, auch die anderen zu Falle bringen müßte. Da die Wahr=
scheinlichkeit, durch einen Einzelfall widerlegt zu werden, im umgekehrten
Verhältnisse steht zur Anzahl der Einzelfälle, in denen sich die Induction
bewährt hat, so wird diese Wahrscheinlichkeit bei mehreren sich gegenseitig
stützenden Inductionen unendlich klein sein, weil die Anzahl der Einzelfälle,
in denen sich dieses System verketteter Inductionen bewährt hat, unendlich
groß ist.

Eine solche Verkettung zeigen jene Inductionen, die den Inhalt der eigent=
lichen „Naturgesetze" bilden. Dadurch unterscheiden sich eben Naturgesetze
von bloßen Gleichförmigkeiten der Coexistenz und Sequenz. Lange noch, bevor
der erste schwarze Schwan gesehen worden, mußte man auf ein solches Vor=
kommen und daher auf die Widerlegung des Satzes, daß alle Schwäne weiß
sind, gefaßt sein; denn die Verbindung der weißen Farbe mit der übrigen
Organisation des Schwanes beruht nicht auf innerer Nothwendigkeit: ein
schwarzer Schwan ist eine Vorstellung, die keinem bekannten Naturgesetze wider=
streitet, unsere übrigen Inductionen durchaus nicht ins Schwanken bringt. Daß
dagegen ein nicht unterstützter Körper nothwendig zur Erde fallen müsse, ist ein
Naturgesetz, und wir können darüber beruhigt sein, daß kein Fall eintreten
wird, wo sich ein nicht unterstützter Körper nicht vertical abwärts bewegt. Denn
eine einzige Beobachtung einer solchen Erscheinung würde nicht bloß die Gesetze
des freien Falles, sondern auch jene für die Bewegung auf der schiefen Ebene,
für das Schwimmen und den Gewichtsverlust eingetauchter Körper aufheben,
ja sie würde überdies die Gravitation und die von ihr abhängigen Naturgesetze
in Frage stellen.

§. 94. John Stuart Mills vier Methoden der inductorischen Forschung.

Nach J. St. Mill gelangt man in der Naturforschung zur Erkenntnis
der die Thatsachen verkettenden Causalität dadurch, daß man von den
Umständen, welche einer gegebenen Naturerscheinung vorangehen oder nach=
folgen, diejenigen ermittelt, welche mit ihr in einem regelmäßigen zeit=
lichen Zusammenhange stehen. Soll dies aber gelingen, so müssen die
Nebenumstände sich verändern können, die mit der fraglichen Er=
scheinung verknüpft sind. Diese Veränderung der Nebenumstände aber ergibt
sich entweder von selbst im Verlaufe längerer Beobachtung oder wird mit
Vorbedacht in der Form des Experimentes herbeigeführt.

Mill unterscheidet folgende vier Methoden der inductorischen Forschung:

1. **Die Methode der Übereinstimmung.**

Nehmen wir an, wir hätten wiederholt beobachtet, daß auf die Gruppe
von Erscheinungen ABCD (Antecedens) die Gruppe a b c d (Consequens)
folge, und hätten nun die Vermuthung, daß die Glieder A und a in cau=
salem Zusammenhange stehen, d. h. daß A die Ursache von a sei, also
niemals auftrete, ohne daß a nachfolgt. Haben wir nun die Umstände, unter

welchen A eintritt, derart in der Hand, daß wir sie zum Gegenstande unseres Experimentes machen können, oder bietet sich A unserer Beobachtung auch ohne unser Zuthun unter wechselnden Umständen dar, so können wir unsere Vermuthung prüfen, indem wir jene Umstände sich ändern und somit A unter verschiedenen Begleiterscheinungen auftreten lassen. Stellt es sich dabei heraus, daß auch das Consequens im übrigen variiert, aber doch jedesmal die Erscheinung a zeigt, so erhellt daraus, daß A die Ursache von a ist, daß also jene Glieder des Antecedens und Consequens causal verknüpft sind, in denen die verschiedenen Fälle des Antecedens und Consequens **übereinstimmen**.

Schematisch:

	1. Fall:	2. Fall:	3. Fall:
Antecedens:	A B C D	A B_1 C D.	A B_2 C_2 D_2 . . . . .
Consequens:	a b c d	a b_1 c_1 d_1	a b_2 c_2 d_2 . . . . . .

Z. B. 1. Pressen wir an einem Glaswürfel, der sonst, bei gleichförmiger Anordnung der Moleküle, das Licht einfach bricht, zwei gegenüberstehende Seiten so stark zusammen, daß die gleichförmige Anordnung der Moleküle aufgehoben wird, so wird das durchgehende Licht doppelt gebrochen. Wir vermuthen nun einen Zusammenhang zwischen Pressung und doppelter Brechung des Lichtes; und um ihn nachzuweisen, ändern wir außer der Pressung alle anderen variablen Umstände: wir nehmen Würfel von den verschiedensten Glassorten. Zeigt sich hiebei jedesmal derselbe Erfolg, so ist unsere Vermuthung bestätigt. — 2. Wenn das Auffallen directen Sonnenlichtes gegen eine vor dem Beobachter stehende, von Wassertropfen erfüllte Luftschichte eine Thatsache ist, die jeden Regenbogen unter sonst sehr verschiedenen Nebenumständen begleitet, so darf diese Thatsache (A) als die Ursache des Regenbogens (a) angesehen werden. — 3. Wenn das Einsenken eines Körpers in eine tropfbare Flüssigkeit unter den verschiedensten Umständen mit einem Gewichtsverluste des betreffenden Körpers verbunden ist, so dürfen wir dasselbe mit Recht als die Ursache des Gewichtsverlustes ansehen. — 4. Wenn das Fieber bei den verschiedensten Kranken und Krankheiten nach Verabreichung einer Arznei, die neben diesen oder jenen anderen Ingredientien Chinin enthält, jedesmal nachläßt, so wird es in hohem Grade wahrscheinlich, daß nur das Chinin die Ursache dieser Veränderung war, daß also der Genuß von Chinin überhaupt ein Nachlassen des Fiebers bewirkt. — Nach derselben Methode können wir die specifische Wirkung der verschiedensten Stoffe ermitteln, so bewirkt z. B. Santonin in geringen Dosen Gelb- oder Grünsehen und Atropin eine Erweiterung der Pupille durch Lähmung des Accommodationsapparats. — Was schließen wir daraus, daß sonst gesunde und kräftige Menschen auf hohen Bergen von Schwindel und

Übelkeiten befallen werden, oder daß in Oſtindien geborene Kinder von Europäern, wie es heißt, nur ſelten das neunte Lebensjahr überleben, oder daß anthropoide Affen in kälteren Klimaten zugrunde gehen?

2. **Die Differenzmethode.**

Dieſelbe Vermuthung, daß in der Gruppe A B C D nur A die Ur=ſache von a iſt, wird beſtätigt, wenn in allen Fällen, wo im Antecedens das Glied A fehlt, auch im Conſequens das Glied a ausbleibt, während jeder Wiederholungsfall von A B C D das Conſequens a b c d zur Folge hat. Darauf beruht die Differenzmethode; es „differieren" nämlich die verglichenen Sequenzen in einem Gliede.

Schematiſch:

1. Gruppe von Fällen:	2. Gruppe von Fällen:
Antecedens: A B C D	B C D
Conſequens: a b c d	b c d

3. B. Hört im obigen Beiſpiel vom Glaswürfel an einem und dem=ſelben Würfel jedesmal, wenn die Preſſung aufhört, auch die doppelte Brechung des Lichtes auf, ſo ſteigert ſich unſere Vermuthung, die ſchon durch die Methode der Übereinſtimmung ſehr wahrſcheinlich geworden, zur vollen Gewißheit. — Ähnlich können wir bei allen anderen Beiſpielen den er=mittelten Zuſammenhang auf die Probe ſtellen: werden die erwähnten Kinder rechtzeitig in ein gemäßigtes Klima gebracht, ſo bleiben ſie am Leben; kehrt der Bergſteiger aus der Hochregion in tiefere Lagen zurück, ſo hören die bezeichneten Erſcheinungen auf u. ſ. w.

Anmerkung 1. Die Differenzmethode iſt die eigentliche Methode des Experimentes, und es zeigt ſich in ihr die Überlegenheit desſelben über die bloße Beobachtung. In den ſpontanen Vorgängen der Natur findet ſich nämlich nur ſelten eine ſolche Übereinſtimmung der Fälle, daß dieſelben eben nur in einem einzigen Umſtande A differieren; mit dem Hauptzuſtande ändern ſich in der Regel auch die Nebenumſtände, die ganze Sachlage iſt dann eine andere geworden. Anders ſteht es bei Erſcheinungen, die dem Experiment unterworfen werden können. Hier kann man durch ſorgfältige Fernhaltung aller ſtörenden Momente mit Vorbedacht dafür ſorgen, daß die Situation B C D durch eine meßbare Zeit andauert. Tritt nun mit dem neu eingeführten Umſtand A als=bald auch der Umſtand a auf und wiederholt ſich dieſe Erſcheinung jedesmal, ſo oft der Experimentierende das A zu der Gruppe B C D hinzutreten läßt, ſo iſt er vollſtändig berechtigt, das Zuſammentreffen von A und a als ein cau=ſales Verhältnis dieſer beiden Umſtände zu deuten.

Anmerkung 2. Die Methode der Übereinſtimmung wird häufig durch die Differenzmethode ergänzt. Geſetzt, es hätte ſich durch die erſtere Methode mit Wahrſcheinlichkeit herausgeſtellt, daß A die Urſache von a iſt, ſo müſſte es genügen, in der Verbindung A B C D das A von B C D zu trennen, um die Wirkung a aufzuheben. Gelingt dies, ſo iſt A die Urſache von a. Iſt jedoch die Trennung des A von B C D mitunter unmöglich, ſo muß der Beobachter

solche Fälle abwarten, die nur darin übereinstimmen, daß sie A nicht ent=
halten. Findet er nun, daß alle diese Fälle in ihrem Consequens auch kein a
mit sich führen, so kann er ebenso sicher schließen, daß in der Gruppe ABCD
nur A der Grund von a ist. So gilt z. B. der flüssige Aggregationszustand
als die Ursache der Krystallisation; aber man kann, um dies zu beweisen, nicht
immer den flüssigen Zustand eines Körpers von den übrigen Eigenschaften des=
selben trennen. Es genügt daher, nach der Methode der Übereinstimmung zu
zeigen, daß, wo überhaupt der flüssige Zustand ausgeschlossen ist, auch die
Krystallbildung ausbleibt.

3. Die Methode der Rückstände (Reste).

Zieht man von einer gegebenen Erscheinung jene Theile
ab, die durch frühere Inductionen als die Wirkung gewisser
Antecedentien bekannt sind, und bleibt noch ein unerklärter
Rückstand (Rest) zurück, so muß die Ursache desselben in den
übrigen Antecedentien (welche entweder übersehen wurden oder deren
Wirkung bis dahin unbekannt war) gesucht werden (Mill). — Die Rück=
standsmethode hat in der Geschichte der Entdeckungen eine hervorragende
Rolle gespielt.

Z. B. Die Ablenkung von der Bahn, welche die Planeten infolge
ihrer gegenseitigen Anziehung erleiden, können, wenn Masse und Entfernung
des störenden Planeten bekannt sind, genau berechnet werden. Gleichwohl
stimmte der beobachtete Ort des Uranus mit dem durch Rechnung gefundenen
nicht immer überein. Diese Differenz führte zur Entdeckung des Neptun,
indem aus den unerklärten Störungen der Uranus=Bahn Masse, Ort und
Entfernung des neuen Planeten, der die Ursache jener Störung ist, an=
näherungsweise berechnet wurden. (Vgl. dasselbe Beispiel §. 59.) — Arf=
vedson entdeckte (1817) das Lithium (ein Alkalimetall), indem er einen
Gewichtsüberschuß in dem schwefelsauren Salze bemerkte, der, wie er erst
glaubte, von einer in dem analysierten Mineral enthaltenen kleinen Menge
Bittererde herrührte.

4. Die Methode der concurrierenden*) (Begleit=) Veränderungen.

Eine Erscheinung, die sich jedesmal verändert, wenn sich
eine andere Erscheinung derselben Gruppe verändert, ist ent=
weder eine Ursache oder Wirkung dieser Erscheinung oder durch
irgend einen Causalzusammenhang damit verknüpft (Mill).

Es gibt Gruppen von Thatsachen, die einer Trennung ihrer Elementar=
bestandtheile beharrlich widerstehen, indem diese letzteren strenge coexistent
sind. Wärmezustand, Härte, Volumen, Dichte eines Körpers können von
einander nicht getrennt werden. Wenn wir nun vermuthen, daß der Wärme=
zustand und das Volumen in einem Causalverhältnisse stehen, so sind wir

---

*) Concurrere zusammentreffen.

darauf angewiesen, versuchsweise Modificationen, d. h. quantitative Ver=
änderungen des Wärmezustandes vorzunehmen. Wenn nun mit jeder Modi=
fication des Wärmezustandes eine Veränderung des Volumens Hand in
Hand geht, ohne daß sich die übrigen Eigenschaften des Körpers, z. B. Ge=
wicht, Farbe u. s. w. ändern, so kann man behaupten, daß Temperatur
und Volumen im ursächlichen Verhältnisse stehen, wobei je nach den beson=
deren Umständen sowohl die Veränderung des Wärmezustandes als auch die
des Volumens als Ursache oder Wirkung auftreten kann. — Irgend welche
in regelmäßiger, periodischer Folge auf die Luft ausgeübten Stöße erregen
einen Ton. Vermehrt man die Anzahl der Stöße in der Zeiteinheit, so wird
der Ton höher, vermindert man sie, so wird der Ton tiefer. Tonhöhe und
Anzahl der Impulse in der Zeiteinheit stehen daher im Causalnexus.

§. 95. Hypothese und Theorie.

1. Die Thatsachen unserer Erfahrung genügen für sich allein noch
nicht zur Herstellung eines gesetzmäßigen, lücken= und widerspruchslosen
Zusammenhanges zwischen denselben. Zur Vermittlung dieses logischen Zu=
sammenhanges muß unser Denken noch gewisse Voraussetzungen — Hypo=
thesen*) — hinzubringen. So sind die auf dem Wege der Induction
gewonnenen allgemeinen Sätze, solange dieselben einen problematischen
Charakter an sich tragen, insgesammt Hypothesen. (Vgl. §. 93.)

2. Unter einer Hypothese im engeren Sinne aber versteht man
die vorläufige Annahme der Wahrheit eines noch ungewissen allgemeinen
Satzes (und zwar meist einer Induction höchster Ordnung) zum Zwecke
der einheitlichen Erklärung, bezw. Ableitung der mannigfaltigen Erscheinungen
eines größeren Forschungsgebietes und mit dem Vorbehalte, die Giltigkeit
dieser Annahme ununterbrochen an der Hand der Erfahrung zu prüfen.
Bei dieser Prüfung aber kommt ein Doppeltes in Betracht: 1. ob alle
bekannten Thatsachen des fraglichen Gebietes sich ungezwungen der
Hypothese unterordnen lassen, und 2. ob nicht irgend eine theoretische
Consequenz derselben durch die Erfahrung widerlegt wird. Die Hypothese
ist offenbar unrichtig, sobald auch nur eine Consequenz derselben der
materialen Wahrheit, d. h. der Bestätigung durch die Erfahrung, entbehrt.
Dagegen ist ihre Wahrscheinlichkeit umso größer, je fruchtbarer sie
ist, d. h. je größer die Zahl der aus ihr abgeleiteten und durch die Er=
fahrung bestätigten Consequenzen ist. So lassen sich aus der Vibrations=
hypothese des Lichtes nicht nur alle bekannten Erscheinungen des Lichtes
erklären, sondern es sind auch gewisse Consequenzen derselben, die man bis
dahin noch gar nicht beobachtet hatte, nachträglich durch die Erfahrung

*) Ὑπόθεσις Annahme, Voraussetzung.

bestätigt worden. Ähnliches gilt auch von Newtons Gravitationslehre, durch welche die von Keppler auf inductivem Wege gefundenen, seinen Namen tragenden Gesetze ihre Deutung gefunden haben.

Die **Zuverlässigkeit** einer Hypothese hängt ab: 1. von der oben erwähnten **Fruchtbarkeit**; 2. von dem Grade ihrer Einfachheit und Ungezwungenheit (simplex veri sigillum; causae praeter necessitatem non sunt multiplicandae). Eine Hypothese, die vieler Hilfshypothesen bedarf und nach besonderen Fällen der Wirklichkeit beständig umgemodelt werden muss, hat nur geringe Zuverlässigkeit.*) 3. Von ihrer Übereinstimmung mit anderen, als **wahr erwiesenen Sätzen**.

3. Unter allen Umständen aber besitzt die Hypothese in logischer Beziehung doch nur einen höheren oder geringeren Grad von **Wahrscheinlichkeit**. Diese steigert sich nur dann zur **Gewissheit**, wenn es gelingt, in der Hypothese den einzigen denkbaren Realgrund einer Erscheinung oder die Consequenz einer bereits feststehenden Wahrheit nachzuweisen. Eine solche verificierte Hypothese wird alsdann zur **Theorie**,**) indem sie für eine Gruppe von Erscheinungen das ihnen zugrunde liegende Gesetz oder den Realgrund ihrer Zusammengehörigkeit darstellt.

Die Hypothese der Bewegung der Erde um die Sonne wurde durch die Keppler'schen Gesetze und die Newton'schen Gravitationsgesetze zur Theorie. — Die Undulationshypothese gewann der Emissionshypothese gegenüber die Geltung einer wissenschaftlichen Theorie, als man solche Thatsachen (Interferenz, Brechung, Polarisation) gefunden hatte, die sich nur durch die erstere befriedigend erklären ließen.***)

4. In der Geschichte der **inductiven Wissenschaften** bilden die Hypothesen einen **nothwendigen Durchgangspunkt der Forschung**, denn „beinahe alles, was jetzt Theorie ist, war einst Hypothese" (J. St. Mill). Wie sehr sich aber die Hypothese (im engeren Sinne) von der gewöhnlichen Induction unterscheidet, ergibt sich daraus, dass es bisher dem divinatorischen Genius von Denkern ersten Ranges vorbehalten blieb, zuverlässige Hypothesen aufzustellen.

Treffend bemerkt R. Lipschitz in einem an Fr. Überweg gerichteten Briefe: „Bei der Aufstellung einer echten, großen Hypothese wird selbst in den positiven Naturwissenschaften allemal hinausgegriffen über das Gebiet der reinen

---

*) Weil Ptolemäus bei der Construction seines Weltsystems, das auf der Hypothese der Bewegung der Sonne um die Erde beruht, auf mehrfache Schwierigkeiten stieß, musste er zu einem verwickelten System von Hilfshypothesen Zuflucht nehmen, das unter dem Namen „epicyclische Theorie der Planetenbewegungen" bekannt ist.

**) Θεωρία geistige Betrachtung, Lehre.

***) Wer weiß, ob nicht die fortschreitende Entwicklung der Wissenschaft eine dritte Hypothese aufstellt, welche die Undulationstheorie ebenso weit hinter sich lässt, als diese die Emanationstheorie?

Beobachtungen in das Gebiet der philosophischen Speculation. Wenn selbst die Grundsätze der Mechanik bekannt sind und die Integralrechnung entdeckt ist, so folgt aus der beobachteten Bewegung der Planeten immer nur der Wert der ablenkenden Kraft, unter deren Einfluss die Bewegung vor sich geht, für jeden Ort, den der Planet successive einnimmt. Der Gedanke, diesen gefundenen Wert auszudrücken als proportional dem inversen Quadrate der Entfernung von der Sonne, als unabhängig von der Bahn und dabei so, dass die factische Bahn nachher aus dieser Annahme nothwendig folgt, dieser Gedanke ist nur aus dem Geiste geboren."*)

Übrigens sind auch die Geisteswissenschaften (Geschichte, insbesondere die bis zu den Anfängen menschlicher Gesittung zurückschreitende Cultur= geschichte, die Linguistik, Literaturgeschichte u. s. w.) nicht selten auf die Bildung von Hypothesen angewiesen, nur dass sich da die Art und Weise und der Grad der Verification durch Thatsachen je nach dem Stoffe der Forschung ändert.

Anmerkung. Die Hypothese in dem oben erörterten logischen Sinne ist wohl zu unterscheiden von bloßen Vermuthungen, Fictionen, Ein= fällen oder gar phantastischen Annahmen. Schon Newton hat mit den Worten „hypotheses non fingo" einer solchen Verwechslung vorzubeugen gesucht. Die Hypothese muss durch die Thatsachen selbst an die Hand gegeben werden, sonst sinkt sie zu einer mehr oder weniger willkürlichen Fiction herab. Aller= dings sieht sich die Wissenschaft mitunter auch zu solchen Fictionen genöthigt, wenn es sich nämlich darum handelt, für unerklärte Erscheinungen einen mög= lichen Erklärungsgrund aufzustellen, nur fehlt dabei jede Aussicht auf empirische Bestätigung; man denke z. B. an die Hypothese der elektrischen Flüssigkeiten in der Physik, an die psychologischen Hypothesen über das Wesen der Seele.

§. 96. Das deductorische Verfahren.

Die Deduction**) als Ableitung des Besonderen und Ein= zelnen aus dem Allgemeinen nimmt die Form des Syllogismus an; für die Ableitung von Folgerungen aus gegebenen allgemeinen Sätzen sind demnach die syllogistischen Regeln maßgebend.

Zu den allgemeinen Sätzen, die als Obersätze der Syllogismen er= scheinen, gelangen wir durch fortgesetzte Induction. Der Hergang dabei ist folgender:

Erfahrungsgemäß bilden sich Inductionen, die nicht isoliert neben ein= ander stehen bleiben, sondern sich gegenseitig stützen und zu einer Induction höherer Ordnung vereinigen. Sowie man nun unter ein inductives Urtheil nicht bloß die Fälle subsumieren kann, aus denen es abstrahiert wurde, sondern auch solche Fälle, die bei seiner Gewinnung noch unbekannt waren: ebenso lassen sich aus Inductionen höherer Ordnung nicht bloß jene

---

*) Fr. Überweg, System der Logik, 5. Aufl., S. 450.
**) Von deducere abziehen, ableiten.

niedrigeren Inductionen ableiten, die zur Aufstellung derselben hingeführt haben, sondern auch solche, die dem Inductionsprocesse nicht zugrunde lagen und demnach neu sind. Auf diese Weise können Erscheinungen im vorhinein — a priori — festgestellt werden, also bevor sie noch durch die Erfahrung bestätigt wurden. Immerhin ist es für die Giltigkeit des deductorischen Verfahrens unerläslich, dass die auf dem Wege der Deduction gewonnenen besonderen Schlussfolgerungen nachträglich von der Erfahrung bestätigt werden. So ist auch das deductorische Verfahren nicht ausschließlich deductiv, indem es von der Erfahrung ausgeht und zu derselben wieder zurückführt. (Vgl. §. 64.)

Das deductive Verfahren ist entweder **synthetisch** oder **analytisch**, je nachdem in der logischen Operation die Synthese oder die Analyse (s. §. 91) vorherrscht.

Die synthetische Deduction geht von allgemeinen Sätzen aus und leitet aus ihnen durch passende Verbindungen neue Erkenntnisse ab. Zu dieser Ableitung dienen ihr kategorische oder hypothetische Subsumtionsschlüsse, deren Obersätze häufig Definitionen, Axiome oder Theoreme sind. Als Hilfsmittel der synthetischen Deduction kommen häufig Begriffsanalysen, Constructionen und Experimente zur Anwendung. So leitet die Geometrie aus der Definition des Parallelogramms als eines Vierecks, in welchem je zwei gegenüberliegende Seiten parallel sind, den Lehrsatz ab, dass in einem Parallelogramme je zwei gegenüberliegende Seiten einander gleich sind, und zwar mit Hilfe der Congruenz der Dreiecke, in welche das Parallelogramm durch eine Diagonale zerlegt wird. In dem consequenten Fortschreiten von allgemeinen Sätzen zu immer specielleren zeigt sich das wahre Wesen der synthetischen Deduction.

Die analytische Deduction zerlegt einen allgemeinen Begriff oder Satz in seine Bestandtheile und gelangt auf Grund einer solchen Zerlegung zu engeren Begriffen oder zu Sätzen von speciellerer Geltung. So entwickelt sie z. B. aus dem Begriff der bürgerlichen Gesellschaft den des Staates (vgl. §. 86, P. 1 u. Anm.).

Anmerkung. Jene Wissenschaft, in der das deductorische Verfahren zur umfassendsten Anwendung gelangt, ist die **Mathematik**. (Vgl. die Anm. §. 85. zu Ende.)

§. 97. Die didaktische Methode.

Die **didaktische**[*]) Methode ist das geregelte, vorbedachte Verfahren bei der Mittheilung von Erkenntnissen.

Das naturgemäße Verfahren bei der Mittheilung von Erkenntnissen besteht offenbar darin, dieselben dem Schüler in jener Form und Reihen-

---

[*]) Von διδάσκειν lehren.

folge beizubringen, in welcher sie sich bei demjenigen, der zuerst zu ihnen gelangt ist, thatsächlich herausgebildet und entwickelt haben, oder doch herausgebildet haben würden, wenn der Entdecker den kürzesten Weg eingeschlagen hätte. Das erste würde zu der eigentlich <u>historischen Methode</u> der Mittheilung führen, die jedoch nur in seltenen Fällen zu empfehlen sein wird, weil der geschichtliche Weg selten der gerade, vielmehr meist überreich ist an Verirrungen, Umwegen und Rückläufen. Es wäre z. B. bedenklich, Philosophie jemandem dadurch beibringen zu wollen, daß man ihm die Geschichte derselben vortragen wollte.

Den anderen der oben angedeuteten Wege wandelt die <u>psychologisch-genetische Methode</u>, welche gleichsam die idealisierte historische Methode ist, indem sie die mitzutheilenden Erkenntnisse in jene Form und Reihenfolge bringt, in der sich dieselben bei ihrer Entstehung — frei von den historischen Zufälligkeiten und Störungen — nach psychologischen Gesetzen entwickelt haben würden.

Die didaktische Methode schließt sich im allgemeinen an die <u>heuristische und systematische Methode</u> an, nimmt jedoch hiebei auf die psychische Verfassung desjenigen, dem die Erkenntnisse mitgetheilt werden sollen, gebürende Rücksicht. Ihr Gang wird demnach nicht allein durch logische, sondern auch durch psychologische Rücksichten geregelt.

Sie wird sich der <u>systematischen Formen</u> der Definition, der Eintheilung und des Beweises bedienen.

Was das Vorgehen selbst betrifft, so wird sie, besonders auf den unteren Stufen des Unterrichtes und im Anfang einer Wissenschaft, dem analytischen, regressiven oder inductorischen Verfahren den Vorzug geben vor dem synthetischen, progressiven oder deductorischen Entwicklungsgange, d. h. sie wird die Darstellung der Wissenschaft von unten nach oben, nicht aber umgekehrt beginnen. Denn der natürliche Standpunkt ist das Unten, nicht das Oben. So beginnt ein elementarer Unterricht in der Botanik mit der Anschauung einzelner Pflanzenindividuen, keineswegs aber mit dem Begriffe der Pflanze.

Sobald jedoch auf dem inductorischen Wege einzelne Höhen des betreffenden Gedankengebietes erklommen sind, wird die richtige didaktische Methode daran gehen, von dem weiten Gebiete des Wissens, welches diese Höhenpunkte beherrschen, in deductorischer Weise Besitz zu nehmen, um zu der Faßlichkeit und Anschaulichkeit des Mitgetheilten auch die Übersichtlichkeit und Vollständigkeit hinzuzufügen.

Die nähere Ausführung dieses Gegenstandes gehört in die Didaktik.